上海财经大学"中央高校建设世界一流大学学科和特色发展引导专项资金"资助
上海财经大学"中央高校基本科研业务费"资助

 财政政治学文丛

追寻教育公平

——教育政策偏向与我国教育机会不平等

温娇秀／著

复旦大学出版社

丛书组成人员

丛书顾问　施　诚　王联合

丛书主编　刘守刚　刘志广

丛书编委会（拼音为序）

曹　希　李　钧　梁　捷　林　矗　刘守刚　刘志广

马金华　马　珺　宋健敏　汤艳文　陶　勇　童光辉

王瑞民　魏　陆　温娇秀　武靖国　解洪涛　徐一睿

闫　浩　杨海燕　杨红伟　曾军平

总序 PREFACE

成立于2013年9月的上海财经大学公共政策与治理研究院，是由上海市教委重点建设的十大高校智库之一。我们通过建立多学科融合、协同研究、机制创新的科研平台，围绕财政、税收、医疗、教育、土地、社会保障、行政管理等领域，组织专家开展政策咨询和决策研究，致力于以问题为导向，破解中国经济社会发展中的难题，服务政府决策和社会需求，为政府提供公共政策与治理咨询报告，向社会传播公共政策与治理知识，在中国经济改革与社会发展中发挥"咨政启民"的"思想库"作用。

作为公共政策与治理研究智库，在开展政策咨询和决策研究的同时，我们也关注公共政策与治理领域基础理论的深化与学科的拓展研究。特别地，我们支持从政治视角研究作为国家治理基础和重要支柱的财政制度，鼓励对财政制度构建和现实运行背后体现出来的政治意义及历史智慧进行深度探索。在当前中国财政学界，从政治学角度探讨财政问题的研究还不多见，研究者也零星分散在各高校，这既局限了财政学科自身的发展，又不能满足社会对运用财税工具实现公平正义的要求。因此，我们认为有必要在中国财政学界拓展研究的范围，努力构建财政政治学学科。

呈现在大家面前的丛书，正是在上海财经大学公共政策与治理研究院率先资助下形成的"财政政治学文丛"。作为平台，它将国内目前分散的、区别于当前主流方法思考财政问题的学者聚合在一起，以集体的力量推进财政政治的研究并优化知识传播的途径。文丛中收录的著作,内容上涵盖基础理论、现实制度与历史研究等几个方面,形式上以专著为主、以文选为辅,方法上大多不同于当前主流财政研究所用分析工具。

我们上海财经大学公共政策与治理研究院将继续以努力促进政策研究和深化理论基础为己任,提升和推进政策和理论研究水平,引领学科发展,服务国家治理。

胡怡建

2019.10

目录 CONTENTS

第一章　导论 ... 001
　第一节　为什么要追寻教育公平？ ... 001
　第二节　关于教育公平，我们已经知道些什么？ ... 004
　第三节　对于教育公平，我要说些什么？ ... 006

第二章　公平、教育公平与教育制度和政策 ... 010
　第一节　西方当代公平理论 ... 010
　第二节　教育机会公平的内涵与衡量 ... 013
　第三节　教育机会公平分配必须诉诸政府教育制度与政策 ... 020
　第四节　教育制度与政策影响教育机会分配的理论分析 ... 023

第三章　我们的教育公平仍未实现：城乡间 ... 031
　第一节　义务教育机会城乡分配不公平的表现 ... 031
　第二节　高等教育入学机会城乡分配不公平的表现 ... 068
　第三节　教育结果的城乡差距 ... 074

第四章　我们的教育公平仍未实现：地区间 ... 079
　第一节　义务教育机会地区分配不公平的表现 ... 079
　第二节　高等教育机会分配的地区差距 ... 114
　第三节　教育结果的地区不平等 ... 133

第五章　我们的教育公平仍未实现：阶层间 ... 140
　第一节　入学机会阶层分配不公平的表现——以高等教育为例 ... 140

第二节　教育结果的阶层差距　157

第六章　为什么教育公平未能实现：教育制度和政策偏向　160
　　第一节　义务教育机会分配不公平的制度与政策原因　160
　　第二节　高等教育机会分配不公平的制度和政策性原因　175
　　第三节　教育机会分配不公平制度影响因素的定量分析　190

第七章　为实现教育公平而努力：教育制度和政策的完善　204
　　第一节　促进义务教育机会公平分配的政策建议　204
　　第二节　促进高等教育机会公平分配的主要措施　217

附录1　国内外研究综述　232
附录2　在校大学生情况抽样调查表　240
附录3　在校大学生调查高校名单　243
参考文献　244
文丛后记　257

第一章 导　论

第一节　为什么要追寻教育公平？

改革开放以来,我国经济持续稳定地增长,工业化程度不断增强。但与此同时,经济快速增长所引发的社会公平和正义问题也日益突出,出现了各种各样的政治、经济和文化矛盾。为此,2006年10月,党的十六届六中全会提出构建民主法治、公平正义、诚信友爱、充满活力、安定有序、人与自然和谐相处的社会主义和谐社会的重大战略任务。"促进社会公平正义"作为构建社会主义和谐社会的环节,已经成为党和政府的工作重心和关注焦点,而实现教育公平恰恰是实现一切社会公平的前提和基础。

教育公平是实现全民教育的必由之路,是世界各国教育发展共同追求的目标。2007年10月,党的十七大报告就指出"教育是民族振兴的基石,教育公平是社会公平的重要基础"。此后,《国家中长期教育改革和发展规划纲要(2010—2020年)》重申要"把促进教育公平作为国家基本教育政策"。2012年11月,党的十八大报告对教育公平又提出了新的要求,即"大力促进教育公平,合理配置教育资源,重点向农村、边远、贫困、民族地区倾斜"。我国2015年修订的《中华人民共和国教育法》(以下简称《教育法》)明确将"促进教育公平"写入法律。2017年10月,党的十九大报告则再次提出:"推进教育公平……努力让每个孩子都能享有公平而有质量的教育。"由此可见,促进教育公平已经成为当前社会所关注的热点和焦点问题。

目前,我国教育机会供给不够充分,尤其是优质教育机会更为缺乏,而且有限的教育机会在城乡之间、地区之间以及各收入阶层之间分配非常不平衡,教育机会在分配上更倾向于城市、发达地区以及高收入阶层,从而造成了城乡之间、地区之间以及阶层之间的教育不公平。

一、城乡之间教育机会不公平

我国一直都高度重视教育发展问题,并且也取得了举世瞩目的成就,目前我国已是世界高等教育第一大国,义务教育完成率也在不断提高,但城乡之间教育发展的差距一直是困扰我国教育发展的一个重要方面。以义务教育完成率为例,2017年,我国义务教育完成率已经达到82.41%,但城乡之间这一指标的差距非常明显,无论城市还是县镇,其义务教育完成率都明显超过100%,但完全在农村地区完成义务教育的比例仅为21.09%[1]。结合全国及城乡的数据可以推断出:一方面,部分农村学生为寻求更好的学习条件在接受义务教育过程中转入城市或县镇进行学习;另一方面,2017年近18%未完成义务教育的学生中绝大多数是农村青少年,他们在小学或初中阶段由于各种原因而辍学。由此可见,我国城乡居民在义务教育入学机会方面存在明显的差距。中国家庭追踪调查(China Family Panel Studies,CFPS)、其他学者的调查以及本书所进行的调查数据显示:我国高等教育机会在城乡之间的分配仍是十分不均衡的,高等教育机会特别是优质高等教育机会更多地由城镇居民子女所享有。

二、地区之间教育机会不公平

教育机会不公平在我国不同地区之间同样明显存在。2017年,全国各省(区、市)普通小学生均教育经费为12 176.29元,其中:北京市最高,为37 520.87元,河南省最低,仅为7 165.94元,两者相差30 354.93元,最高的北京市是最低的河南省的5.24倍;另外,湖南、江西和广西等中西部省(区、市)普通小学的生

---

[1] 资料根据相关年份《中国教育统计年鉴》计算得到。

均教育经费也大幅低于全国平均水平。同年,全国普通初中生均教育经费支出为17 543.08元,仍然是北京市最高,为72 501.63元,最低的仍是河南省,仅为11 497.39元,两者相差61 004.24元,最高的北京市是最低的河南省的6.31倍[1]。地区间教育经费投入的不平衡非常明显。教育投入上的巨大差异在很大程度上导致了各省(区、市)不同阶段学生升学率的差异,以高考一本录取率为例,2017年,这一比例最高的是北京市,其比例高达30.5%,其次是天津市,这一比例也达到24.1%,最低的是河南省,仅为7.8%[2]。由此可见,各地区教育资源配置的不平衡总体上来说使得发达地区的居民享受到了更优质的教育资源,导致了地区之间教育机会的不平等。

三、阶层之间教育机会不公平

在中国,由于收入分层,不同收入阶层子女的受教育机会也是不平衡的,低收入阶层子女在获得教育机会方面明显处于不利地位。笔者对我国高等教育机会分布的一项调查结果显示:2010年,我国家庭人均年收入在25 000元以上的人口比重大致为10.3%,但他们的子女却享有47.66%的高等教育机会,特别是享有53.4%的"985工程"和58.88%的"211工程"大学入学机会;家庭人均年收入在4 000元以下的人口比重大致为27.52%,但他们子女所享有的高等教育机会仅为22%,并且他们主要分布在一般院校[3],此外,这一阶层差距并未有明显的缩小趋势。

由此可见,我国教育机会存在着明显的城乡、地区以及阶层不公平现象。如何降低城乡间、地区间以及阶层间的教育不平等,促进教育公平,不仅是政府和社会所关注的重要问题,也是学术界一直关注的热点问题。因此,本书以教育公平为研究主题,期冀能为相关研究提供些许补充。一方面,对教育公平的研究有助于保障公民的平等受教育权利,促进个体的全面发展和实现其人生价值。教育机会不公平,必然导致一部分公民的受教育权利被削减乃至被剥夺,只有教育机会公平分配,每个公民享有平等的受教育权利,个体才能最大限度地实现人生

---

[1] 资料来源于2018年《中国教育经费统计年鉴》。
[2] 资料来源于高考信息网相关数据。
[3] 资料来源于作者的调查整理。

发展和人生价值。另一方面,教育公平的实现对提高弱势群体素质、促进就业公平具有重要意义,它有助于提高人力资本积累水平、优化人力资本结构,从而推动技术进步,提高全要素生产率,最终促进经济发展。此外,教育公平是建设社会主义和谐社会的基石。公平正义是和谐社会的标准之一,教育公平是社会公平的一个主要内容,是实现其他社会公平的重要基础和核心环节。

第二节 关于教育公平,我们已经知道些什么?

对于教育公平,国内外学术界对此进行了大量的研究,如 Coleman(1966),Husen(1972),Hansen & Weisbord(1969),Stigler(1970),Pechman(1970),Castro-Leal(1996),Lee, Ram & Smith(1999),魏后凯、杨大利(1997),蒋鸣和(1999),王蓉(2003a),张玉林(2003),沈百福(2003),李春玲(2003,2009,2014a),袁振国(2005),廖楚辉、张吕(2005),柏龙彪(2006),杨东平(2006),范先佐(2006),李煜(2006),李海涛(2008),梁文艳、杜育红(2008),邬志辉、于胜刚(2008),李祥云(2009),高丽(2009),吴春霞、郑小平(2009),曾满超、丁小浩(2010),孙志军、杜育红、李婷婷(2010),翟博、孙百才(2012),温娇秀(2012),吴愈晓(2013),温娇秀、蒋洪(2014),唐俊超(2015),王聪(2015),杨娟、赖德胜、邱牧远(2015),蔡栋梁、孟晓雨、马双(2016),吴晓刚、李忠路(2017),徐娜、张莉琴(2018),方长春、风笑天(2018),叶晓梅、杜育红(2019),罗楚亮、赵国昌、刘盼(2019),刘焕然(2019),吕炜、郭曼曼、王伟同(2020)等[1]。这些学者的研究告诉了我们以下三个方面的内容。

一、教育公平的内涵

国内外有关教育公平的相关理论,早些年研究的一个重要方面是对教育公平含义的界定。美国学者科尔曼(Coleman,1968)、瑞典学者胡森(Husen. T,1972)与我国《教育大辞典》(顾明远,1992)等都对此进行过阐述。科尔曼提出了教育机会公平的四条标准,即进入教育系统的机会公平、参与教育的机会公平、

---

[1] 有关国内外研究文献的整理综述参见附录1。

教育结果公平和教育对生活前景机会的影响公平，反对平均主义的平等和对不同的人实行同等的制度，主张教育制度应当补偿个体在家庭、性别、种族、经济、社会地位等方面的差异，以免这些因素影响个体以后的生活和工作机会，从而实现事实上的公平[1]。胡森认为，教育机会公平包括三种含义：第一，每个人都有不受任何歧视地开始其学习生涯的机会；第二，所有人在教育过程中受到平等的对待；第三，促使学生取得学业成就的机会公平。教育机会公平的实现又取决于学校内外部的各种因素，如学校的各种物质设施、家庭环境、学习环境以及以教学条件为指标的学习机会等[2]。我国《教育大辞典》归纳了教育机会公平以下几个方面的含义：①入学机会均等或入学不受歧视；②受教育过程中的机会均等；③取得学业成功的机会公平；④在物质、经济、社会或文化方面处于最底层者应尽可能通过教育系统本身得到补偿；⑤不仅在获得知识方面，而且在获得本领方面机会均等[3]。此外，20世纪90年代中期以后，国内也有很多学者研究了教育公平的内涵，学者们对教育机会公平内涵的解释主要可以分为两类：一类是二维的，即认为教育机会公平应包括入学机会和教育过程的公平；另一类的解释是三维的，即教育机会公平应同时包括入学机会、教育过程和教育结果的公平。

二、教育不公平的状况

国外学者对不同人群的受教育机会状况进行过一些调查研究，他们得到了一些不同的结论。科尔曼（Coleman，1966）的调查发现：在美国，教育机会更多地由白人学生所获得，黑人学生的文化教育水平与白人的差距越来越大。也有研究（Hansen & Weisbord，1969；Stigler，1970）表明：在20世纪60年代美国加利福尼亚州（简称"加州"）公共资助的高等教育系统中，中高收入家庭学生获得的高等教育机会更多。但对美国高等教育系统的研究（Pechman，1970；Lee，Ram & Smith，1999）却表明高等教育的公共资助有利于低收入和中等收入水

---

[1] 李德、李丰春：《反思、借鉴与探索——国外促进教育公平的实践对我国的启示》，《湖北社会科学》2009年第6期。
[2] 托尔斯顿·胡森：《平等——学校和社会政策的目标》，载张人杰主编《国外教育社会学基本文选》，华东师大出版社1989年版，第196—197页。
[3] 顾明远主编《教育大辞典》第六卷，上海教育出版社1992年版，第413页。

平家庭的学生。也有研究（Castro-Leal，1996）不同意以上两种看法，其关于非洲国家马拉维的教育改革对贫困人口的影响的实证研究结果表明，高等教育机会的受益者为中等收入阶层。

针对我国教育不公平的状况，学者们主要从城乡、地区、阶层与性别维度进行了分析。已有研究指出：我国教育的城乡、阶层不平等现象十分突出，特别是优质高等教育机会更加向家庭社会经济地位较高的阶层倾斜，其不公平程度似乎在扩大而并没有减弱；教育性别不平等状况则逐渐趋于改善；对于教育的地区不平等，则存在是两极分化还是趋于平等的争议。总体来讲，我国教育机会在分配上向城市、发达地区以及高收入阶层倾斜，教育作为社会分层的机制正在日益凸显和强化。因此，促进教育机会公平分配，防止教育的失衡和异化，是当前教育改革的重要任务。

三、导致教育不公平的原因

概括来讲，国内外学者主要从两个方面探讨了影响教育不平等的因素。一是初始禀赋，主要是指家庭背景与个体能力因素。他们认为家庭收入、家庭的社会资本差距，父母的受教育水平差距与个体能力上的差异是造成教育不公平的重要因素。二是资源配置因素，这既包括地区间经济发展、收入水平的差距，也包括教育制度和政策所导致的教育不平等。具体来讲，城乡二元结构、区域经济与收入差距是我国教育不平等的重要原因。同时，在教育制度和政策方面，现有研究指出，教育财政投入体制、教育入学体制的不公平，重点学校制度和高校分省招生制度是导致我国义务教育与高等教育机会分配不公平的重要原因。

第三节 对于教育公平，我要说些什么？

如上所述，现有关于教育公平内涵的研究主要指出了教育公平应包括的维度，但对于具体什么样的教育状况是"公平"的，什么样的教育差距是可以被接受的，不同教育阶段"公平"的目标为何等问题，现有研究似乎甚少涉及，而对这些问题的回答显然是对教育公平问题的研究的重要基础，因此，研究教育公平首先需要对教育公平的内涵进行界定。教育一般分为义务教育和非义务教育，笔者认为,对于不同的教育阶段而言,教育公平的内涵是不同的。具体来讲,义务教育是强制性和免费的,是赋予个人的一项基本权利并通过政府的制度安排予以保障,因此,义务教育可以被视为公共产品。具有公共产品性质的义务教育的教育机会公平的含义包括:在教育制度保障方面,要求保障适龄儿童获得公平的入学机会;在教育资源分配方面,要求为不同学校提供最基本的与教育目标相符合的教育资源(如教育经费、办学条件及师资水平等),并且不同学校之间教育资源配置的差距不能过大。有一种观点认为,义务教育机会公平应该是为所有适龄儿童提供完全相同的教育,笔者并不赞同这一观点,因为为所有适龄儿童提供完全相同的教育在实践中无法操作,并且也无法实现,同时还有失公平。笔者认为,义务教育机会公平在实践中首先要求政府为每一位适龄儿童提供与其个人发展相符合的最基本水平的教育,然后才是在此基础上尽可能地缩小教育差距。对于非义务教育,其同时具有竞争性、排他性,以及非竞争性和非排他性,因而被认为是准公共产品。具有准公共产品性质的非义务教育机会公平的内涵如下:不同地区、不同家庭背景的学生在相同入学标准下应获得公平的入学机会,即教育制度与教育公共政策应消除对不同居民在入学机会上的歧视;另外,公共教育资源分配应向弱势群体倾斜。

与家庭背景、个人能力等初始禀赋和发展性因素如城乡二元结构、地区经济发展差距等相比,笔者认为更值得重视的是影响教育机会分配的制度和政策原因。政府教育制度和政策的不同取向或偏差往往会导致教育机会不公平,要解决教育机会不公平的问题,应该首先从制度和政策层面解决问题,从制度设计和体制创新上保障教育机会公平。基于此,本书从教育制度和政策影响教育机会这一视角出发,明确了要实现教育机会平等必须诉诸政府教育制度与政策。在此基础上,本书系统地指出了我国入学规定、教育收费制度以及教育资源配置偏向(包括重点学校或示范学校制度、义务教育财政体制、高等教育分省招生制度、高等教育收费与学生资助政策,以及高等教育教育财政体制等)对教育机会分配不公平所带来的影响,并由此提出了促进教育公平的教育制度和政策改革建议。具体来讲,基于义务教育公平的教育制度和政策改革包括推进义务教育学校标准化建设、改造和扶持薄弱学校、增加义务教育经费投入总量、提高义务教育经费支出比重、增强并明确中央和省级政府对义务教育公共投资的责任,以及进一步完善义务教育转移支付制度。基于非义务教育公平目标的高等教育制度和政策改革具体应包括改革并完善高考招生录取制度、调整高等教育收费政策,以及完善贫困生资助机制与高等教育财政体制。

在研究教育不公平状况时,国内现有研究大都采用少数几个指标单独研究义务教育机会或高等教育机会分配不公平的现状,其采用的指标不同,使得研究结论也有差异。因此,在现有研究基础上,本书拟采用包括入学机会、教育过程及教育结果在内的指标全面地反映我国义务教育机会与高等教育机会在城乡之间、地区之间以及阶层之间分配不公平的现状与趋势,并且利用这些指标采用主成分分析方法计算构造了一个综合指标以反映义务教育入学机会、教育过程和教育结果的水平,同时根据其差异来判断城乡之间和地区之间义务教育综合发展的不平等程度。此外,为更好地反映高等教育机会城乡分配和阶层分配的状况,笔者花费了大量的时间与精力在上海、北京、武汉、南京、西安和长沙6个城市选取了60所高校对5 694名学生的城乡来源和阶层状况来源进行了实地调查,获取了研究的部分一手资料和数据。

基于此,本书的写作思路如下:首先,阐述教育机会分配公平性研究的基本理论,具体阐述了当代公平理论、教育机会公平的内涵、教育机会分配公平程度的衡量指标和方法、教育机会分配公平诉诸教育制度和政策的必要性,并从理论上分析了教育制度与政策的不同安排对教育机会分配的影响;其次,指出我国教育公平尚未实现,即考察我国教育机会分配不公平的状况,具体考察了义务教育机会和高等教育机会在城乡之间、地区之间以及阶层之间分配不公平的表现;再次,分析教育公平未能实现的重要原因——教育制度和政策的偏向,具体详细探讨了我国入学规定、教育收费制度与教育资源配置体制对我国教育机会分配不公平所带来的影响并对此进行了实证分析;最后,在此基础上,提出为实现教育公平应努力的方向——教育制度和政策的完善,具体分别提出了促进我国义务教育机会和高等教育机会公平分配的教育制度与政策完善建议。

本书的主要研究方法如下:①抽样调查方法。由于缺少反映高等教育机会城乡分配与阶层分配的统计数据,又因为客观条件的限制,本书无法通过大型的调查来获取相关数据,只能采取抽样调查的方式进行。笔者采取抽样调查方法调查了近6 000名学生的生源和家庭收入等情况,以调查问卷形式获取了反映我国高等教育机会城乡分配不公平与阶层分配不公平情况的一手资料。②比较研究方法。本书运用了比较研究方法对我国教育机会在城乡之间、地区之间以及阶层之间分配不公平的现状与趋势进行了详细对比,通过比较分析,我们对我国教育机会分配问题的认识更清晰,分析也更科学。③面板数据的回归方法。利用相关面板数据,笔者构造了计量模型并采用了固定效应模型和随机效应模型重点对我国教育机会分配不公平的财政体制原因进行了定量分析,从而在一定程度上验证了定性研究所得出的结论。④主成分分析方法。本书利用主成分分析方法计算得到了一个综合指标以反映义务教育入学机会、教育过程和教育结果的水平,并根据其差异来判断城乡之间和地区之间义务教育综合发展的不平等程度。

第二章
公平、教育公平与教育制度和政策

第一节 西方当代公平理论

当我们讨论教育公平的时候,首先应对"公平"理论进行阐述以反映其思想内涵。公平是一个历史概念,对公平的阐述可追溯至古代。柏拉图、亚里士多德等曾对"公平"和"平等"做过相关论述,近代学者霍布斯、洛克、卢梭与康德等则阐述过平等思想,而罗尔斯、德沃金与阿马蒂亚·森则深入地阐述了当代公平理论。

一、约翰·罗尔斯的正义理论

从理论上来看,著名哲学家、伦理学家约翰·罗尔斯(John Rawls)提出的正义理论为教育机会公平提供了重要的理论基础。罗尔斯在其巨著《正义论》中明确将"平等"与"正义"联系在一起。他认为就一个社会的基本结构而言,正义的原理就是本着平等的"原初地位"人人平等,不能因社会阶级的相异、财富分配的不公、聪明才智的悬殊、心理兴趣的不同而受到不公平对待。该理论的核心思想是:"所有的社会基本善——自由和机会、收入和财富及自尊的基础——都应被平等地分配,除非对一些或所有社会基本善的一种不平等分配有利于最不利者。"[1]概括起来为两个基本原则：第一正义原则和第二正义原则。第一正义原则是平等自由原则。每一个人都有平等的权利去拥有可以与别人的类似自由权并存的最广泛的基本自由权。第二正义原则是机会公平原则和差别原则。第一原则优先于第二原则，且第二原则中的机会公平原则又优先于差别原则[2]。罗尔斯还指出，"公平机会的优先意味着我们必须给那些具有较少机遇的人以机会"，主张对处于社会不利地位的群体在资源分配方面进行补偿，通过对先天不利者和有利者使用不同的尺度，使两者最终能获得相同的生活。这就是后来被广泛用于经济、教育等各种社会领域的"补偿原则"的理论基础。

罗尔斯的正义原则在教育领域体现为任何人都应公平地享有教育机会，不因满足某一受教育者的教育机会而使另一受教育者的教育机会丧失，不因某一地区教育事业的发展而剥夺另一地区教育事业发展的机会，对于特殊群体和地区应给予政策上的倾斜，以保证其获得公平发展的机会。公平地获得教育机会已经被视为现代教育的基础价值之一。

二、罗纳德·德沃金的资源平等理论

美国哲学家罗纳德·德沃金（Ronald Dworkin）同罗尔斯一样，都主张在公平的法律机制下，将多余的资源分配给社会群体中较弱势的人，他还认为罗尔斯的理论强调通过"程序正义"建立公道社会，只考虑平等概念的"政治"层面，而未涉及人生价值更普通的层面。因此，他提出两项基本原理作为平等理论的支柱：一是同等重要原理；二是特殊责任原理。同等重要原理要求人在某些情况下给予某群人同等的关怀；而特殊责任原理是社会成员根据其所处的物质、文化或教育环境，对其人生作出不同选择。据此，德沃金提出了他的"平等"理论，即"福祉平等"（equality of welfare）和"资源平等"（equality of resources）。原则上，"福祉平等"作为意义上的"数量平等"，追求人人享有平等快乐和幸福；而"资源平等"近于意义上的"比例平等"，但意在根据人的相对差异来分配资源，使人人在基本资源上得到平等分配[3]。德沃金较支持后者，认为它是合乎正义的。他

---

[1] 约翰·罗尔斯：《正义论》，何怀宏等译，中国社会科学出版社1988年版，第303页。
[2] 约翰·罗尔斯：《正义论》，何怀宏等译，中国社会科学出版社1988年版，第303页。
[3] 俞懿娴：《平等理论与教育均等原理》，2006年全国教育哲学年会暨教育哲学国际研讨会论文。

还指出,社会资源的分配要做到"公平",就必须让努力者能够得到补偿,而减少对运气和意外等非努力因素的依赖。

三、阿马蒂亚·森的能力平等理论

在罗尔斯理论的启发下,阿马蒂亚·森(Amartya Sen)继续探讨当今福利国家中的正义理论。在森看来,正义问题首先要关注对于社会现实的评价,也就是关注实际的生活,而不能停留在只是评价制度和安排。在现实世界,我们寻求的并非绝对正义,而是要致力于减少明显的非正义。基于此考虑,森提出以个人自我实现为中心的能力平等理论,从而为正义理论的发展做出了重要贡献。他指出:"如果以人们实际拥有的可行能力而不是其效用或幸福来衡量社会现实,我们就会拥有非常重要且不同于以往的理论出发点。"[1]

森认为,快乐或欲望的满足仅仅代表着人的生存的一个方面,只有能力才能给人以积极自由的可能性。在他看来,人的幸福不在于人得到什么,而在于人能做什么,人的潜能的发挥是人的根本福利。现实世界中,能力不平等是造成社会不平等的核心要素,"在对不同的人的相对优势加以判断的时候,我们必须看到他们所拥有的整体可行能力。这就是必须以可行能力方法,而不是以资源为中心的对于收入和财富的关注,作为评估基石的重要原因"[2]。所以,他提出了人的福利应该根据人的能力实现的程度来衡量,指出正义理论应该以能力为基础,并以此来论证福利国家及其政策。他说,这种"可行能力方法的着眼点在人类生活,而不单单只是在一些容易计算的客体对象,如人们所拥有的收入和商品,尽管后者经常被看作成功的主要标志","可行能力方法的关注焦点不在于一个人事实上最后做什么,而在于他实际能够做什么"[3]。不过,森也强调,"尽管可行能力的平等很重要,但它并非总是要'凌驾'于其他重要的但可能与之产生冲突的考量(包括平等的其他重要的方面)之上"[4],这也符合他一再强调的"允许多种不同的正义缘由同时存在,而不是只允许一种正义缘由存在"[5]。

---

[1] 阿马蒂亚·森:《正义的理念》,中国人民大学出版社,2012年版,第16页。
[2] 阿马蒂亚·森:《正义的理念》,中国人民大学出版社2012年版,第237页。
[3] 阿马蒂亚·森:《正义的理念》,中国人民大学出版社2012年版,第216、217页。
[4] 阿马蒂亚·森:《正义的理念》,中国人民大学出版社2012年版,第276页。
[5] 阿马蒂亚·森:《正义的理念》,中国人民大学出版社2012年版,译者前言第2页。

从能力理论出发,森将福利国家的制度及其政策区分为两个层次:一是应对因能力的绝对被剥夺而产生的绝对贫困,这种贫困在西方发达国家并不表现为维持最低生存所需要的物质的缺乏,而表现为满足现代社会生活的基本条件的缺乏;第二个层面是地位性商品的分配,这是真正意义上的平等问题(超出基本能力要求的再分配主要是出于平等的动机)[1]。他还批评那些将经济增长作为解除痛苦与不幸的万能解药的人,认为他们的理论前提正受到来自理论推理和经验事实的质疑[2]。

通过以上介绍我们可以看出,以上公平理论的侧重点有所差别。阿马蒂亚·森主张依据能力的差异进行公平分配,主张在"比例平等"的原则下,注重"差异对待",罗尔斯、德沃金等则倾向于对处于不利地位人群的关注,通过更多的补偿进行"差异对待","以不平等对不平等"进行资源的合理分配,使得整个社会能够更多地体现正义与公平。

第二节 教育机会公平的内涵与衡量

在阐述机会公平的内涵之前,有必要对"公平"(equity)与"平等"(equality)的含义进行简要说明。"平等"与"均等"的概念紧密相连,更重视数量、程度、品质上的一致,"均等"的分配并不一定是公平的,同样,"公平"也不一定是均等的。"公平"是一个"规范性概念",它包含了价值判断,比"平等""均等"更抽象,更具有伦理性和历史性[3]。在本书研究过程中,在考察一些指标的数量、程度等方面的差距时,我们也使用了"平等"这一概念,教育平等是教育公平的基本要求。

一、教育机会公平的内涵

(一)关于教育机会公平内涵的阐释

理论界主要通过阐述"教育机会均等"思想来反映教育机会公平的内涵,其中以联合国教科文组织、经济合作与发展组织(Organization for Economic Co-

---

[1] 汪行福:《分配正义与社会保障》,上海财经大学出版社2003年版,第161页。
[2] 阿马蒂亚·森:《正义的理念》,中国人民大学出版社2012年版,第255页。
[3] 杨东平:《中国教育公平的理想与现实》,北京大学出版社2006年版,第4—5页。

operation and Development，OECD，中文简称"经合组织"）、安德森、托尔斯顿·胡森、科尔曼等的阐述最具有代表性，此外，我国《教育大辞典》也阐述过教育机会公平的含义。

1960年，联合国教科文组织详尽阐述了"教育机会均等"的概念，它包括"消除歧视"和"消除不均等"两部分。歧视是指："基于种族、肤色、性别、语言、宗教、政治或其他观点、民族或社会出身、经济条件或家庭背景之上的任何差别、排斥、限制或给予某些人优先权，其目的在于取消或减弱教育中的平等对待。"其表现如下：①剥夺某个体或某团体进入各级各类教育的机会；②把某个体或某团体限于接受低标准的教育；③为了某些人及团体的利益，坚持分流教育制度；④使某些人及团体处于与人的尊严不相容的处境。不均等则是指在某些地区之间和团体之间存在的、不是故意造成也不是因偏见形成的差别对待[1]。

1965年，经合组织在有关报告中提出"教育机会均等"至少有以下三个方面的内涵：①能力相同的青年，不论其性别、种族、地区、社会阶级等的差异，均具有相等的机会接受非强迫性的教育；②社会各阶层的成员对于非强迫性的教育均具有相等的参与比率；③社会各阶层的青年均具有相等的机会以获取学术的能力[2]。

学术界对教育机会均等理论的研究较为丰富和深入。美国芝加哥大学教授C.A.安德森（C. A. Anderson）在分析教育机会均等时认为，该概念有以下四种含义：①为每个人提供同量的教育；②学校教育的提供足以使每一个儿童达到既定的标准；③教育机会的提供足以使每一个体充分发展其潜能；④提供继续教育的机会，直至学生学习结果符合某种常模者。

瑞典教育家托尔斯顿·胡森（Torsten Husen）则认为，在分析教育机会平等概念时，要对"平等"和"机会"分别进行界定。就个体而言，"平等"可以有三种含义。第一，平等可以指个体的起点，即每个人都有不受任何歧视地开始其学习生涯的机会。第二，平等也可以指在中介性的阶段即教育过程中受到平等的对待，即以平等为基础对待不同人种、民族和社会出身的人。第三，平等还可以指最后目标，即促使学生取得学业成就的机会平等。对于"机会"，胡森认为可以用以下

---

[1] 杨东平：《中国教育公平的理想与现实》，北京大学出版社2006年版，第7页。
[2] 转引自周洪宇等：《教育公平论》，人民教育出版社2010年版，第29页。

变量测量：①学校外部的各种物质因素，包括学生家庭经济状况、学习开支总额等；②学校各种物质设施，如建筑物总量、实验室、图书馆等；③家庭环境中某些心理因素，如家长的期望、家庭对掌握知识的态度等；④以教学条件为指标的学习机会[1]。

美国学者科尔曼指出，教育机会公平包括以下含义：一是每个人都不受任何歧视地开始其学习生涯的机会（起点公平论）；二是以平等为基础对待不同人种和社会出身的人（过程公平论）；三是促使学业成就的机会公平（结果公平论）[2]。科尔曼教授的研究还表明：①研究教育平等问题，可以从投入与产出两个维度来认识。投入既有因学校行政的作用而输入的资源（设备、课程和教师），也有学生输入的资源；既有有形的资源，也有无形的资源。②教育平等的内涵由平等的学校转变为平等的学生，即教育平等的定义"从平等地得到条件（投入）同等优越的学校重新规定为在标准化的成绩测验中有平等的表现（平等的结果）"。③对教育平等含义的界定应考虑到能否将其转变为教育政策[3]。

我国《教育大辞典》中教育机会公平的含义包括下列内容：①入学机会均等或入学不受歧视；②受教育过程中的机会均等；③取得学业成功的机会均等；④在物质、经济、社会或文化方面处于最低层者应尽可能通过教育系统本身得到补偿；⑤不仅在获得知识方面，而且在获得本领方面机会均等，等等[4]。

从教育机会均等思想的内涵及其发展过程中我们可以看出，尽管同样主张教育机会均等，但不同理论对其内涵的定义和侧重点不尽相同。有的主张入学机会的均等，有的主张过程的均等，还有的主张结果的均等，也有的主张除了消除性别、种族、社会地位或其他限制以外更积极地提供弥补缺陷的机会，以促进立足点的平等。除了入学机会的均等外，还有的主张要包括教育内容和教育情境的均等，等等。但总的方向都是指学生不但应有上学的机会，而且入学后，应在同等条件下接受适当的教育。这些条件中既包括学校经费、师资、设施的均等，又包括对家庭与社会环境以及其他影响学业成就的不利因素的改善。

---

[1] 托尔斯顿·胡森：《平等——学校和社会政策的目标》，载张人杰主编《国外教育社会学基本文选》，华东师大出版社1989年版，第196—197页。
[2] 扈中平、陈东升：《中国教育两难问题》，湖南教育出版社1995年版，第209—210页。
[3] 张人杰主编《国外教育社会学基本文选》，华东师大出版社1989年版，第22页。
[4] 顾明远主编《教育大辞典》第六卷，上海教育出版社1992年版，第413页。

此外,理论界对教育机会分配不公的来源也进行了深入研究。《国际教育百科全书》将其分为11类:个体能力的遗传差异;个体所处社会地位的差异;政府、社会、个体提供和获得教育方面的政治权利;国家和私人为教育提供的资源;各阶段教育之间的资源分配;在各地区配置的和向各社会群体提供的教育机构的差异;教育机构与其他群体之间在资源、能力和成就方面的差异;教师能力方面的差异;家庭在教育方面的直接成本和间接成本;不同教育阶段的选拔;代际教育资源的分配[1]。可见,教育机会不公既来自个体能力、社会地位、文化资本等方面的差异,也来自教育资源的提供和配置、学校制度、选拔制度等社会制度性的因素,这指示了克服教育机会分配不公的制度改革和政策调整的方向。

(二) 本书对教育机会公平内涵的界定

由上述介绍可知,理论界对教育机会公平的界定逐步取得了共识。一般认为,教育机会公平包括三个不同的层面,即起点公平、过程公平和结果公平。

起点公平是指教育入学机会的公平,即每个人不受性别、种族、民族、经济地位、居住环境等条件的影响,均有开始其学习生涯的机会,这是一种最低纲领的公平诉求。

过程公平是指在教育过程中,以各种不同方式但都以平等为基础来对待每一个人,任何人既没有特权,也不能受到歧视,即个人或群体在教育的不同部门和领域内经历和参与受教育的性质和质量公平。

结果公平最终体现为学业成就、教育质量的公平,是一种实质性的、目标层面的公平。事实上,教育结果会因受教育者个人的天赋和际遇的不同而不同,因此,教育结果层次上的人人平等是不可能的。我们认为,由个人因素而非教育制度与政策因素导致的教育结果不公平是可以接受的。

基于"公平"的理论基础,并结合理论界对教育公平的研究,本书明确指出,教育机会公平应该从上述三个不同的层面来考察,即起点公平、过程公平和结果公平。通常我们将教育划分为义务教育与非义务教育,义务教育是强制性和免费的,是赋予个人的一项基本权利并通过政府的制度安排予以保障,因此,义务教育可以被视作公共产品。具有公共产品性质的义务教育的教育机会公平的含义包括:在教育制度保障方面,要求保障适龄儿童获得公平的入学机会;在教育

---

[1] 杨东平:《中国教育公平的理想与现实》,北京大学出版社2006年版,第7页。

资源分配方面,要求为不同学校提供最基本的与教育目标相符合的教育资源(如教育经费、办学条件及师资水平等),并且不同学校之间教育资源配置的差距不能过大。在我国推进义务教育机会公平分配的实践中,有一种观点认为,义务教育机会公平应该是为所有适龄儿童提供完全相同的教育,笔者并不赞同这一观点,因为为所有适龄儿童提供完全相同的教育在实践中无法操作,并且也无法实现,同时还有失公平。笔者认为,义务教育机会公平在实践中首先要求政府为每一位适龄儿童提供与其个人发展相符合的最基本水平的教育,然后才是在此基础上尽可能地缩小教育差距。

在非义务教育阶段,教育机会公平的内涵为不同地区、不同家庭背景的学生在相同入学标准下应获得公平的入学机会,即教育制度与教育公共政策应消除对不同居民在入学机会上的歧视。另外,公共教育资源分配应向弱势群体倾斜。在我国教育实践中,非义务教育既包含高中等教育阶段,也包括高等教育阶段,但出于对教育财政体制代表性和研究能力等因素的考虑,本书重点考察了高等教育机会分配的公平性问题。

二、教育机会分配公平程度的衡量指标体系

教育机会分配公平程度的衡量指标的构建,应体现上述教育公平的三个层次的内涵,参照有关教育方面的衡量指标和数据,本书选择了如下有代表性和可行性的指标来反映我国教育机会分配的公平程度。

(一)入学机会公平程度的衡量指标

入学机会的公平程度主要考察适龄儿童、青少年进入各级学校接受教育的机会是否存在差异。入学率和升学率是反映教育普及程度和教育机会是否平等比较可靠的、通行的指标,辍学人数则反映了未能充分享有教育机会的情况,也可用于反映入学机会的公平程度。因此,我们用如下指标来反映入学机会的公平程度:①入学率:符合官方规定的适龄学生的入学比例;②升学率:本级教育毕业生中能够进入高一级学校继续学习的比例;③辍学人数:未能达到预定目标而中途离校的学生数[1]。

---

[1] 李海涛:《我国教育不平等评价指标体系的构建》,《统计与决策》2006年第12期。

（二）教育过程公平程度的衡量指标

教育过程公平程度的可量化的衡量指标概括来讲包括"人""财""物"三个方面。"人"的指标包括两个方面：一是教师资源的提供能力，通常用生师比来反映，即在校生人数与专任教师人数之比；二是教师学历构成情况，通过教师学历合格率与教师在某一学历层次上的比例来反映。"财"是指教育经费，常用的指标包括生均教育经费支出和生均预算内教育经费支出等。"物"主要是指办学条件，包括危房率、生均校舍建筑面积、生均图书藏量、生机比与生均仪器设备总值等指标。

（三）教育结果公平程度的衡量指标

知识、能力或个性发展等方面的教育结果只能进行定性分析，学业成就也很难量化而且没有统一的评价标准，因而能够准确衡量教育结果并进行量化的指标很难找到。OECD的指标体系通过计算各种学历水平的人数、受教育年限等相关指标来反映教育结果，以此为参考，本书也采用上述指标来反映教育结果。此外，我们还采用了九年制义务教育完成率指标（初中某届毕业生人数÷该届当年小学入学人数×100%）[1]来反映义务教育阶段的教育结果。

三、教育机会分配不公平的度量方法

对教育不公平程度的度量，针对不同的表现形式，可以采用不同的方法，具体包括以下两种。

（1）各指标在城乡之间的差异程度，可以通过计算差值或比率来度量。

（2）各指标在地区间和阶层间的差异程度，可以通过计算一个反映离散程度或变异程度的指标来度量。该类指标包括极差、标准差等反映绝对差异的指标，以及变异系数、教育基尼系数等反映相对差异的指标。极差主要反映两极之间的差距，而标准差、变异差系数和教育基尼系数可以综合反映所有个体之间的差异。

① 极差。极差也称全距，是所有变量值中最大值与最小值之差，也即两极之差，所以称为"极差"。

---

[1] 例如，2010年义务教育完成率＝2010年初中毕业生人数÷2001年小学入学人数×100%。

② 标准差。标准差是度量变量值差异程度的最基本的方法,其公式如下:

$$\sigma = \sqrt{\frac{\sum_{i=1}^{n}(x_i - \bar{x})^2}{n}} \tag{2.1}$$

其中:x_i 为变量个体;$\bar{x}$ 为变量的平均值;n 为变量个数。

③ 变异系数。由于标准差是绝对数,它的数值大小受到变量值本身大小和计量单位的影响。不同大小的变量和不同单位的变量,其标准差是不具有可比性的。为便于比较,可以将标准差与均值相除得到变异系数 CV(Coefficient of Variation):

$$CV = \frac{\sigma}{\bar{x}} \times 100\% \tag{2.2}$$

④ 教育基尼系数。教育基尼系数由收入基尼系数转化而来,用以反映阶层教育结果的不平等,其计算公式如下:

$$\begin{aligned}E_L = (1/\mu)[&p_2(y_2-y_1)p_1 + p_3(y_3-y_1)p_1 + p_3(y_3-y_2)p_2 \\&+ p_4(y_4-y_1)p_1 + p_4(y_4-y_2)p_2 + p_4(y_4-y_3)p_3 \\&+ p_5(y_5-y_1)p_1 + p_5(y_5-y_2)p_2 + p_5(y_5-y_3)p_3 \\&+ p_5(y_5-y_4)p_4]\end{aligned} \tag{2.3}$$

其中:p_1 是不识字或识字很少的人口的比例;p_2 是拥有小学文化程度的人口比例;p_3 是拥有初中文化程度的人口比例;p_4 是拥有高中文化程度的人口比例;p_5 是拥有大学文化程度的人口比例[1]。

(3) 对多个指标所反映的某一教育阶段的不平等程度的综合考察,本书采用了主成分分析方法进行综合评价,再对综合得分值计算变异系数,来反映综合差异程度。

主成分分析法是作为多元数据的降维处理技术而提出的,在众多的相关指标中,寻找某种变换,生成少数代表性较好的综合指标,这些少数指标是原来众多指标的函数,它们相互独立,同时又能继承原指标中的绝大多数信息,这些少

---

[1] 温娇秀、王延军:《我国教育不平等与收入分配差距扩大的动态研究》,《成都理工大学学报》2011年第1期。

数代表性指标即"主成分"。设降维前的指标共有 p 个，经过标准化处理之后分别记为 x_1，x_2，x_3，…，x_p，由主成分分析法可综合成 m 个主成分：f_1，f_2，f_3，…，f_m，分别称为"第一主成分""第二主成分""第三主成分"……"第 m 主成分"，一般的线性组合关系如下：

$$\left\{\begin{array}{l} f_1 = l_{11}x_1 + l_{12}x_2 + \cdots + l_{1p}x_p \\ f_2 = l_{21}x_1 + l_{22}x_2 + \cdots + l_{2p}x_p \\ \vdots \\ f_m = l_{m1}x_1 + l_{m2}x_2 + \cdots + l_{mp}x_p \end{array}\right\} \tag{2.4}$$

第三节 教育机会公平分配必须诉诸政府教育制度与政策

社会经济的发展、人们生活水平的提高，需要经济、政治、法律等权威制度或规范制度的构建和支持，教育的发展特别是教育机会公平分配的实现更离不开教育制度与政策的支持。

对于教育制度的含义，我们借鉴了《教育大辞典》中的概念，它对"教育制度"的解释如下："一个国家中各种教育机构的体系，包括学校教育制度（即学制）和管理学校的教育行政机构体系。它是一定社会历史阶段的产物，受一定社会的政治、经济、文化的影响和学生身心发展特点的制约。在有的国家，被视为按国家性质确立的教育目的、方针和设施的总称。"[1]从存在形态来看，教育制度可以分为正式教育制度和非正式教育制度。正式教育制度是指成文的且与教育实践活动直接有关的教育制度。非正式教育制度是指观念、习俗和惯例形态，它们与教育实践活动直接有关。在教育实施过程中，正式教育制度规定着教育结构和教育资源的配置原则与方式，规定着政府的教育管理权力与责任、学校教育活动组织和管理的权力与责任、课程内容与实施的基本原则和要求、教师教育行为的权利与义务、学生的受教育权利与义务等。本书所研究的教育制度是正式教育制度，尤其是国家机关建立的公共教育制度。

---

[1] 顾明远主编《教育大辞典》第一卷，上海教育出版社1990年版，第68页。

一、教育制度和政策设计与调整得当是实现教育机会公平的前提

特定的教育制度与政策可以被视为教育机会分配公平的前提条件,它是为实施教育机会公平分配扫清障碍的。合理的教育制度与政策为人们追求教育机会公平分配提供规范性保障。教育制度与政策通过硬性的约束机制向人们提供了一套明确的关于什么样的教育机会分配行为被认为是公平的、被允许的、受鼓励的,什么样的教育机会分配行为被认为是不公平的、被禁止的等信息,从而为教育机会分配的行为设置了边界,为教育机会公平分配提供了可能的空间[1]。

政府教育制度与政策主导教育利益、教育资源的分配,教育制度与政策规范教育权利和教育义务,如果某项教育制度或政策的设定与安排具有严重缺陷,那么,它原本的功能就可能被扭曲甚至丧失,人们会跨过制度转而追随某种通行的交往习惯或者信奉某种"潜规则",最终导致教育机会分配的不公。例如,国家在教育制度与政策设计上,如果首先判断哪一类学生具有更高的社会价值从而给予更多的资源,哪一类型的教育更有价值、更值得投资,这样的制度设计就会导致教育的不公正,给社会的发展带来更大的损害。同时,制度化教育的等级化差异形成了不公平的教育体制,这不利于公民平等地接受公共教育,从而不利于教育机会分配公平的实现。由此可见,要使教育利益的分配更加公平,教育权利的获得更加平等,教育制度与政策就需要对教育利益的诉求中的矛盾冲突做调整和规范,通过教育制度与政策的调整、补充、创新乃至变革,对教育现实中的不公平现象加以修复。因此,政府教育制度和政策设计与调整得是否公平是教育机会公平分配的前提条件。

二、教育制度与政策执行的公平是教育机会公平分配的保障

公平的教育制度和政策建立之后,随之而来的就是教育制度和政策执行的公平。教育制度和政策建立后的一个必然环节就是教育制度和政策的执行和运

---

[1] 叶忠:《试论教育制度公平》,《教育与经济》2003年第2期。

作。这是因为教育制度和政策本身只是一套正式的规范体系和教育活动模式，它虽然表明一定社会或者教育共同体具有处理教育问题的能力，但却只是社会或者共同体所期望的观念性的可能力量，它要成为一种现实的教育能力，就必须付诸教育实践[1]。

在市场经济条件下，教育领域的利益主体已日益呈现多元化的趋势。不同的教育供给行为对不同的利益主体而言，其有效性是不同的。因此，为达到教育公平形成的理想状态，需要有工具性的权威制度来使其向现实性转化。事实上，只有依靠教育制度和政策提供权威性保障，市场经济条件下的教育供给行为才能有序而公平，才能有力地推进教育的发展。

教育制度或政策执行不公，就会使得公平的教育制度和政策无法落到实处。由于操作总是由人来完成的，而人的操作总是会受到个人的利益、观点、情感等一系列因素的影响，所以就必须做出相应的规定，把操作的步骤合理化，固定下来，形成公平的程序，从而保证操作的公平[2]。

从教育制度和政策本身的公平属性来看，教育制度和政策一旦制定都"应当平等地适用人人"，任何倾斜都意味着要打破不偏不倚的公平状态。制度执行的不公将损害制度本身具有的规范性价值，导致其失去对一定社会交往关系的普遍约束力，使人们失去对制度的信任感，使教育制度的贯彻执行受阻，影响教育制度执行的效果。一项教育制度或政策如果能使目标群体感到公平合理，就容易被接受；反之，如果一项教育制度或政策被目标群体认为是不公平、不合理的，或者被视为对自己利益的相对剥夺，则接受这项教育制度或政策自然比较困难，尽管不公平的教育制度或政策有时可以借助某种公共权力来强制执行，但是人们常常也会采取各种各样的方式予以拒斥，使其变形走样。

综上所述，要实现教育机会分配公平，首要的是从政策层面解决问题，从制度设计和执行上保障教育机会分配公平。教育制度和政策是调控教育公平的重要手段，政府主管部门作为教育制度和政策的制定者和执行者，对保障和推进教育机会公平分配有不可推卸的义务和责任。

---

[1] 李江源：《论社会转型时期教育制度执行的有效性》，《集美大学学报》2004年第6期。
[2] 李江源：《论社会转型时期教育制度执行的有效性》，《集美大学学报》2004年第6期。

第四节 教育制度与政策影响教育机会分配的理论分析

本节从理论上阐述入学标准的不同规定、教育是否收费以及政府教育资源的不同配置等教育制度和政策对教育机会分配的影响。

一、入学标准的不同规定与教育机会分配

教育制度和政策中有关入学标准的不同规定，如是通过市场交易的方式入学，还是通过行政方式（政府或者领导指定上学的人）、公共选择方式（如投票选举上学的人），或者其他方式获得入学机会，对教育机会分配的公平性有很重要的影响。

在义务教育阶段，一般采取按成绩入学或就近入学的标准使学生获得义务教育机会。义务教育具有明显的外部经济特征，即社会因为适龄儿童接受义务教育而间接获益，它有利于国民整体素质的不断提高，因此，义务教育不宜采取按成绩入学的标准选拔学生，政府应为所有适龄儿童提供义务教育。在义务教育阶段，各国多数公立教育系统是根据学生居住地的不同实行就近入学将学生分配到就读学校的[1]。这一办法能够确保成绩落后的学生获得同等的入学机会，他们不会受到歧视，从而保证所有适龄儿童拥有平等的入学机会。但是，如果提供义务教育的不同学校的教育质量存在着较大差距的话，那么，这种就近入学制度也不能保证所有的学生拥有同等机会享受高质量的教育服务，从而使义务教育的公平性受到挑战。

高等学校选拔学生的方式一般有三种：一是考试，即通过高考制度来选拔学生，谁的分数高谁上学；二是学费，即谁交得起相应的学费谁就上学；三是推荐，即通过对学生进行考评推荐来决定其是否有机会上大学。以学费作为选拔学生的标准，将使经济能力差或付费能力低的家庭或学生的受教育机会减少，这有悖

---

[1] H. M. 列文：《学校的选择：市场机制》，载 Martin Carnoy 编著《教育经济学国际百科全书》，闵维方等译，高等教育出版社 2000 年版，第 451—456 页。

于教育公平的原则。采用推荐方式作为选拔学生的标准,在实践中只能由学生所在的学校来进行,这会给中学创造产生机会主义行为的机会,最终使推荐制度演变为严重的权力交易,公平竞争荡然无存,从而严重影响教育机会分配的公平性。以考试作为标准即通过高考来选拔学生,这是相对而言最为公平的一种选拔制度。高考制度能最大限度地杜绝那种依靠权力和金钱来徇私舞弊的现象,虽然这一制度也有可能把一些优秀青年排除在大学校门之外,但能在最大程度上把优秀青年送到高校接受高等教育,确保高等教育公平原则的实现,也在很大程度上保证了生源的质量。正是由于高考制度,许多没有什么权力和经济背景的青年才能通过自身的努力而改变其弱势地位。当然,高考制度也不能完全确保高等教育机会分配的公平,高考制度中的考试科目设置、考试内容的倾向以及具体招生制度的规定会对高等教育机会分配的公平性产生重要影响。

二、教育是否收费对教育机会分配的影响

(一)免费教育与教育机会分配

按照社会产品的消费特征,可以将全社会的产品分成三类:公共产品、私人产品和准公共产品(混合产品)。公共产品是指同时具有非竞争性和非排他性的产品,私人产品是指同时具有消费上的竞争性和排他性的产品,而介于两者之间,只满足或部分满足其中一个特征的产品属于混合产品,或者又称为准公共产品。公共产品在消费上的非排他性导致市场无法对其进行有效提供,因而使得提供公共产品成为政府的最主要的职能之一。

对教育产品属性的讨论是建立在公共产品理论基础之上的。教育既具有公共产品的部分特征,即具有一定的非竞争性和非排他性,同时又具有私人产品的部分特征,即具有一定的竞争性和排他性,因而从理论上来说应当属于准公共产品。但是,根据不同教育阶段的特点,我们对其产品属性做了如下的区分:通常我们将教育分为义务教育和非义务教育两个阶段,义务教育是强制性的和免费的,它是从保障教育机会平等和儿童权益的角度来设计的,是赋予个人的一项基本权利,政府通常采取相关制度安排予以保障,因而义务教育可以被视为公共产品;而非义务教育则不具备这种特征,因而仍然属于准公共产品。

如前所述,提供公共产品和服务是政府最主要的职能之一,由于教育具有公共产品的典型特征,所以政府财政应当涉足教育服务的提供。义务教育具有重要的社会公益性,它保障一国对国民整体素质的基本要求,因此,义务教育应以政府公共支出为保证,通过财政拨款方式,以低价(甚至免费)提供,以此确保每一个适龄青少年都能够有条件接受义务教育[1],从而确保居民特别是弱势群体居民在义务教育阶段受教育机会的平等。

非义务教育,尤其是高等教育,基本上可以视为一种受益内在化的产品,可以给自身带来较大的私人受益,因而这一阶段的教育服务比较接近私人产品,可以让市场机制发挥更大的作用,政府仅仅提供相当于教育产品收益外溢的那一部分。因此,高等教育可以采取市场提供为主、政府提供为补充的混合提供方式,实行个人成本分担,这样不仅更符合效率原则,而且也符合公平原则。

(二) 教育收费对教育机会分配的影响

教育收费对教育机会分配的影响,应分别在不同的教育阶段进行讨论。在义务教育阶段,由于义务教育的公共产品性质,政府应提供义务教育,从而保证义务教育机会分配的公平。如果在义务教育阶段实行成本回收的收费政策,那必将使弱势居民的受教育机会减少,造成教育机会分配的不公平。当然,完全由政府义务教育不能充分满足消费者不同层次的教育需求,因此,在政府保证适龄儿童都能享受到最低标准的义务教育的同时,还应采取以市场提供为辅的方式,让不同需求者在市场上得到满足。

对于教育收费是否会造成高等教育机会分配的不公平,应该进行具体分析。从长期来看,高等教育收费增加了教育经费,为更多的人接受高等教育创造了机会,从而有利于教育公共资源在全体社会成员中的分配更加公平。但从短期来看,教育收费又确实会造成一定程度的教育机会分配的不公平。

高等教育阶段对受教育者收取学费,首先是基于教育公平。在全部受教育人口中,只有一部分可以接受高等教育,若高等教育的经费全部由财政负担,则意味着所有纳税人支付高等教育成本而只有部分人受益,这有违教育公平。当然,高等教育收费对教育机会分配公平性的影响到底如何,需要做进一步的分析。

---

[1] 刘汉屏:《论公共财政下的教育产业问题》,《财贸经济》2001年第7期。

1. 高等教育收费对促进教育机会公平分配的正面影响

在高等教育阶段,学生的培养费用较高,如实行完全免费的政策,在国家财力有限的条件下就只能为较少的人提供高等教育机会。即少数能接受高等教育的居民却要消耗较大部分的公共教育资源,没有接受高等教育的居民则只能分享较少部分的公共教育资源,这是很不公平的。若高等教育实行收费政策,学生的部分培养费由自己或家庭负担,这样,同量的公共教育投资就可以为更多的学生提供就学机会,从而促进高等教育机会的公平分配。

2. 高等教育收费对促进教育机会公平分配的负面影响

一般来说,增加供给可能有助于促进教育机会公平分配。然而,如果高等教育供给的增加是通过教育收费来实现的,那么教育收费对家庭收入水平或付费能力不同的学生所产生的边际影响可能是不同的。当然,教育收费可能不会影响整体的入学水平,甚至还可能使之得到进一步扩展,但也可能会出现相反的情形,即在实行收费政策后,一些支付能力低的居民可能因此丧失接受教育的机会——他们将被能够而且愿意支付更高学费的人所代替,这将导致学生的结构发生变化,从而对高等教育机会的公平分配产生负面影响。

高等教育需求对学费缺乏弹性,因而实行教育收费政策对高等教育总需求的影响并不大。但是,不同社会经济背景的学生对学费增加的反应并不完全一致,"需求弹性"也不一样。一般情况下,低收入家庭对学费的变化比高收入家庭更为敏感,因此,实行教育收费政策有可能剥夺一部分低收入人群接受高等教育的机会[1]。

上述有关分析可以用图 2.1 直观地加以表示。在图中,我们用 D_{poor} 表示家庭付费能力低的学生的教育需求曲线,用 $D_{wealthy}$ 表示家庭付费能力高的学生的需求曲线。假设在免收学费时,在个体接受教育需要承担的私人直接开支为 C_1 时,两者的入学可能性为 ρ_1 [2]。实行收费后,如学费的水平为 C_2C_1,家庭付费能力高的学生的入学可能性只有较小幅度的下降,从 ρ_1 下降到 ρ_2,而家庭付费能力低的学生由于对学费的增加更为敏感,其入学可能性将下降较大的幅度,从

---

[1] 陆根书、钟宇平在其所著的《高等教育成本回收的理论与实证分析》中明确提出了这一观点,另外,Kane(1994)和 Hilmer(1998)也提出了类似的证据。

[2] 即使在免收学费的条件下,个体接受高等教育也需要承担相当数量的私人直接开支和机会成本,因此,贫穷学生和富裕学生的入学可能性事实上仍会存在差异。

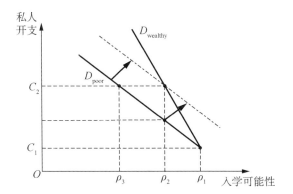

图 2.1 教育收费对不同收入水平家庭的影响

ρ_1 下降到 ρ_3。

因此,在高等教育阶段实行收费政策后,如果缺乏完善的学生资助助学体系,弱势群体居民接受高等教育的机会将可能减少。

三、公共教育资源的不同配置对教育机会分配的影响

教育资源也称作教育条件,是教育过程中占用、使用和消耗的资源,即"人力资源、物力资源和财力资源的总和"[1]。教育资源的配置具体包括教育资源在各级各类教育之间、各地区教育之间以及同级教育不同学校之间的配置[2]。

(一) 公共教育资源在各级教育之间配置对教育机会分配的影响

公共教育资源在各级教育之间的不同配置影响教育机会的分配。一般来讲,公共教育资源向义务教育阶段倾斜有助于促进教育机会的公平分配。具体分析如下。

表 2.1 是假想的各级教育的入学率和生均公共教育支出的数值,根据表中数值我们可以计算不同受教育程度者所获得的教育资源状况,并以此考察教育机会的分配状况。根据表 2.1,小学入学率为 80%,说明同龄群体中有 20% 不能接受小学教育,因而不能享受到公共教育资源,进而可知未入学人数占同龄人口总数的 20%;初中入学率为 60%,说明同龄人口中只有 60% 的人能够接受初中

---

[1] 顾明远主编《教育大辞典》(第 6 卷),上海教育出版社 1992 年版,第 250 页。
[2] 王善迈:《教育投入与产出研究》,河北教育出版社 1996 年版,第 39 页。

教育,则具有小学教育程度的同龄人群比重为 20%×(80%－60%);以此类推,具有初中教育程度的为 30%×(60%－30%),具有高中教育程度的为 15%×(30%－15%),具有高等教育程度的为 15%。

表 2.1 各级教育的入学率和生均公共教育支出(假设)

教育级别	受教育年限(年)	入学率(%)	年生均公共教育支出(元)
小学	6	80	800
初中	3	60	1 000
高中	3	30	2 000
高等教育	4	15	4 000

各级受教育年限的作用是根据生均支出来计算具有某种教育程度的人在接受某级教育时获得的总的公共教育支出数额。小学教育程度者获得的总公共教育支出为 6×800＝4 800(元);初中教育程度者获得的总公共教育支出为 6×800＋3×1 000＝7 800(元);高中和高等教育程度者获得的总公共教育支出分别为 13 800 元和 29 800 元。根据不同教育程度者占同龄人群的百分比,就可以计算出同龄群体中不同教育程度者获得的公共教育支出占全部公共教育支出的比重,比较某种教育程度者占同龄群体百分比和他们所获得公共教育支出占全部公共教育支出的百分比就可以判断教育资源分配的公平程度。

表 2.2 的结果显示:占总体 20% 的未入学人群没有享受到公共教育资源;占总体 40% 的小学及以下教育程度者仅获得 9.76% 的公共教育资源;占总体 70% 的初中及以下教育程度者仅获得 33.54% 的公共教育资源;占总体 85% 的高中及以下教育程度者仅获得 54.57% 的公共教育资源,而仅占总体 15% 的高等教育程度者就获得了 45.43% 的公共教育资源。这种公共教育资源的分配显然更加有利于具有较高的受教育程度者,是很不公平的。如果在高等教育阶段实行成本回收政策,由学生承担一定的高等教育成本(假设承担 1/4,即 1 000 元),那么:若将由此节省下来的公共教育资源完全投放到小学教育阶段,那么将使未入学人数占同龄人口的比重减少 18.75%,而使小学的入学率上升至 98.75%;若将节省下来的公共教育资源完全投放到初中阶段,那么将使初中的入学率上升至 15%。总之,降低公共资源在高等教育阶段的份额,提高公共资源在义务教育阶段所占的份额,使公共教育资源配置向义务教育阶段倾斜,将有助于改善教育机会分配不公的状况。

表 2.2 不同教育程度者获得的公共教育支出

教育程度	占同龄人百分比(%)	生均累计公共教育支出(元)	享受的公共教育资源支出(假定同龄群体人口为100)	占全部公共教育支出比重(%)
未入学	20	0	0	0
小学	20	4 800	96 000	9.76
初中	30	7 800	234 000	23.78
高中	15	13 800	207 000	21.03
高等教育	15	29 800	447 000	45.43
合计	100		984 000	100

(二) 公共教育资源在不同地区之间配置对教育机会的影响

公共教育资源在不同地区之间的配置对教育机会的地区分配会产生重要的影响。公共教育资源地区之间配置的不公平将导致教育机会分配的不公平,因此,缩小公共教育资源在不同地区之间配置的差异有助于促进教育机会分配的公平。分析思路如下。

表 2.3 发达地区与不发达地区的入学人数百分比及生均教育支出(假设)

地区	占总人口百分比(%)	入学人数百分比(%)	年生均公共教育支出(元)	转移前享受公共教育资源比重(%)	转移后享受公共教育资源比重(%)
发达地区	40	70	400	75.68	56.76
不发达地区	60	30	200	24.32	43.24

注:假设发达地区与不发达地区的总人口数为100。

根据表 2.3 的计算,占总人口 40% 的发达地区居民享受到了 75.68% 的公共教育资源,而占全国人口的 60% 的不发达地区居民只享受了 24.32% 的公共教育资源,这种公共教育资源的分配显然更加有利于发达地区居民,从而使得不同地区居民的教育机会存在着较大的差距。如果缩小公共教育资源在不同地区之间配置的差异,那么教育机会在不同地区之间的分配将发生怎样的变化?

若发达地区年生均公共教育支出由 400 元减少为 300 元,并将节省下来的教育支出用于不发达地区的教育,在不发达地区年生均公共教育支出保持不变的情况下,将使不发达地区的入学率增加至 53.33%,从而使不发达地区居民享受的公共教育资源的比重上升至 43.24%,不同地区居民享受教育机会的差距缩小。

(三) 公共教育资源在不同学校之间配置与教育机会分配

公共教育资源在不同学校之间的配置对教育机会分配的公平性也有着重要的影响。公共教育资源在不同学校之间配置的严重不平衡将导致教育机会分配的不公平。我们将获得较多教育资源的学校称为"优势学校",优势学校受到政府的重点支持,具有较高的教育质量,而其他学校在办学质量和办学条件等方面,都与之有较大的差距。优势学校的存在引发了普遍的择校浪潮,优势学校数额不菲的"赞助费""择校费"等,将普通家庭的优秀儿童拒之门外,而一些经济实力雄厚、社会地位显赫的家庭的子女往往优先占据优势学校入学名额,这就使得无力通过金钱、权力和社会关系择校的受教育者面临相当不利的处境,他们只能获得极为有限的资源,甚至连有限的受教育条件都难以保证,从而导致教育机会在不同居民之间分配的不公。义务教育阶段的校际差异所形成的负面影响最为深刻,适龄儿童在义务教育阶段受到的不公平的待遇,在很大程度上决定了他们在接受高等教育机会上的不平等,这种不平等将可能影响他们的一生。因此,公共教育资源在不同学校之间配置的严重不平等往往使弱势群体的学生在总体上处于不利的地位,无法获得真正平等的教育机会。

第三章
我们的教育公平仍未实现:城乡间

城乡之间教育机会分配的不公平是我国教育机会分配不公平的重要表现之一,农村教育始终是中国教育的重点和难点。为全面反映教育机会在城乡之间分配不公平的状况,我们分别从入学机会、教育过程以及教育结果三个层面对义务教育与高等教育进行具体分析。

第一节 义务教育机会城乡分配不公平的表现

一、义务教育入学机会的不公平

(一) 小学入学机会的城乡差异

根据国家统计局公布的数据,中国的学龄儿童净入学率从1995年的98.5%提高到了2017年的99.9%。这说明适龄儿童基本上都进入了小学接受教育,这对于一个拥有近14亿人口的大国来说是非常不容易的。不过同时也应该注意到,由于"学龄儿童"的基数非常庞大,即使很低的失学率也意味着相当规模的失学人数(见表3.1)。从表3.1中可以看出,2005年前,全国学龄儿童失学人数每年都在100万人以上,自2005年开始,每年学龄儿童失学人数下降到100万人以下并且基本呈下降的趋势。尽管如此,截至2017年,全国学龄儿童失学人数仍然有9万人,历年累计儿童失学人数则更多。由于缺乏系统的区分城乡入学率的统计数据,要精确计算失学儿童中城乡所占的比例是十分困难的。不过,由于城市的小学教育机会充分,学龄儿童入学率达到或超过100%,我们可以推断,除了因高度残疾不能入学的极个别情况之外,近100%的城市儿童和少年都进入了小学,适龄儿童失学的人数中,城市所占的份额几乎可以忽略不计,这一庞大的失学儿童群体几乎都在农村。

表3.1 小学学龄儿童入学率和失学人数

年份	全国学龄儿童数(万人)	已入学学龄儿童数(万人)	学龄儿童净入学率(%)	失学人数(万人)
1990年	9 740.7	9 529.7	97.8	211
1999年	12 991.4	12 872.8	99.1	118.6
2000年	10 673.5	10 572.1	99.0	111.4
2001年	11 766.4	11 561.2	99.1	205.2
2002年	11 310.4	11 150.0	98.6	160.4
2003年	10 908.3	10 761.6	98.7	146.7
2004年	10 548.1	10 437.1	98.9	111
2005年	10 207.0	10 120.3	99.2	86.7
2006年	10 075.5	1 0 001.5	99.3	74
2007年	9 947.9	9 896.8	99.5	51.1
2008年	9 772.0	9 727.1	99.5	44.9
2009年	9 606.6	9 548.6	99.4	58
2010年	9 501.5	9 473.3	99.7	28.2
2011年	9 522.4	9 502.5	99.8	19.9
2012年	9 296.8	9 282.7	99.9	14.1
2013年	8 962.1	8 935.7	99.7	26.4
2014年	9 107.1	9 090.1	99.8	17.0
2015年	9 368.2	9 356.7	99.8	11.5
2016年	9 583.6	9 575.9	99.9	7.7
2017年	9 779.2	9 770.2	99.9	9.0

注:数据来源于《中国教育统计年鉴(2017)》并经简单计算得到。

此外,在小学阶段,由于经济等方面的原因,已经入学的学龄儿童中途退学的现象在农村地区较为普遍。20世纪80年代后期,全国小学生的辍学人数维持在4 000万人左右,到了20世纪90年代末,小学生辍学现象有所减少但仍然没有根除,其人数在1999年为112万人,1986—2000年的15年间,小学阶段的辍学人数累计达到3 791.5万人[1]。在2000年政府宣布已"基本普及九年制义务教育"后,这一辍学现象仍然明显存在。上海教育科学院的有关专家推算证实:2001—2002年,小学净入学率与毕业率相差近10个百分点,即每年有近200万人未完成小学教育[2]。2017年,小学毕业生人数为15 658 999人,比2011年招生人数17 367 980人少了1 708 981人[3],考虑到上海等少数实行五四学制地方的学生提前毕业以及极少部分学生休学不能按时毕业等情况,我们推断该年全国仍然有超过百万名学生在小学阶段辍学。由于缺少相关的系统资料,小学阶段的辍学情况难以区分出城乡各自的状况。不过,由于城市小学教育机会充分,小学毕业生的升学率都达到或超过100%,因此,我们认为,城市小学生除了因极端"厌学"情绪而中途退学的情况之外,基本上不存在农村中较为普遍的因经济困难、交通不便、家庭需要劳动帮手等问题而辍学的状况,小学辍学人数中也主要是农村少年儿童。

(二)初中入学机会的城乡差距

为反映初中阶段入学机会的城乡差距,我们计算了小学升学率指标(见表3.2)。从表3.2中可以看出,小学升学率从1990年的73.5%迅速提高到2017年的98.8%,但是,城乡小学升学率的差距依然存在。

表3.2 分城市、县镇和农村的小学升学率比较　　　　　　　　　　单位:%

年份	全国平均	城市	县镇	农村
1990年	73.5	103.0	112.5	63.7
1995年	89.3	104.8	125.6	76.6
1998年	92.6	104.7	124.5	80.9
2000年	93.6	106.5	124.5	80.8
2001年	94.2	110.6	173.6	68.9
2002年	95.8	111.9	179.5	68.6
2003年	96.8	113.0	181.1	69.8

[1] 数据转引自张玉林:《分级办学制度下的教育资源分配与城乡教育差距——关于教育机会均等问题的政治经济学探讨》,《中国农村观察》2003年第1期。
[2] 沈百福、王红:《我国义务教育完成率和经费问题分析》,《教育发展研究》2003年第11期。
[3] 数据根据《中国教育统计年鉴(2017)》和《中国教育统计年鉴(2011)》计算得到。

(续表)

年份	全国平均	城市	县镇	农村
2004 年	97.3	114.7	187.8	70.3
2005 年	97.9	115.2	191.1	66.3
2006 年	99.8	114.2	182.9	66.6
2007 年	99.7	116.1	174.0	64.3
2008 年	99.5	115.0	171.6	62.9
2009 年	99.0	114.5	167.0	62.0
2010 年	98.6	114.4	161.7	60.6
2011 年	98.3	111.2	141.9	54.5
2012 年	95.7	109.5	133.5	51.0
2013 年	94.6	108.5	128.3	49.0
2014 年	98.0	108.5	128.2	52.6
2015 年	98.2	107.5	126.6	52.7
2016 年	98.7	107.3	125.1	52.5
2017 年	98.8	107.2	124.3	52.0

资料来源:根据相关年份《中国教育统计年鉴》计算得到;表中初中指普通初中。计算公式如下:小学升学率=初中招生数÷小学毕业生数。如当年初中招生数大于小学毕业生数,会出现升学率大于100%的情况。

在城市和县镇,九年制义务教育都已经普及,小学升学率均超过100%,小学生除特殊情况外都能升入初中。但值得注意的是,农村小学生升到农村初中的比率呈不断下降趋势且自2011年以来一直在50%左右,这是因为有不少学生在小学阶段学习过程中转学到县镇或城市,从而导致县镇和城市特别是县镇的小学升学率超过100%,农村小学生转学到城市和县镇学习在很多情况下无疑是为了追求更好的教育,这也从侧面反映了城乡的教育差距。另外,从全国小学升学率可以看出,2017年,我国还有约1.2%的小学生即186 790名学生没有进入初中阶段,尽管缺乏区分城乡的具体数据,但从城市和县镇的升学率可以推断出其中基本上为农村学生。

另外,初中阶段的辍学现象较小学阶段更为普遍,在1995年之前的6年间,辍学率都超过5%,后来虽有所下降,但仍然维持在3%以上,辍学人数在2000年达到200.8万人。仅1987—2000年,初中阶段的辍学人数已累计达到

3 067.6万人[1]。另据有关推算,2001—2002年,初中阶段毛入学率与毕业率相差近14个百分点,每年大约有300万适龄儿童在初中阶段辍学[2]。同样也由于缺少相关的资料,初中阶段的辍学情况难以区分出城乡各自的状况。不过,由于城市初中阶段教育机会充分,我们认为,初中阶段辍学的学生也大多系农村少年儿童。

二、义务教育过程的城乡不平等

如前所述,教育过程的衡量指标包括"人""财""物"三个方面,即利用师资水平、教育经费与办学条件三方面的指标来反映义务教育阶段小学和初中教育过程的城乡不平等。

(一)小学教育过程的城乡差距

小学教育过程相关指标的城乡差距如表3.3—3.5所示。

表3.3 小学教育过程的城乡差距(2000—2006年)

指标		2000年	2001年	2002年	2003年	2004年	2005年	2006年
生师比	全国	22.21	21.64	21.04	20.50	19.98	19.43	19.17
	城市	19.59	19.21	19.02	19.30	19.54	19.26	19.36
	县镇	21.45	19.99	19.85	19.57	19.33	19.42	19.63
	农村	23.12	22.69	21.90	21.09	20.28	19.47	18.96
	城乡差	-3.53	-3.48	-2.88	-1.79	-0.74	-0.21	0.4
	县乡差	-1.67	-2.7	-2.05	-1.52	-0.95	-0.05	0.67
	城乡比	0.85	0.85	0.87	0.92	0.96	0.99	1.02
	县乡比	0.93	0.88	0.91	0.93	0.95	1.00	1.04
专任教师学历合格率(%)	全国	96.86	96.81	97.39	97.85	98.31	98.62	98.87
	城市	—	—	—	99.24	99.45	99.60	99.73
	县镇	—	—	—	98.76	99.13	99.44	99.53
	农村	—	—	—	97.22	97.78	98.11	98.43

---

[1] 数据转引自张玉林:《分级办学制度下的教育资源分配与城乡教育差距——关于教育机会均等问题的政治经济学探讨》,《中国农村观察》2003年第1期。
[2] 沈百福、王红:《我国义务教育完成率和经费问题分析》,《教育发展研究》2003年第11期。

(续表)

指标		2000年	2001年	2002年	2003年	2004年	2005年	2006年
专任教师学历合格率（%）	城乡差	—	—	—	2.02	1.67	1.49	1.3
	县乡差	—	—	—	1.54	1.35	1.33	1.1
	城乡比	—	—	—	1.02	1.02	1.02	1.01
	县乡比	—	—	—	1.02	1.01	1.01	1.01
专任教师学历在大专及以上的比例（%）	全国	20.05	27.40	33.09	40.52	48.76	56.35	62.07
	城市	—	—	—	64.40	71.34	78.01	82.54
	县镇	—	—	—	49.06	58.41	67.17	72.41
	农村	—	—	—	31.77	40.14	47.49	53.61
	城乡差	—	—	—	32.63	31.2	30.52	28.93
	县乡差	—	—	—	17.29	18.27	19.68	18.8
	城乡比	—	—	—	2.03	1.78	1.64	1.54
	县乡比	—	—	—	1.54	1.46	1.41	1.35
生均教育经费（元）	全国	792.36	971.47	1 154.94	1 295.39	1 561.42	1 822.76	2 121.18
	城镇	1 066.45	1 351.32	1 563.12	1 751.17	2 009.96	2 266.62	2 575.26
	农村	647.01	797.6	953.65	1 058.25	1 326.31	1 572.57	1 846.71
	城乡差	419.44	553.72	609.47	692.92	683.65	694.05	728.55
	城乡比	1.65	1.69	1.64	1.65	1.52	1.44	1.39
生均预算内教育经费（元）	全国	499.68	658.44	834.07	952.44	1 159.21	1 361.09	1 671.41
	城镇	654.76	877.08	1 058.57	1 200.8	1 395.66	1 593.20	1 903.31
	农村	417.44	558.36	723.36	823.22	1 035.27	1 230.26	1 531.24
	城乡差	237.32	318.72	335.21	377.58	360.39	362.94	372.07
	城乡比	1.57	1.57	1.46	1.46	1.35	1.30	1.24
危房率（%）	全国	2.46	6.69	6.36	6.68	5.59	4.46	4.97
	城市	—	2.32	1.86	1.86	1.25	0.98	0.76
	县镇	—	4.92	4.20	4.19	3.34	2.55	3.13
	农村	2.78	8.07	7.57	8.54	7.23	5.79	6.47
	城乡差	—	−5.75	−5.71	−6.68	−5.98	−4.81	−5.71
	县乡差	—	−3.15	−3.37	−4.35	−3.89	−3.24	−3.34
	城乡比	—	0.29	0.25	0.22	0.17	0.17	0.12
	县乡比	—	0.61	0.55	0.49	0.46	0.44	0.48

(续表)

指标		2000年	2001年	2002年	2003年	2004年	2005年	2006年
生均校舍建筑面积（m²）	全国	4.57	4.53	4.72	4.94	5.15	5.34	5.47
	城市	4.75	4.82	4.99	5.13	5.18	5.22	5.30
	县镇	4.59	4.48	4.60	4.74	4.78	4.83	4.85
	农村	4.49	4.49	4.69	4.95	5.24	5.54	5.74
	城乡差	0.26	0.33	0.3	0.18	−0.06	−0.32	−0.44
	县乡差	0.1	−0.01	−0.09	−0.21	−0.46	−0.71	−0.89
	城乡比	1.06	1.07	1.06	1.04	0.99	0.94	0.92
	县乡比	1.02	1.00	0.98	0.96	0.91	0.87	0.84
生均图书藏量（册）	全国	10.34	11.01	11.31	12.07	12.64	13.62	13.84
	城市	—	15.43	15.51	15.60	15.67	16.21	16.82
	县镇	—	12.65	12.74	13.25	13.52	14.14	13.80
	农村	—	9.71	10.21	10.90	11.64	12.81	13.13
	城乡差	—	5.72	5.3	4.69	4.03	3.4	3.69
	县乡差	—	2.94	2.53	2.35	1.88	1.33	0.67
	城乡比	—	1.59	1.52	1.43	1.35	1.27	1.28
	县乡比	—	1.30	1.25	1.22	1.16	1.10	1.05
生均仪器设备总值（元）	全国	124.19	181.11	267.97	264.98	282.84	321.23	294.77
	城市	—	717.86	718.14	663.39	680.07	685.09	695.02
	县镇	—	232.06	280.57	265.30	344.22	446.94	329.40
	农村	105.58	62.90	169.25	171.22	167.30	191.06	186.01
	城乡差	—	654.96	548.89	492.17	512.77	494.03	509.01
	县乡差	—	169.16	111.32	94.08	176.92	255.88	143.39
	城乡比	—	11.41	4.24	3.87	4.06	3.59	3.74
	县乡比	—	3.69	1.66	1.55	2.06	2.34	1.77
生机比	全国	28.14	55.68	43.64	35.33	29.61	26.54	
	城市	—	15.52	22.03	19.02	16.96	14.66	13.30
	县镇	—	30.07	39.78	31.63	26.71	22.88	21.86
	农村	—	32.79	98.64	74.30	55.04	45.32	38.88
	城乡差	—	−17.27	−76.61	−55.28	−38.08	−30.66	−25.58
	县乡差	—	−2.72	−58.86	−42.67	−28.33	−22.44	−17.02
	城乡比	—	0.47	0.22	0.26	0.31	0.32	0.34
	县乡比	—	0.92	0.40	0.43	0.49	0.50	0.56

注：数据来源于历年《中国教育统计年鉴》和《中国教育经费统计年鉴》并经计算得到，"—"代表数据未获得，危房率等以百分比为单位的指标中"城乡比""县乡比"都是指倍数（表3.4—3.5同）。

表 3.4 小学教育过程的城乡差距(2007—2013 年)

指标		2007 年	2008 年	2009 年	2010 年	2011 年	2012 年	2013 年
生师比	全国	18.82	18.38	17.88	17.70	17.71	17.36	16.76
	城市	19.49	19.41	19.14	19.22	19.09	18.99	18.91
	县镇	19.50	19.20	18.74	18.73	18.12	17.94	17.56
	农村	18.38	17.75	17.15	16.77	16.64	15.88	14.63
	城乡差	1.11	1.66	1.99	2.45	2.45	3.11	4.28
	县乡差	1.12	1.45	1.59	1.96	1.48	2.06	2.93
	城乡比	1.06	1.09	1.12	1.15	1.15	1.20	1.29
	县乡比	1.06	1.08	1.09	1.12	1.09	1.13	1.20
专任教师学历合格率(%)	全国	99.10	99.27	99.40	99.52	99.72	99.81	99.83
	城市	99.79	99.83	99.88	99.90	99.92	99.95	99.96
	县镇	99.62	99.71	99.76	99.80	99.84	99.90	99.90
	农村	98.72	98.93	99.12	99.28	99.52	99.65	99.67
	城乡差	1.07	0.9	0.76	0.62	0.4	0.3	0.29
	县乡差	0.9	0.78	0.64	0.52	0.32	0.25	0.23
	城乡比	1.01	1.01	1.01	1.01	1.00	1.00	1.00
	县乡比	1.01	1.01	1.01	1.01	1.00	1.00	1.00
教师学历在大专及以上的比例(%)	全国	66.88	70.88	74.83	78.29	82.05	84.91	87.33
	城市	85.30	87.96	90.59	92.44	92.80	94.28	95.44
	县镇	75.87	79.01	82.21	84.60	85.12	87.38	89.30
	农村	58.53	62.82	67.25	71.15	73.78	77.13	80.20
	城乡差	26.77	25.14	23.34	21.29	19.02	17.15	15.24
	县乡差	17.34	16.19	14.96	13.45	11.34	10.25	9.1
	城乡比	1.46	1.40	1.35	1.30	1.26	1.22	1.19
	县乡比	1.30	1.26	1.22	1.19	1.15	1.13	1.11

(续表)

指标		2007年	2008年	2009年	2010年	2011年	2012年	2013年
生均教育经费（元）	全国	2 751.43	3 410.09	4 171.45	4 931.58	6 117.49	7 445.60	8 400.93
	城镇	3 168.38	3 804.39	4 593.05	5 364.30	6 393.90	7 634.71	8 531.20
	农村	2 463.72	3 116.83	3 842.26	4 560.31	5 718.96	7 132.7	8 152.16
	城乡差	704.66	687.56	750.79	803.99	674.94	502.01	379.04
	城乡比	1.29	1.22	1.20	1.18	1.12	1.07	1.05
生均预算内教育经费（元）	全国	2 230.97	2 787.57	3 424.65	4 097.62	5 061.64	6 279.95	7 022.84
	城镇	2 421.28	2 984.88	3 665.91	4 355.64	5 209.96	6 354.57	7 050.37
	农村	2 099.65	2 640.82	3 236.27	3 876.24	4 847.8	6 156.48	6 970.26
	城乡差	321.63	344.06	429.64	479.40	362.16	198.09	80.11
	城乡比	1.15	1.13	1.13	1.12	1.07	1.03	1.01
危房率（%）	全国	3.57	4.36	16.36	14.14	10.04	6.82	4.75
	城市	0.57	1.19	5.32	4.04	3.74	2.54	1.52
	县镇	2.10	2.98	12.48	10.31	8.24	5.23	3.63
	农村	4.83	5.70	20.85	18.73	14.38	10.31	7.53
	城乡差	−4.26	−4.51	−15.53	−14.69	−10.64	−7.77	−6.01
	县乡差	−2.73	−2.72	−8.37	−8.42	−6.14	−5.08	−3.9
	城乡比	0.12	0.21	0.26	0.22	0.26	0.25	0.20
	县乡比	0.43	0.52	0.60	0.55	0.57	0.51	0.48
生均校舍建筑面积（m²）	全国	5.55	5.60	5.76	5.90	5.73	6.09	6.63
	城市	5.30	5.23	5.37	5.54	5.22	5.44	5.70
	县镇	4.95	4.93	5.07	5.18	5.12	5.46	5.88
	农村	5.86	6.00	6.21	6.39	6.56	7.15	8.22
	城乡差	−0.56	−0.77	−0.84	−0.85	−1.34	−1.71	−2.52
	县乡差	−0.91	−1.07	−1.14	−1.21	−1.44	−1.69	−2.34
	城乡比	0.90	0.87	0.86	0.87	0.80	0.76	0.69
	县乡比	0.84	0.82	0.82	0.81	0.78	0.76	0.72

(续表)

指标		2007年	2008年	2009年	2010年	2011年	2012年	2013年
生均图书藏量（册）	全国	14.08	14.31	14.59	15.16	15.28	17.12	18.92
	城市	16.65	16.45	17.20	17.46	17.11	18.65	19.81
	县镇	14.02	14.15	14.52	14.99	14.66	16.33	17.82
	农村	13.38	13.74	13.81	14.47	14.61	16.72	19.30
	城乡差	3.27	2.71	3.39	2.99	2.5	1.93	0.51
	县乡差	0.64	0.41	0.71	0.52	0.05	−0.39	−1.48
	城乡比	1.24	1.20	1.25	1.21	1.17	1.12	1.03
	县乡比	1.05	1.03	1.05	1.04	1.00	0.98	0.92
生均仪器设备总值（元）	全国	309.76	319.10	358.89	384.35	539.07	585.42	766.09
	城市	666.49	667.87	749.76	739.42	833.95	1 012.93	1 221.41
	县镇	368.79	357.23	388.15	416.29	515.30	472.94	608.01
	农村	185.15	196.15	222.32	247.00	369.00	374.07	539.25
	城乡差	481.34	471.72	527.44	492.42	464.95	638.86	682.16
	县乡差	183.64	161.08	165.83	169.29	146.3	98.87	68.76
	城乡比	3.60	3.40	3.37	2.99	2.26	2.71	2.27
	县乡比	1.99	1.82	1.75	1.69	1.40	1.26	1.13
生机比	全国	24.82	23.37	26.16	24.18	23.68	19.50	15.78
	城市	13.04	12.56	14.30	13.91	15.35	13.36	11.67
	县镇	21.44	20.94	23.95	22.59	24.84	21.16	17.50
	农村	36.44	34.01	37.60	33.94	34.32	26.55	19.76
	城乡差	−23.4	−21.45	−23.3	−20.03	−18.97	−13.19	−8.09
	县乡差	−15	−13.07	−13.65	−11.35	−9.48	−5.39	−2.26
	城乡比	0.36	0.37	0.38	0.41	0.45	0.50	0.59
	县乡比	0.59	0.62	0.64	0.67	0.72	0.80	0.89

表3.5 小学教育过程的城乡差距(2014—2017年)

指标		2014年	2015年	2016年	2017年
生师比	全国	16.78	17.05	17.12	16.98
	城市	18.88	18.96	18.83	18.56
	县镇	17.65	18.01	18.06	17.84
	农村	14.41	14.57	14.64	14.47
	城乡差	4.46	4.39	4.19	4.08
	县乡差	3.24	3.44	3.42	3.36
	城乡比	1.31	1.30	1.29	1.28
	县乡比	1.22	1.24	1.23	1.23
专任教师学历合格率(%)	全国	99.88	99.91	99.94	99.96
	城市	99.98	99.98	99.99	99.99
	县镇	99.93	99.95	99.96	99.98
	农村	99.76	99.82	99.87	99.92
	城乡差	0.22	0.16	0.12	0.07
	县乡差	0.17	0.13	0.09	0.06
	城乡比	1.00	1.00	1.00	1.00
	县乡比	1.00	1.00	1.00	1.00
教师学历在大专及以上的比例(%)	全国	89.84	91.89	93.65	95.26
	城市	96.49	97.31	97.96	98.41
	县镇	91.29	92.99	94.41	95.73
	农村	83.59	86.48	89.06	91.68
	城乡差	12.90	10.82	8.90	6.73
	县乡差	7.70	6.51	5.35	4.05
	城乡比	1.15	1.13	1.10	1.07
	县乡比	1.09	1.08	1.06	1.04

(续表)

指标		2014 年	2015 年	2016 年	2017 年
生均教育经费（元）	全国	9 431.65	10 467.31	11 397.25	12 176.29
	城镇	9 710.98	10 713.4	11 657.22	12 483.87
	农村	8 845.37	9 909.21	10 766.04	11 365.24
	城乡差	865.61	804.19	891.18	1 118.63
	城乡比	1.10	1.08	1.08	1.10
生均预算内教育经费（元）	全国	7 800.12	8 928.28	9 686.16	10 344.40
	城镇	7 933.94	9 049.71	9 825.41	10 520.83
	农村	7 519.26	8 652.89	9 348.05	9 879.17
	城乡差	414.68	396.82	477.36	641.66
	城乡比	1.06	1.05	1.05	1.06
危房率（%）	全国	3.14	1.88	1.18	0.75
	城市	1.02	0.83	0.62	0.45
	县镇	2.47	1.47	0.93	0.55
	农村	5.04	2.93	1.79	1.17
	城乡差	−4.02	−2.10	−1.17	−0.72
	县乡差	−2.57	−1.47	−0.86	−0.61
	城乡比	0.20	0.28	0.35	0.39
	县乡比	0.49	0.50	0.52	0.47
生均校舍建筑面积（m²）	全国	6.85	6.95	7.16	7.44
	城市	5.81	5.86	5.97	6.11
	县镇	6.09	6.18	6.41	6.70
	农村	8.71	9.02	9.47	10.13
	城乡差	−2.90	−3.16	−3.50	−4.02
	县乡差	−2.62	−2.84	−3.06	−3.42
	城乡比	0.67	0.65	0.63	0.60
	县乡比	0.70	0.68	0.68	0.66

(续表)

指标		2014年	2015年	2016年	2017年
生均图书藏量（册）	全国	19.71	20.44	21.53	22.67
	城市	20.44	17.89	21.96	22.51
	县镇	18.45	19.01	20.22	21.45
	农村	20.43	21.44	22.75	24.57
	城乡差	0.01	−3.55	−0.79	−2.06
	县乡差	−1.98	−2.43	−2.53	−3.12
	城乡比	1.00	0.83	0.96	0.92
	县乡比	0.90	0.89	0.89	0.87
生均仪器设备总值（元）	全国	913.01	1 044.29	1 200.75	1 404.55
	城市	1 333.05	1 457.37	1 559.98	1 729.69
	县镇	736.18	843.34	991.73	1 161.71
	农村	708.15	864.25	1 066.24	1 336.33
	城乡差	614.9	593.12	493.74	393.36
	县乡差	28.03	−20.91	−74.51	−174.62
	城乡比	1.88	1.69	1.46	1.29
	县乡比	1.04	0.98	0.93	0.87
生机比	全国	11.16	10.03	8.94	8.06
	城市	8.91	8.42	8.03	7.65
	县镇	12.56	11.30	10.07	9.21
	农村	12.66	10.65	8.80	7.29
	城乡差	−3.75	−2.23	−0.77	0.36
	县乡差	−0.09	0.65	1.27	1.92
	城乡比	0.70	0.79	0.91	1.05
	县乡比	0.99	1.06	1.14	1.26

从生师比、专任教师学历合格率与教师学历在大专及以上的比例三项指标所反映的师资水平来看,2000—2017年,无论是城市、县镇还是农村,城乡小学生师比的基本趋势都是下降的,这说明我国小学教师资源在不断丰富。在2006年之前,城市教师负担的小学生数少于县镇,县镇的又少于农村,即农村教师负担的小学生数最多;但在2006年之后,这一状况发生了改变:农村小学生师比最低,县镇次之,城市的最高,即农村教师负担的小学生数最少,县镇次之,而城市教师负担的小学生数最多。出现这一变化的直接原因是小学生数在城市、县镇和农村的分布发生了改变,农村小学生不断减少,其所占的比例大幅下降,由2006年的62.33%下降至2017年的27.50%;而城市和县镇小学生所占的比例不断上升,而且城市小学生比重增加得更多,它增加了19.33个百分点(见表3.6和图3.1)。应该说,城市、县镇和农村小学生所占比重的变化与农村人口尽可能选择在城市和县镇接受教育有密切联系,这在很大程度上也折射出中国教育的城乡差距,这从专任教师学历合格率与专任教师学历在大专及以上的比例指标所反映的师资水平等的城乡差距可以体现。从表3.3—3.5中可以看出,我国城市、县镇和农村专任教师学历合格率与专任教师学历在大专及以上的比例都在不断增加,这说明我国小学教师学历水平不断提高,但始终是城市高于县镇,县镇又高于农村,即城市小学教师学历水平最高,而农村的最低,不过可喜的是,农村小学教师学历水平与城市和县镇的差距在不断缩小。

表3.6 城市、县镇和农村小学生比重　　　　　　单位:%

年份	城市	县镇	农村
2006年	14.97	22.70	62.33
2007年	16.67	24.16	59.17
2008年	17.46	25.19	57.35
2009年	17.66	26.18	56.15
2010年	18.31	27.87	53.82
2011年	26.26	32.78	40.95
2012年	27.73	34.60	37.67
2013年	29.62	36.01	34.37

(续表)

年份	城市	县镇	农村
2014 年	31.14	36.59	32.27
2015 年	31.68	37.72	30.60
2016 年	32.96	37.87	29.17
2017 年	34.30	38.20	27.50

注：数据来源于历年《中国教育统计年鉴》并经计算得到。

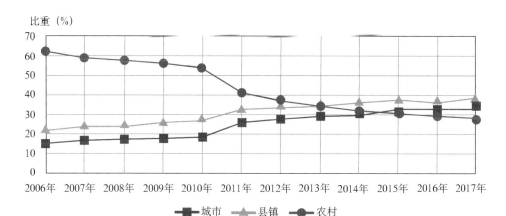

图 3.1　2006—2017 年城市、县镇和农村小学生比重

在"财"的指标方面，我们选取了生均教育经费和生均预算内教育经费指标。由于现有统计数据中只有全国平均和农村的生均经费的数据，我们只能计算得到城镇的生均经费的数据，无法获得区分县镇和城市的生均教育经费数据，因而只能将农村与城镇小学的生均教育经费数据进行比较。由表 3.3—3.5 可以看出，2000—2017 年，我国城镇和农村小学的教育经费都有很大的提高，城镇小学生均教育经费和生均预算内教育经费分别由 2000 年的 1 066.45 元和 654.76 元增加到 2017 年的 12 483.87 元和 10 520.83 元，同期农村小学的相应指标分别由 647.01 元和 417.44 元增加到 11 365.24 元和 9 879.17 元，但城镇小学的生均教育经费和生均预算内教育经费都高于农村小学，普通小学城乡生均教育经费的相对差距在 2005 年之前有扩大趋势，但自 2005 年后开始缩小，这与政府对农村义务教育的重视特别是农村义务教育经费保障机制的实施有密切关系。尽管如

此,普通小学城乡生均教育经费的绝对差距仍然维持在较高的水平,特别是在2016年和2017年,城乡之间的差距又有所增加。普通小学城乡生均预算内教育经费的相对差距基本呈缩小趋势,特别是在2005年后更明显,但其绝对差距缩小的趋势仍不明显。

关于城乡小学阶段办学条件的差距,我们选取了危房率、生均校舍建筑面积、生均图书藏量、生均仪器设备总值与生机比5个指标来反映。在生均校舍建筑面积方面,2004年以前,城市小学的生均校舍建筑面积最大,农村的次之,县镇的最小,而在2004年之后,农村小学的生均校舍建筑面积开始超过城市和县镇,成为生均校舍建筑面积最大的地区。尽管如此,城乡小学在校舍质量方面仍有很大的差距。从校舍面积中危房比率来看,农村小学的危房率最高,县镇次之,城市最低,并且农村的危房率大大超过城市和县镇,即使到了2017年,农村小学的危房率仍然是城市小学的2.6倍,是县镇的2.13倍。从生均图书藏量的对比情况来看,城乡小学生均图书藏量都有所增长,绝大多数年份城市多于农村,县镇也基本上多于农村,但城市和农村之间的差距从2001年的1.59倍缩小至2013年的1.03倍,2014年,城市和农村小学的生均图书藏量几乎一样,此后2015年开始,农村小学的生均图书藏量开始超过城市,成为生均图书藏量最多的地区。与此同时,县镇和农村之间生均图书藏量的差距也在不断缩小,并且农村小学的生均图书藏量在2012年首次超过县镇,在2012年之后,县镇小学的生均图书藏量最低。之所以出现这一现象,我们认为在很大程度上与城市、县镇和农村小学生比重的变化密切相关。生均仪器设备总值反映了学生拥有的教学和实验仪器设备资源状况,由表3.3—3.5可以看出,城乡小学在生均仪器设备总值上的差距很大:2001年,城市与农村在该项指标上的差距高达11.41倍,县镇与农村的差距也达到3.69倍,此后,城市与农村的差距不断缩小,至2017年,城市小学的生均仪器设备总值是农村的1.29倍;县镇与农村的差距也在不断缩小,2014年之前,县镇的这一指标始终高于农村,但2015年,农村开始反超城镇,2015—2017年,县镇小学的生均仪器设备总值最低。每台计算机所负担的学生数量即生机比也是办学条件的一个重要指标,它反映了教学信息化水平。从表3.3—3.5可以看出,城乡小学生机比方面的差距也很大:2001年,城市小学中每台计算机负担近16名学生,但县镇和农村所负担的小学生数约为城市的2倍;2002年,城市与农村的差距进一步扩大,农村每台计算机所负担的学生数是城市的4.48倍,农村每台计算机所负担的小学生数高达98名,县镇与农村的差距也进一步扩大,农村每台计算机所负担的学生数是县镇的2.48倍;此后,农村与城市的差距开始缩小,但其差距仍然维持在较高的水平,至2016年,农村每台计算机所负担的小学生数仍然高于城市,但2017年农村每台计算机所负担的小学生数急剧减少,首次小于城市每台计算机所负担的小学生数;农村与县镇的差距也开始缩小,2015年之后,县镇每台计算机所负担的小学生数开始超过农村,成为负担学生数最高的地区。

综合城乡普通小学在教育过程中的对比分析可以看出,由于对农村教育的不断重视以及城市和县镇小学生的比重不断增加而农村小学生的比重不断下降,一些指标如专任教师所负担的学生数、生均校舍建筑面积、生均图书藏量、生均仪器设备总值与每台计算机所负担的小学生数等,农村都优于县镇,甚至优于城市,而县镇在很多指标方面已成为最落后的地区。但农村在其他一些指标方面与城市和县镇相比仍然存在着差距,总体来看,在危房率、专任教师学历在大专及以上的比例等指标方面仍有比较明显的差距,在专任教师学历合格率方面的差距已不大,此外,城乡普通小学教育经费方面的相对差距在不断缩小,但其绝对差距仍然处于较高的水平。因此,未来在加大对农村小学教育投入的同时,应重点关注农村危房改造,进一步提高农村小学专任教师的学历水平,同时还应关注县镇小学办学条件不断变差的新情况。

(二) 初中教育过程的城乡差距

我国普通初中教育过程相关指标的城乡差距如表3.7—3.9所示。

表3.7 普通初中教育过程的城乡差距(2000—2006年)

指标		2000年	2001年	2002年	2003年	2004年	2005年	2006年
生师比	全国	19.03	19.24	19.25	19.13	18.65	17.78	17.14
	城市	15.98	16.67	16.78	16.59	16.26	15.74	15.63
	县镇	18.55	19.40	19.45	19.30	18.94	18.37	17.87
	农村	20.38	20.11	20.17	20.03	19.40	18.16	17.10
	城乡差	−4.4	−3.44	−3.39	−3.44	−3.14	−2.42	−1.47
	县乡差	−1.83	−0.71	−0.72	−0.73	−0.46	0.21	0.77

（续表）

指标		2000年	2001年	2002年	2003年	2004年	2005年	2006年
生师比	城乡比	0.78	0.83	0.83	0.83	0.84	0.87	0.91
	县乡比	0.91	0.96	0.96	0.96	0.98	1.01	1.05
专任教师学历合格率（%）	全国	87.08	88.81	90.36	92.04	93.79	95.24	96.34
	城市	—	—	—	97.09	97.72	98.41	98.78
	县镇	—	—	—	93.48	94.94	96.06	96.95
	农村	—	—	—	88.74	91.31	93.20	94.80
	城乡差	—	—	—	8.35	6.41	5.21	3.98
	县乡差	—	—	—	4.74	3.63	2.86	2.15
	城乡比	—	—	—	1.09	1.07	1.06	1.04
	县乡比	—	—	—	1.05	1.04	1.03	1.02
专任教师学历在本科及以上的比例（%）	全国	14.18	16.95	19.74	23.83	29.13	35.31	41.10
	城市	—	—	—	48.65	55.03	62.44	68.47
	县镇	—	—	—	22.12	28.01	34.50	41.15
	农村	—	—	—	14.28	19.00	24.34	29.97
	城乡差	—	—	—	34.37	36.03	38.1	38.5
	县乡差	—	—	—	7.84	9.01	10.16	11.18
	城乡比	—	—	—	3.41	2.90	2.57	2.28
	县乡比	—	—	—	1.55	1.47	1.42	1.37
生均教育经费（元）	全国	1 210.41	1 371.18	1 533.48	1 667.95	1 925.43	2 277.32	2 668.63
	城镇	1 618.44	1 708.35	1 893.06	2 085.8	2 345.43	2 653.36	3 032.09
	农村	884.41	1 013.65	1 129.21	1 210.75	1 486.6	1 819.92	2 190.33
	城乡差	734.03	694.7	763.85	875.05	858.83	833.44	841.76
	城乡比	1.83	1.69	1.68	1.72	1.58	1.46	1.38

(续表)

指标		2000年	2001年	2002年	2003年	2004年	2005年	2006年
生均预算内教育经费（元）	全国	698.04	838.77	998.09	1 096.98	1 296.13	1 561.69	1 962.67
	城镇	896.01	1 001.04	1 160.09	1 286.43	1 482.78	1 927.67	2 113.83
	农村	539.87	666.7	815.95	889.69	1 101.32	1 355.4	1 763.75
	城乡差	356.14	334.34	344.14	396.74	381.46	572.27	350.08
	城乡比	1.66	1.50	1.42	1.45	1.35	1.42	1.20
危房率（%）	全国	2.01	4.58	7.50	4.67	3.73	2.87	3.24
	城市	—	—	—	1.69	1.08	0.88	0.75
	县镇	—	—	—	3.95	3.14	2.43	3.03
	农村	2.37	5.60	10.97	6.33	5.10	3.99	4.30
	城乡差	—	—	—	−4.64	−4.02	−3.11	−3.55
	县乡差	—	—	—	−2.38	−1.96	−1.56	−1.27
	城乡比	—	—	—	0.27	0.21	0.22	0.17
	县乡比	—	—	—	0.62	0.62	0.61	0.70
生均校舍建筑面积（m²）	全国	5.54	5.41	5.44	5.06	5.41	5.88	6.39
	城市	—	—	—	5.34	5.70	6.13	6.35
	县镇	—	—	—	4.97	5.25	5.63	6.04
	农村	5.81	6.53	6.75	5.02	5.41	6.00	6.74
	城乡差	—	—	—	0.32	0.29	0.13	−0.39
	县乡差	—	—	—	−0.05	−0.16	−0.37	−0.7
	城乡比	—	—	—	1.06	1.05	1.02	0.94
	县乡比	—	—	—	0.99	0.97	0.94	0.90
生均图书藏量（册）	全国	12.71	12.15	11.94	12.40	13.14	14.22	15.07
	城市	—	12.50	11.67	12.23	12.96	13.99	14.31

(续表)

指标		2000年	2001年	2002年	2003年	2004年	2005年	2006年
生均图书藏量（册）	县镇	—	11.84	11.41	11.82	12.51	13.35	13.63
	农村	13.32	12.26	12.45	12.88	13.64	15.04	16.72
	城乡差	—	0.24	−0.78	−0.65	−0.68	−1.05	−2.41
	县乡差	—	−0.42	−1.04	−1.06	−1.13	−1.69	−3.09
	城乡比	—	1.02	0.94	0.95	0.95	0.93	0.86
	县乡比	—	0.97	0.92	0.92	0.92	0.89	0.82
生均仪器设备总值（元）	全国	221.08	191.83	287.47	316.69	331.18	403.69	417.47
	城市	—	275.49	473.96	585.58	596.81	748.54	763.06
	县镇	—	238.19	249.62	250.54	285.62	336.63	347.70
	农村	183.47	129.94	264.47	267.80	268.76	332.04	355.35
	城乡差	—	145.55	209.49	317.78	328.05	416.5	407.71
	县乡差	—	108.25	−14.85	−17.26	16.86	4.59	−7.65
	城乡比	—	2.12	1.79	2.19	2.22	2.25	2.15
	县乡比	—	1.83	0.94	0.94	1.06	1.01	0.98
生机比	全国	—	29.05	39.71	31.24	26.39	21.86	18.61
	城市	—	25.34	23.90	19.63	16.90	14.40	13.01
	县镇	—	30.93	42.45	33.24	28.28	24.28	21.61
	农村	—	29.23	48.94	37.64	31.14	24.53	19.15
	城乡差	—	−3.89	−25.04	−18.01	−14.24	−10.13	−6.14
	县乡差	—	1.7	−6.49	−4.4	−2.86	−0.25	2.46
	城乡比	—	0.87	0.49	0.52	0.54	0.59	0.68
	县乡比	—	1.06	0.87	0.88	0.91	0.99	1.13

注：数据来源于历年《中国教育统计年鉴》和《中国教育经费统计年鉴》并经计算得到，"—"代表数据未获得，危房率等以百分比为单位的指标中"城乡比""县乡比"都是指倍数（表3.8—3.9同）。

表 3.8 普通初中教育过程的城乡差距（2007—2013 年）

指标		2007 年	2008 年	2009 年	2010 年	2011 年	2012 年	2013 年
生师比	全国	16.51	16.07	15.47	14.97	14.38	13.59	12.76
	城市	15.76	15.64	15.27	15.00	14.48	14.11	13.67
	县镇	17.30	16.93	16.29	15.73	14.73	13.80	12.89
	农村	16.08	15.36	14.64	14.03	13.58	12.46	11.14
	城乡差	−0.32	0.28	0.63	0.97	0.9	1.65	2.53
	县乡差	1.22	1.57	1.65	1.7	1.15	1.34	1.75
	城乡比	0.98	1.02	1.04	1.07	1.07	1.13	1.23
	县乡比	1.08	1.10	1.11	1.12	1.08	1.11	1.16
专任教师学历合格率（%）	全国	97.19	97.79	98.29	98.65	98.91	99.12	99.28
	城市	99.03	99.24	99.41	99.54	99.54	99.62	99.73
	县镇	97.51	97.97	98.44	98.74	98.84	99.04	99.21
	农村	95.98	96.87	97.52	98.05	98.32	98.63	98.82
	城乡差	3.05	2.37	1.89	1.49	1.22	0.99	0.91
	县乡差	1.53	1.1	0.92	0.69	0.52	0.41	0.39
	城乡比	1.03	1.02	1.02	1.02	1.01	1.01	1.01
	县乡比	1.02	1.01	1.01	1.01	1.01	1.00	1.00
专任教师学历在本科及以上的比例（%）	全国	47.26	53.22	59.44	64.05	68.22	71.63	74.87
	城市	71.96	75.93	79.77	82.67	81.98	84.15	86.18
	县镇	46.79	52.62	58.90	63.14	64.92	68.27	71.70
	农村	35.97	42.33	49.39	54.82	58.72	62.59	66.06
	城乡差	35.99	33.6	30.38	27.85	23.26	21.56	20.12
	县乡差	10.82	10.29	9.51	8.32	6.2	5.68	5.64
	城乡比	2.00	1.79	1.62	1.51	1.40	1.34	1.30
	县乡比	1.30	1.24	1.19	1.15	1.11	1.09	1.09

(续表)

指标		2007年	2008年	2009年	2010年	2011年	2012年	2013年
生均教育经费（元）	全国	3 485.09	4 531.83	5 564.66	6 526.73	8 179.04	10 219.79	11 453.69
	城镇	3 845.37	4 841.21	5 863.84	6 860.31	8 399.39	10 383.79	11 556.51
	农村	2 926.58	4 005.78	5 023.51	5 874.05	7 439.4	9 581.89	10 996.02
	城乡差	918.79	835.43	840.33	986.26	959.99	801.90	560.49
	城乡比	1.31	1.21	1.17	1.17	1.13	1.08	1.05
生均预算内教育经费（元）	全国	2 731.27	3 644.98	4 538.39	5 415.41	6 743.87	8 493.66	9 542.68
	城镇	2 902.74	3 794.88	4 688.04	5 596.38	6 853.32	8 559.53	9 560.54
	农村	2 465.46	3 390.1	4 267.7	5 061.33	6 376.46	8 237.45	9 463.19
	城乡差	437.28	404.78	420.34	535.05	476.86	322.08	97.35
	城乡比	1.18	1.12	1.10	1.11	1.07	1.04	1.01
危房率（%）	全国	2.49	3.27	12.24	10.33	7.15	4.80	3.35
	城市	0.59	1.29	4.78	3.52	2.98	1.89	1.18
	县镇	2.11	2.87	11.82	9.92	7.10	4.76	3.39
	农村	3.64	4.55	16.12	14.09	11.42	8.15	5.89
	城乡差	−3.05	−3.26	−11.34	−10.57	−8.44	−6.26	−4.71
	县乡差	−1.53	−1.68	−4.3	−4.17	−4.32	−3.39	−2.5
	城乡比	0.16	0.28	0.30	0.25	0.26	0.23	0.20
	县乡比	0.58	0.63	0.73	0.70	0.62	0.58	0.58
生均校舍建筑面积（m²）	全国	6.82	7.22	7.67	8.21	8.99	9.99	11.28
	城市	6.59	6.93	7.23	7.62	8.37	9.05	9.86
	县镇	6.44	6.71	7.11	7.66	8.71	9.76	11.14
	农村	7.35	7.96	8.60	9.31	10.36	11.94	14.15
	城乡差	−0.76	−1.03	−1.37	−1.69	−1.99	−2.89	−4.29
	县乡差	−0.91	−1.25	−1.49	−1.65	−1.65	−2.18	−3.01
	城乡比	0.90	0.87	0.84	0.82	0.81	0.76	0.70
	县乡比	0.88	0.84	0.83	0.82	0.84	0.82	0.79

(续表)

指标		2007年	2008年	2009年	2010年	2011年	2012年	2013年
生均图书藏量（册）	全国	15.93	16.85	17.53	18.71	21.14	31.49	28.23
	城市	14.56	15.25	15.84	16.60	19.40	22.49	25.61
	县镇	14.54	15.23	15.81	17.05	20.09	23.72	27.05
	农村	18.07	19.58	20.61	22.22	25.52	30.34	36.02
	城乡差	−3.51	−4.33	−4.77	−5.62	−6.12	−7.85	−10.41
	县乡差	−3.53	−4.35	−4.8	−5.17	−5.43	−6.62	−8.97
	城乡比	0.81	0.78	0.77	0.75	0.76	0.74	0.71
	县乡比	0.80	0.78	0.77	0.77	0.79	0.78	0.75
生均仪器设备总值（元）	全国	437.24	484.29	542.42	603.36	808.01	1 014.47	1 301.49
	城市	715.31	781.48	863.59	902.11	1 130.75	1 426.82	1 720.21
	县镇	387.66	422.50	461.79	534.91	680.15	819.83	1 064.29
	农村	361.09	403.79	468.30	519.36	680.66	873.64	1 205.77
	城乡差	354.22	377.69	395.29	382.75	450.09	553.18	514.44
	县乡差	26.57	18.71	−6.51	15.55	−0.51	−53.81	−141.48
	城乡比	1.98	1.94	1.84	1.74	1.66	1.63	1.43
	县乡比	1.07	1.05	0.99	1.03	1.00	0.94	0.88
生机比	全国	16.84	15.31	17.17	15.75	14.37	12.21	10.08
	城市	12.57	11.60	13.65	12.84	12.17	10.51	8.95
	县镇	19.93	18.54	20.70	18.57	16.62	13.98	11.40
	农村	16.69	14.70	15.98	14.68	13.51	11.46	9.26
	城乡差	−4.12	−3.1	−2.33	−1.84	−1.34	−0.95	−0.31
	县乡差	3.24	3.84	4.72	3.89	3.11	2.52	2.14
	城乡比	0.75	0.79	0.85	0.87	0.90	0.92	0.97
	县乡比	1.19	1.26	1.30	1.26	1.23	1.22	1.23

表 3.9 普通初中教育过程的城乡差距(2014—2017 年)

指标		2014 年	2015 年	2016 年	2017 年
生师比	全国	12.57	12.41	12.41	12.52
	城市	13.39	12.96	12.83	12.83
	县镇	12.70	12.62	12.64	12.73
	农村	10.93	10.89	10.98	11.19
	城乡差	2.46	2.07	1.85	1.64
	县乡差	1.77	1.73	1.66	1.54
	城乡比	1.23	1.19	1.17	1.15
	县乡比	1.16	1.16	1.15	1.14
专任教师学历合格率（%）	全国	99.53	99.66	99.76	99.83
	城市	99.82	99.87	99.91	99.93
	县镇	99.48	97.61	99.72	99.80
	农村	99.18	99.42	99.57	99.71
	城乡差	0.64	0.45	0.33	0.22
	县乡差	0.30	0.19	0.15	0.09
	城乡比	1.01	1.01	1.00	1.00
	县乡比	1.00	1.00	1.00	1.00
专任教师学历在本科及以上的比例（%）	全国	77.89	80.23	82.47	84.63
	城市	87.81	89.08	90.27	91.42
	县镇	74.89	77.38	79.78	81.94
	农村	69.46	72.57	75.19	78.38
	城乡差	18.34	16.51	15.08	13.04
	县乡差	5.43	4.81	4.59	3.56
	城乡比	1.26	1.23	1.20	1.17
	县乡比	1.08	1.07	1.06	1.05

(续表)

指标		2014年	2015年	2016年	2017年
生均教育经费（元）	全国	12 810.17	14 482.84	16 007.22	17 543.08
	城镇	13 080.05	14 755.38	16 301.47	17 886.65
	农村	11 499.04	13 082.53	14 391.64	15 514.66
	城乡差	1 581.01	1 672.85	1 909.83	2 371.99
	城乡比	1.14	1.13	1.13	1.15
生均预算内教育经费（元）	全国	10 605.69	12 341.01	13 641.95	14 858.63
	城镇	10 743.94	12 495.04	13 823.61	15 071.61
	农村	9 934.05	11 549.59	12 644.58	13 601.20
	城乡差	809.89	945.45	1 179.03	1 470.41
	城乡比	1.08	1.08	1.09	1.11
危房率（%）	全国	2.20	1.41	0.95	0.64
	城市	0.78	0.58	0.45	0.36
	县镇	2.25	1.44	1.04	0.70
	农村	4.00	2.50	1.48	0.97
	城乡差	−3.22	−1.92	−1.03	−0.61
	县乡差	−1.75	−1.06	−0.44	−0.27
	城乡比	0.20	0.23	0.30	0.37
	县乡比	0.56	0.58	0.70	0.72
生均校舍建筑面积（m²）	全国	11.99	12.77	13.36	13.73
	城市	10.52	11.19	11.74	12.09
	县镇	11.87	12.65	13.23	13.65
	农村	15.23	16.34	17.37	18.04
	城乡差	−4.72	−5.15	−5.63	−5.95
	县乡差	−3.37	−3.68	−4.14	−4.41
	城乡比	0.69	0.68	0.68	0.67
	县乡比	0.78	0.77	0.76	0.76

(续表)

指标		2014 年	2015 年	2016 年	2017 年
生均图书藏量（册）	全国	30.19	32.42	34.37	35.64
	城市	28.19	30.97	32.87	34.04
	县镇	28.80	30.92	33.07	34.66
	农村	38.14	40.01	41.95	42.94
	城乡差	−9.95	−9.04	−9.08	−8.90
	县乡差	−9.33	−9.09	−8.87	−8.28
	城乡比	0.74	0.77	0.78	0.79
	县乡比	0.76	0.77	0.79	0.81
生均仪器设备总值（元）	全国	1 511.83	1 745.77	2 009.66	2 264.77
	城市	1 937.32	2 205.26	2 455.42	2 696.96
	县镇	1 241.84	1 442.96	1 678.05	1 909.86
	农村	1 458.76	1 737.95	2 094.59	2 443.00
	城乡差	478.56	467.31	360.83	253.96
	县乡差	−216.92	−298.98	−416.54	−533.16
	城乡比	1.33	1.27	1.17	1.10
	县乡比	0.85	0.83	0.80	0.78
生机比	全国	7.37	6.61	6.01	5.64
	城市	6.50	5.91	5.50	5.21
	县镇	8.37	7.43	6.73	6.30
	农村	6.79	6.03	5.30	4.85
	城乡差	−0.29	−0.12	0.20	0.36
	县乡差	1.28	1.40	1.43	1.45
	城乡比	0.96	0.98	1.03	1.07
	县乡比	1.23	1.23	1.27	1.30

从普通初中生师比、专任教师学历合格率与专任教师学历在本科及以上的比例三项指标所反映的师资水平来看,2000—2017年,我国城市、县镇和农村普通初中生师比的基本趋势是下降的,这表明我国普通初中教师资源也在不断丰富。2005年以前,农村教师负担初中生数多于县镇和城市,即农村教师所负担的初中生数最多;2005年,农村普通初中生师比开始低于县镇,2008年开始又低于城市,从而成为负担初中学生数最低的地区。之所以出现这一变化,笔者认为,这与初中学生数在城市、县镇和农村分布的变化密切相关(见表3.10和图3.2)。由表3.10和图3.2可以看出,农村普通初中学生数不断减少,其所占的比例由2005年的45.12%大幅下降至2017年的14.48%,而城市和县镇普通初中学生所占的比例不断上升,城市普通初中学生所占比重由16.78%大幅上升至35.28%,县镇的则由38.10%上升至50.24%,城市增加了18.5个百分点,县镇也增加了12.14个百分点。应该说,城市、县镇和农村普通初中学生数所占比重的变化本身也折射出中国教育的城乡差距,这从专任教师学历合格率与专任教师学历在大专及以上的比例指标所反映的师资水平的城乡差距可以体现。从表3.7—3.9可以看出,我国普通初中城市、县镇和农村专任教师学历合格率与专任教师学历在本科及以上的比例都在不断增加,这说明我国普通初中教师学历水平不断提高,但始终城市高于县镇,县镇又高于农村,即城市普通教师学历水平最高,而农村的最低。尽管农村普通初中教师学历水平与城市和县镇的差距在不断缩小,但截至2017年,城市普通初中专任教师学历在本科及以上的比例仍然比农村高了13.04个百分点。

表3.10 城市、县镇和农村普通初中学生比重　　　　单位:%

年份	城市	县镇	农村
2005年	16.78	38.10	45.12
2006年	16.00	40.82	43.18
2007年	18.31	42.48	39.21
2008年	19.14	43.82	37.03
2009年	19.49	44.91	35.60
2010年	20.07	46.10	33.82
2011年	28.35	48.70	22.95

(续表)

年份	城市	县镇	农村
2012 年	30.25	49.29	20.45
2013 年	32.21	49.45	18.34
2014 年	33.50	49.43	17.07
2015 年	33.42	50.29	16.29
2016 年	34.40	50.19	15.41
2017 年	35.28	50.24	14.48

注：数据根据历年《中国教育统计年鉴》计算得到。

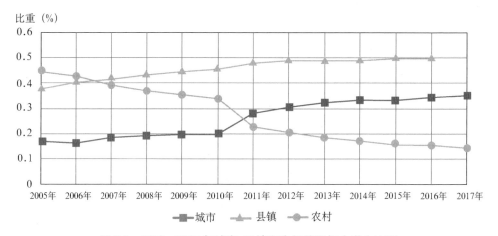

图 3.2　2005—2017 年城市、县镇和农村普通初中学生比重

普通初中教育经费方面的数据也只能获得城镇和农村的数据，而无法获得区分县镇和城市的相关数据，因此，我们选取了生均教育经费和生均预算内教育经费指标，将农村与城镇普通初中的教育经费状况进行比较。由表 3.7—3.9 可知，2000—2017 年，我国城镇和农村普通初中的教育经费都有大幅度的增加，城镇普通初中生均教育经费和生均预算内教育经费分别由 2000 年的 1 618.44 元和 896.01 元增加到 2017 年的 17 886.65 元和 15 071.61 元，同期农村的相应经费分别由 884.41 元和 539.87 元增加到 15 514.66 元和 13 601.20 元，但城镇普通初中的生均教育经费和生均预算内教育经费都始终高于农村。2000 年，城乡普通初中生均教育经费和生均预算内教育经费的绝对差距分别为 734.03 元和

356.14元,到2017年,其绝对差距分别扩大到2 371.99元与1 470.41元,城乡普通初中生均教育经费和生均预算内教育经费的绝对差距进一步拉大。令人欣喜的是,城乡普通初中生均教育经费和生均预算内教育经费的相对差距在2013年之前基本呈逐年缩小趋势,城乡普通初中生均教育经费的比率由2000年1.83倍缩小至2013年的1.05倍,同期城乡普通初中生均预算内教育经费的比率由1.66倍缩小至1.11倍。城乡普通初中教育经费比率的缩小与政府对农村义务教育的重视特别是2006年开始实施的农村义务教育经费保障新机制有着十分密切的关系,如城乡普通初中生均预算内教育经费的比率在2005年仍然维持在1.42倍,到2006年迅速下降至1.20倍;但仍需要警惕的是,2014年以后,城乡普通初中生均教育经费和生均预算内教育经费的相对差距又有所扩大。

对于城乡普通初中办学条件的差距,我们仍然选取了危房率、生均校舍建筑面积、生均图书藏量、生均仪器设备总值与生机比5个指标来反映。在生均校舍建筑面积方面:2003—2005年,城市普通初中的生均校舍建筑面积最高,农村的次之,县镇的最低;而2006年,农村普通初中的生均校舍建筑面积开始超过城市,成为生均校舍建筑面积最高的地区,其中在2010年之前,县镇普通初中的生均校舍建筑面积最低,2010年开始,城市则成为生均校舍建筑面积最低的地区,这应与2010年后城市普通初中学生所占比重的大幅增长有关。尽管如此,城乡普通初中在校舍质量方面还存在着很大的差距。从校舍面积中危房比率来看,农村普通初中的危房率最高,县镇次之,城市的最低,并且农村普通初中的危房率大大超过城市和县镇。2003年,农村普通初中的危房率是城市的3.75倍,是县镇的1.60倍,至2017年,农村普通初中危房率仍分别是城市和县镇的2.69倍和1.39倍,其中有些年份的差距更大,如2013年,农村普通初中危房率分别是城市和县镇的4.99倍和1.74倍。从城乡普通初中生均图书藏量的对比情况来看,2001年,城市普通初中的生均图书藏量略高于农村,农村的又高于县镇,即县镇普通初中的生均图书藏量最低,2002年起,农村普通初中的生均图书藏量开始超过城市,成为生均图书藏量最高的地区,其中,2002—2009年,县镇普通初中的生均图书藏量最低,2010年之后(除2015年以外),城市普通初中的生均图书藏量最低。由表3.7—3.9还可以看出,城乡普通初中在生均仪器设备总值方面也存在一些差距,2001年,城市该项指标是农村普通初中的2.12倍,并且这一差距在此后几年还有所扩大,2007年起,城市与农村普通初中生均仪器设备总值的差距开始不断缩小,至2017年,缩小至1.10倍。除2001年外,县镇普通初中生均仪器设备总值与农村的差距不大,县镇普通初中生均仪器设备总值在多数年份略高于农村,但2012年起,农村普通初中的生均仪器设备总值开始超过县镇,从而使县镇成为普通初中生均仪器设备总值最低的地区。城市与农村普通初中在生机比方面也存在着一定的差距,2001年,城市普通初中每台计算机负担25名学生,农村普通初中每台计算机负担29名学生,农村普通初中每台计算机负担学生数略多于城市,2002年,这一差距有所扩大,农村普通初中每台计算机负担学生数近49名,大大超过城市的近24名,但此后农村普通初中每台计算机负担学生数与城市的差距呈现逐年缩小的趋势,2016年和2017年,农村普通初中每台计算机负担学生数反而比城市更少。2001年,县镇普通初中每台计算机负担近31名学生,其所负担学生数超过农村,2002—2005年,县镇普通初中每台计算机负担学生数下降,其所负担学生数略少于农村,但2006年起,县镇普通初中每台计算机负担学生数开始超过农村,成为负担学生数最多的地区。

综合城乡普通初中在教育过程中的差距可以看出,2006年以来,我国农村普通初中的办学条件已经有了很大的改善,农村专任教师所负担的学生数、生均校舍建筑面积、生均图书藏量与生机比等指标甚至优于城市和县镇,但其他方面与城市相比仍然存在着一些差距。总体来看,在危房率、专任教师学历在本科及以上的比例、生均仪器设备总值与教育经费等方面的差距较大。另外,城市与农村普通初中在专任教师学历合格率方面的差距已不大。随着农村普通初中教育条件的不断改善,与县镇的差距在不断缩小,而县镇普通初中在生均仪器设备总值、生机比等指标上已经成为全国最差的地区。因此,未来在继续扶持农村普通初中教育的同时,也要注意县镇普通初中的教育条件的提高。农村普通初中在改善教育条件的过程中,应重点关注降低危房率、提高农村专任教师本科及以上的学历,同时提高教育经费投入;县镇普通初中则应把重点放在增加教学仪器设备和计算机等信息化设备上;此外,随着城市学生所占比重的不断提高,城市普通初中也应注意增加师资数量与图书数量等。

三、义务教育结果的城乡不平等

义务教育入学机会和教育过程的城乡差距,导致了义务教育结果上的差距,这可以从文盲率和义务教育完成率的城乡差距来说明。

从文盲率来看,2001—2017年,我国无论城市、县镇还是农村的文盲率都在不断降低(见表3.11—3.13和图3.3),城市文盲率由2001年的5.84%基本逐年下降至2017年的1.68%,同期县镇的文盲率由7.83%基本逐年下降至4.39%,农村的文盲率有所波动,但基本呈下降趋势,由2001年的14.87%下降至2017年的7.96%,这反映出我国在降低文盲人口方面所取得的重大成就。但我国城乡在文盲率方面仍然存在很大的差距(见图3.4),2001年,农村文盲率是城市的2.55倍,是县镇的1.90倍,至2017年,农村文盲率是城市的4.74倍,与县镇相比仍然维持在1.81倍。由此可见,伴随着我国城乡文盲率的不断下降,城乡之间文盲率的差距没有明显缩小,城市与农村文盲率的差距反而还有所扩大。

表3.11 分城市、县镇和农村的文盲率与义务教育完成率(2000—2006年)

指标		2000年[1]	2001年	2002年	2003年	2004年	2005年	2006年
文盲率	全国(%)	6.72	11.6	11.63	10.95	10.32	11.04	9.31
	城市(%)	—	5.84	5.67	5.24	4.81	5.00	3.54
	县镇(%)	—	7.83	8.71	8.74	7.72	8.49	7.96
	农村(%)	8.25	14.87	15.04	15.34	13.65	15.17	12.49
	城乡差(%)	—	−9.03	−9.37	−10.1	−8.84	−10.17	8.95
	县乡差(%)	—	−7.04	−6.33	−6.6	−5.93	−6.68	−4.53
	城乡比	—	0.39	0.38	0.34	0.35	0.33	0.28
	县乡比	—	0.53	0.58	0.57	0.57	0.56	0.64
义务教育完成率	全国(%)	77.53	78.19	79.88	78.66	81.77	83.44	83.77
	城市(%)	118.74	114.24	114.67	113.49	112.84	109.97	101.39
	县镇(%)	171.49	195.71	183.65	171.90	165.02	178.18	179.30
	农村(%)	56.70	50.87	51.50	51.59	56.68	55.12	55.11
	城乡差(%)	62.04	63.37	63.17	61.90	56.16	54.85	46.28
	县乡差(%)	114.79	144.84	132.15	120.31	108.34	123.06	124.19
	城乡比	2.09	2.25	2.23	2.20	1.99	2.00	1.84
	县乡比	3.02	3.85	3.57	3.33	2.91	3.23	3.25

注:资料来源于历年《中国教育统计年鉴》和《中国人口统计年鉴》(2007年后更名为《中国人口和就业统计年鉴》)并经计算得到,"—"代表数据未获得(表3.12—3.13同)。

[1] 2000年城镇文盲率为4.04%,没有获得城市和县镇分开的文盲率数据。

表 3.12　分城市、县镇和农村的文盲率与义务教育完成率(2007—2013 年)

指标		2007 年	2008 年	2009 年	2010 年	2011 年	2012 年	2013 年
文盲率	全国(%)	8.40	7.77	7.10	4.88	5.21	4.96	4.60
	城市(%)	3.06	2.94	2.63	1.90	1.91	1.73	1.71
	县镇(%)	7.10	6.73	6.20	3.87	3.83	4.04	3.68
	农村(%)	11.46	10.56	9.79	7.26	8.05	7.70	7.21
	城乡差(%)	−8.4	−7.62	−7.16	−5.36	−6.14	−5.97	−5.50
	县乡差(%)	−4.36	−3.83	−3.59	−3.39	−4.22	−3.66	−3.53
	城乡比	0.27	0.28	0.27	0.26	0.24	0.22	0.24
	县乡比	0.62	0.64	0.63	0.53	0.48	0.52	0.51
义务教育完成率	全国(%)	88.89	91.79	92.20	89.94	88.93	90.78	89.38
	城市(%)	115.27	115.75	113.24	120.42	161.79	155.72	153.21
	县镇(%)	194.64	199.41	195.88	224.34	230.33	245.33	248.66
	农村(%)	55.01	55.28	53.98	47.03	32.24	30.52	27.77
	城乡差(%)	60.26	60.47	59.26	73.39	129.55	125.20	125.44
	县乡差(%)	139.63	144.13	141.90	177.31	198.09	214.81	220.89
	城乡比	2.10	2.09	2.10	2.56	5.02	5.10	5.52
	县乡比	3.54	3.61	3.63	4.77	7.14	8.04	8.95

表 3.13　分城市、县镇和农村的文盲率与义务教育完成率(2014—2017 年)

指标		2014 年	2015 年	2016 年	2017 年
文盲率	全国(%)	4.92	5.42	5.28	4.85
	城市(%)	1.88	1.99	1.97	1.68
	县镇(%)	3.79	4.71	4.51	4.39
	农村(%)	7.88	8.57	8.58	7.96
	城乡差(%)	−6.0	−6.58	−6.61	−6.28
	县乡差(%)	−4.09	−3.86	−4.07	−3.57
	城乡比	0.24	0.23	0.23	0.21
	县乡比	0.48	0.55	0.53	0.55

(续表)

指标		2014年	2015年	2016年	2017年
义务教育完成率	全国(%)	84.55	81.97	82.02	82.41
	城市(%)	163.03	173.84	163.33	161.08
	县镇(%)	217.52	188.57	176.52	172.31
	农村(%)	23.51	21.76	21.72	21.09
	城乡差(%)	139.51	152.08	141.61	139.99
	县乡差(%)	194.01	166.81	154.80	151.22
	城乡比	6.93	7.99	7.52	7.64
	县乡比	9.25	8.67	8.13	8.17

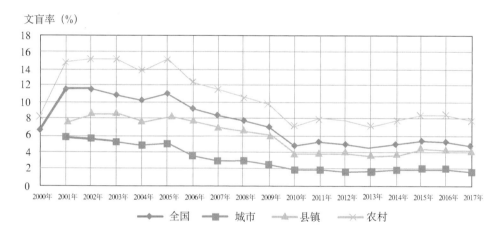

图 3.3　2000—2017 年全国、城市、县镇和农村的文盲率变化趋势

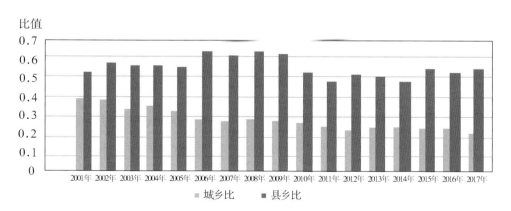

图 3.4　2001—2017 年文盲率城乡比、县乡比

从义务教育完成率指标来看(见表3.11—3.13),我国义务教育完成率在2000—2012年基本呈上升趋势,由2000年的77.53%上升至2012年的90.78%,但这一指标自2013年以来有所下降,2017年义务教育完成率下降至82.41%。具体来看,2000—2017年,我国在城市和县镇完成义务教育的学生比率都超过了100%,而在农村完成义务教育的学生比率在2009年之前基本维持在55%左右,2010年起开始大幅下降,至2017年,在农村完成义务教育的学生比率仅为21.09%,从而使在农村完成义务教育的学生比率与在城市和县镇完成义务教育的学生比率的差距不断扩大,在农村完成义务教育的学生比率与城市的差距由2000年的2.09倍扩大至2017年的7.64倍,同期农村与城镇的差距由3.02倍扩大至8.17倍(见图3.5)。这是一个十分值得注意的现象,作者认为,在农村完成义务教育的学生比率较低且呈现下降趋势,一方面反映了我国农村学生在接受义务教育过程中存在着不少中途辍学的现象,另一方面也与农村部分学生选择尽可能在县镇或城市接受更为优质的义务教育有关。

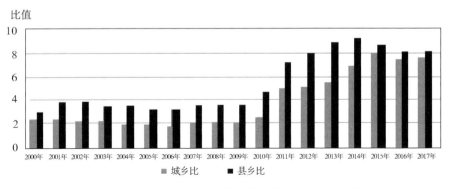

图3.5 2000—2017年义务教育完成率城乡比和县乡比

四、义务教育机会城乡分配不公平的综合分析

描述义务教育入学机会、教育过程和教育结果城乡差距的指标很多,并且大多数指标之间相关性较高,因此,可以通过主成分分析方法降维,进行综合评价。

有些指标的数据在某些年份存在缺失,而且适龄儿童入学率和教育经费指标缺少区分城市、县镇和农村的数据,因此,我们选取了除适龄儿童入学率和教育经费指标以外其他19个指标2003—2017年的数据,利用Stata11软件分别进行主成分分析,下面以2003年为例说明综合得分的计算过程[1]。

2003年各个主成分所对应的特征值、贡献率以及累计贡献率如表3.14所示。

表3.14 2003年各主成分对应的特征值、贡献率和累计贡献率

成分	特征值	贡献率	累计贡献率
成分1	14.5775	0.7672	0.7672
成分2	4.28736	0.2257	0.9929
成分3	0.135091	0.0071	1.0000
成分4	0	0.0000	1.0000
成分5	0	0.0000	1.0000
成分6	0	0.0000	1.0000
成分7	0	0.0000	1.0000
成分8	0	0.0000	1.0000
成分9	0	0.0000	1.0000
成分10	0	0.0000	1.0000
成分11	0	0.0000	1.0000
成分12	0	0.0000	1.0000
成分13	0	0.0000	1.0000
成分14	0	0.0000	1.0000
成分15	0	0.0000	1.0000
成分16	0	0.0000	1.0000
成分17	0	0.0000	1.0000
成分18	0	0.0000	1.0000
成分19	0	0.0000	1.0000

按照累计方差贡献率大于85%的原则提取主成分,我们得到了2个主成分,其总方差的累计贡献率达到99.29%。另外,Stata软件也给出了各主成分得分系数(特征向量)矩阵,如表3.15所示。

---

[1] 由于计算过程相同,为避免重复,我们没有列出每年的运算结果,而是以某一年为例来说明。

表 3.15　2003 年各主成分的得分系数

变　量	成分 1	成分 2
小学升学率	0.1131	−0.4345
普通小学生师比	−0.2444	0.1705
普通小学专任教师学历合格率	0.2513	−0.1316
普通小学教师学历在大专及以上比例	0.2612	−0.0130
普通小学危房率	−0.2576	0.0775
普通小学生均校舍面积	0.1145	0.4343
普通小学生均图书藏量	0.2611	0.0017
普通小学生均仪器设备总值	0.2462	0.1616
普通小学生机比	−0.2472	0.1275
普通初中生师比	−0.2475	−0.1582
普通初中专任教师合格率	0.2609	−0.0264
普通初中教师学历在大学及以上比例	0.2486	0.1517
普通初中危房率	−0.2617	−0.0022
普通初中生均校舍面积	0.2078	0.2931
普通初中生均图书藏量	−0.1634	0.3726
普通初中生均仪器设备总值	0.2197	0.2619
普通初中生机比	−0.2475	−0.1500
文盲率	−0.2578	0.0717
九年制义务教育完成率	0.1459	−0.3974

利用得分系数矩阵的每一列与标准化的各变量相乘并加总就得到了各个主成分。在此基础上,以各个主成分的方差贡献率作为权数,对 2 个主成分进行加权平均,则得到综合得分 f 值。由于此处提取了 2 个主成分,所以综合得分模型如下:

$$f = 0.773 f_1 + 0.227 f_2 \tag{3.1}$$

其中:f 为综合得分;f_i 为各个主成分;系数分别为主成分的方差贡献率。

综合得分存在负值,不便于比较和解释,因此,我们参照苏为华(2005)的做

法,将2003—2017年的综合得分进行线性变换。线性变换的公式如下:

$$F_{pj}=70+7.5\times f_{pj}, j=2003, 2004, \cdots, 2017 \quad (3.2)$$

线性变换后得到 F 分值,城市、县镇和农村的综合得分 f 值和 F 分值如表3.16所示。

表3.16　2003—2017年城市、县镇和农村综合得分 f 值与 F 分值

年份	城市		县镇		农村		城乡比较		县乡比较	
	f	F	f	F	f	F	F差	F比	F差	F比
2003年	4.14	101.08	−0.31	67.70	−2.96	47.84	53.24	2.11	19.86	1.42
2004年	3.88	99.07	−0.06	69.55	−2.91	48.16	50.91	2.06	21.39	1.44
2005年	3.87	99.01	−0.25	68.13	−2.74	49.49	49.52	2.00	18.64	1.38
2006年	2.38	87.84	1.83	83.75	−3.31	45.20	42.64	1.94	38.55	1.85
2007年	2.64	89.83	1.84	83.77	−3.61	42.89	46.94	2.09	40.88	1.95
2008年	2.61	89.55	1.86	83.96	−3.68	42.38	47.17	2.11	41.58	1.98
2009年	2.71	90.31	1.78	83.37	−3.75	41.91	48.40	2.15	41.46	1.99
2010年	2.86	91.47	1.74	83.07	−3.89	40.82	50.65	2.24	42.25	2.04
2011年	3.24	94.31	1.26	79.48	−4.26	38.04	56.27	2.48	41.44	2.09
2012年	3.95	99.63	0.01	70.07	−3.67	42.50	57.12	2.34	27.57	1.65
2013年	3.74	98.04	−0.11	69.16	−3.58	43.14	54.90	2.27	26.02	1.60
2014年	3.62	97.16	−0.07	69.46	−3.55	43.34	53.82	2.24	26.11	1.60
2015年	3.51	96.34	0.00	69.96	−3.47	43.98	52.36	2.19	25.98	1.59
2016年	3.28	94.61	0.17	71.29	−3.54	43.46	51.15	2.18	27.83	1.64
2017年	3.06	92.99	0.71	75.29	−3.93	40.52	52.47	2.29	34.77	1.86

从表3.16可以看出,城市、县镇和农村义务教育综合发展的差距很大。2003年,城市的 F 值得分为101.08分,县镇和农村的 F 值分别为67.70分和47.84分,城市比农村高了53.24分,是农村的2.11倍,县镇的 F 值比农村高了19.86分,是农村的1.42倍,并且根据上述指标计算的这一综合发展差距并没有

明显缩小的趋势。至 2017 年,城市与农村 F 值得分的绝对差距仍保持在 52.47 分,其相对差距还有所扩大,比率为 2.29 倍;县镇与农村 F 值得分的绝对差距扩大至 34.77 分,其比率也扩大至 1.86 倍。

第二节 高等教育入学机会城乡分配不公平的表现[1]

与义务教育入学机会分配不公平的情况相比,高等教育入学机会城乡分配不公平的程度更加严重。高等教育入学机会的城乡差距包括两个主要问题:一是普通高校的入学机会在城乡之间的分配是否均衡;二是不同类别的高等教育资源在城乡学生之间的分配是否均衡,即农民子弟在高等教育系统中是如何分布的。"有学上"和"上什么学"是两个不同的问题,后者显然更为隐蔽,也更为深刻。尽管缺少关于高等教育入学机会城乡分配的统计数据,但我们仍然可以从中国家庭追踪调查(CFPS)以及 20 世纪 90 年代以来的多项全国性的、局部性的调查来了解高等教育机会城乡分配不公平的状况,其中也包括笔者所进行的一项调查。

一、城乡学生在高等院校中分布的差距

(一) 中国家庭追踪调查的数据[2]

以中国家庭追踪调查在 2012 年访问时普通高等教育的就读学生及其家庭作为样本可以对高等教育入学机会的城乡分配状况进行分析。经过筛选,有效样本学生共有 855 人,其中:本科学生 438 人,占比 51.23%;专科学生 381 人,占比 44.56%;硕士生 36 人,占比 4.21%。从户籍的角度将学生按照城市和乡村来进行划分,不同高等教育级别学生的城乡比重如表 3.17 所示。

---

[1] 高等教育机会城乡分配不公的表现没有涉及教育过程,这主要是因为来自城乡的不同学生进入同一高校后,其所享受的教育过程基本一致,故没有进行说明。

[2] 中国家庭追踪调查(CFPS)是北京大学中国社会科学调查中心实施的一项旨在通过跟踪搜集个体、家庭、社区三个层次的数据,反映中国社会、经济、人口、教育和健康变迁的大型社会跟踪调查项目,其样本覆盖全国 25 个省(自治区、直辖市);它于 2008 年和 2009 年在北京、上海、广东三地分别开展了初访与追访的测试调查,并于 2010 年正式开展访问,目前该项调查 2012 年的追访数据已经对外公布。

表 3.17 2012 年普通高等教育样本学生城乡分布

教育类别	学生数(人)		学生比重(%)	
	城市	农村	城市	乡村
大学专科	200	181	52.49	47.51
大学本科	240	198	54.79	45.21
硕士	20	16	55.56	44.44
合计	460	395	53.80	46.20

资料来源:根据中国家庭追踪调查 2012 年数据整理得到。

此外,CFPS 也提供了成人总样本的城乡比重,其比重分别为 43.07% 和 56.93%,与 CFPS 成人样本相比,普通高校中城市学生比重明显偏高,乡村学生的比重则明显偏低,即高等教育机会更多地由城市居民所享有。另外,从表 3.17 还可以看出,高等教育级别越高,城市学生的比例也就越高。

(二)其他学者的调查

1998 年,谢维和对全国 37 所高校一年级(1997 级)和四年级(1994 级)学生的来源情况和分布情况进行了调查,样本总共 69 258 人,调查结果如表 3.18 所示。表 3.18 显示:一年级(1997 级)来自大中城市的学生占在校生的 33.2%,与人口结构相比,占有明显多数;来自农村的学生占 35.1%,如果将"乡镇"也视为农村,则农村学生的比重达 47.2%。1994—1997 年,农村学生的比例减少了 1.3 个百分点。

表 3.18 高校学生来源的状况和变化　　　　　　　　　　单位:%

	大中城市	县级市	乡镇	农村
一年级学生(1997 级)	33.2	19.6	12.1	35.1
四年级学生(1994 级)	34.2	18.3	11.1	36.4

资料来源:曾满超主编《教育政策的经济分析》,人民教育出版社 2000 年版,第 259 页。

同年,钟宇平、陆根书对北京、南京、西安等地 14 所高校的学生生源及分布状况也进行了调查,总样本为 13 511 个,他们的调查结果显示:总样本学生居住地为城市的占 31.2%,来自县级市的占 20.9%,来自集镇的占 13%,来自农村的占 34.9%,而 1997 年我国农村人口占总人口的比例为 70.08%,即 70% 以上的农村人口所享受的高等教育机会不足 35%。

上海财经大学公共政策研究中心于2001年对31个省、自治区、直辖市1万余名在校大学生进行了抽样调查,有效问卷8 270份(其中上海样本3 060个),样本构成是专科生占16.5%,本科生占78.5%,研究生占5%。去除上海样本后,结果如表3.19所示。该项调查的结果显示,来自大中城市的生源总体达到49.5%,而来自农村的生源仅占16.3%,与上述两个调查结果相差甚大。它揭示了另外一种排序:在不同学历层次中城乡学生的分布,大致是从专科到本科,大中城市学生的比例增加了12个百分点,农村学生则下降了约8个百分点,但从本科到硕士生阶段,城市学生下降了4.7个百分点,农村学生增加了2.7个百分点。

表3.19 城乡学生在不同学历层次的分布 单位:%

	大城市	中等城市	县级市	集镇	农村
总体	17.5	32.0	26.7	7.5	16.3
专科生	13.8	29.1	21.5	13.2	22.4
本科生	18.0	36.9	23.2	7.6	14.3
硕士研究生	26.3	23.9	23.6	9.2	17.0

资料来源:转引自赵海利:《高等教育公共政策》,上海财经大学出版社2003年版,第182页。

(三) 本书的调查

伴随着高等教育的扩招,我国逐步进入了高等教育大众化阶段。为反映2010年以来高等教育机会在城乡之间分配的实际状况,笔者于2010年9月—2015年6月在上海、北京、武汉、南京、西安、长沙等地调查了高等院校学生的来源情况。笔者以在校大学生情况抽样调查表(见附录1)的形式在上述6个城市选取了60所高校近6 000名学生作为调查对象,对我国在校学生的城乡来源情况进行了抽样调查。之所以选取上述6个城市主要是因为它们是我国高校集中的城市,拥有丰富的高等教育资源,如北京是全国高校最为集中的城市,它拥有清华大学、北京大学、中国人民大学等8所"985工程"大学、16所"211工程"大学和其他院校60所,共计84所大学;上海也拥有复旦大学、上海交通大学、同济大学等4所"985工程"大学、6所"211工程"大学和其他56所高校,共计66所大学;南京、西安、武汉以及长沙等市的高等院校也较多[1]。在被调查的60所高等院

---

[1] 根据教育部网站2014年公布高校名单整理而成。

校中,"985工程"大学16所,"211工程"大学14所,一般本科院校30所,涵盖了综合类、理工类、师范类、农林类、政法类、医药类、财经类、体育类以及艺术类等高校类型。此次调查共发放问卷5 694份,收回有效问卷5 370份,有效率达94.31%,有效问卷中本科生占89.35%,研究生占10.65%,调查结果如表3.20所示。

表3.20中的结果显示:来自大中城市的生源总体达56.56%,而来自农村的生源仅占21.39%,城乡学生接受高等教育机会的差距很大,而且从本科到硕士生阶段,大中城市学生占比增加了0.95个百分点,农村学生占比则下降了4.35个百分点。与赵海利(2003)的调查结果相比,来自大中城市总体生源的比例提高了7.06个百分点。

表3.20 在校学生生源的城乡差异　　　　　　　　　　　单位:%

	大城市	中等城市	县级市	集镇	农村
总体	32.90	23.66	13.37	8.69	21.39
本科生	33.16	23.40	13.37	8.34	21.74
硕士研究生	31.07	26.44	13.19	11.90	17.39

注:由笔者调查并经整理得到。

以上调查虽然时间、范围和结果都有所不同,但都得出了一个共同的结论:高等院校中来自农村的学生的比重与来自城镇的学生的比重有很大的差距,这与农村人口占总人口的比重极不相称,说明我国高等教育总体的入学机会在城乡之间的分配是非常不公平的。

二、城乡学生在不同类型高校中分布的差距

(一) 中国家庭追踪调查的数据

在上面的研究中,按照录取批次划分,高等教育学校只区分了本科与专科学校。接下来笔者将尝试对本科学校进行细分,我们将普通高等本科学校分为全国重点学校("985工程""211工程"院校)、普通重点学校(本科一批次的其他学校)、二本学校和三本学校[1]。在中国家庭追踪调查数据库中,2012年追访中

---

[1] 自2011年始,部分省(区、市)高考招生取消本科三批次设置,将本科三批学校全部调整到本科二批次招生。

"本科学校名称"数据尚未公开,而2010年初访中该项数据虽在后期予以公布,但报告学校类别的在校大学生数量极少,为此,我们扩大了样本的选取范围,选取了1980年及以后出生的群体来进行调查。经过筛选,有效报告学校类型的样本共有361人,其中本科学校样本数319人。不同类型本科院校样本学生的城乡分布情况如表3.21所示。

表3.21 不同类型高校"80后"样本学生的城乡来源情况　　　单位:%

本科学校类型	城市	乡村	总计
全国重点	69.72	30.28	100.00
普通重点	60.00	40.00	100.00
二本	56.21	43.79	100.00
三本	66.67	33.33	100.00
样本总体	61.44	38.56	100.00

资料来源:根据中国家庭追踪调查数据整理得到。

从表3.21中可以看到,在我们选取的本科学生样本总体中,城市学生比例为61.44%,大大高于乡村学生的38.56%。在不同本科高校类型中:全国重点高校和三本学校中的城市学生比重高于样本总体,说明城市学生更多地分布在这两类高校中,全国重点高校中有近70%的学生来自城市,三本高校中有近67%的学生来自城市;普通重点学校与二本学校的乡村学生比例大于样本总体,表明获得高等教育机会的乡村学生更多地分布在普通重点高校和"二本"高校。全国重点高校中城市生源的比例达到70%,说明我国优势高等教育机会更多地由城市居民所享有,三本高校中城市生源的比例高于样本总体,而乡村生源的比例低于样本总体,其中一个很重要的原因是三本学校学费普遍偏高,很多农村家庭难以承担,他们的子女更偏向于复读或选择专科学校就读。

(二)其他学者的调查

谢维和(2008)的调查显示了学生在不同层次高校的分布,该项调查将高校划分为四类:第一类是教育部所属的国家重点院校;第二类为国家部委和省、自治区、直辖市的一般重点院校;第三类是可以跨地区招生的普通高校;第四类为只能在省(区、市)内招生的地方高校,不同学生在四类不同层次高校的分布情况如表3.22所示。

表 3.22　学生家庭所在地的分布　　　　　　　　　　　　　　单位：%

	大中城市	县级市	乡镇	农村
总体	33.5	19.1	11.7	35.6
国家重点院校	42.3	19.9	11.0	26.8
一般重点院校	31.0	21.1	11.7	36.2
普通高校	42.0	18.1	11.5	28.4
地方高校	22.0	16.5	12.8	48.7

资料来源：曾满超主编《教育政策的经济分析》，人民教育出版社 2000 年版，第 264 页。

从表 3.22 中可以看出，第一类高校与第四类高校为两端，生源结构的不均衡最为明显。第一类国家重点院校中，城市学生和农村学生的比例与样本总体相差很大，城市学生比例高出总体 8.8 个百分点，农村学生比例却低于总体 8.8 个百分点，说明学生来源比例是不均衡的。第四类地方高校与第一类院校相比较，农村和乡镇学生比例分别高出 21.9% 和 1.8%，县级市和大中城市生源比例则分别低 3.4% 和 20.3%，差异更加显著，这显示了农村学生更多地分布在层次较低的地方性高校的基本态势。

钟宇平、陆根书对北京、南京、西安等地 14 所高校的调查也揭示了城乡学生在不同类型高校中的分布（见表 3.23），该项调查所揭示的城乡学生的总体比例与上述谢维和的调查结果十分相似，但其院校的分类不同。该项调查把高等院校分为综合性、工程类、师范类和农林地质四大类。在此分类中，排名越靠前意味着越强势、热门和收费高，排名越靠后意味着越弱势、冷门和收费低。表 3.23

表 3.23　城乡学生在不同类型学校的比例　　　　　　　　　　单位：%

	大中城市	县级市	集镇	农村
总体	31.2	20.9	13.0	34.9
综合性院校	37.6	20.6	11.2	30.5
以工程为主的院校	31.1	22.7	14.8	31.3
师范院校	30.8	21.6	13.9	33.7
农林地质类院校	14.1	14.7	9.8	61.4

资料来源：钟宇平、陆根书：《收费条件下学生选择高校影响因素分析》，《高等教育研究》1999 年第 2 期。

显示:按这一序列,城市学生的比例由高至低,农村学生的比例由低到高,在低收费的城市学生不愿意去的农林地质类院校,农村学生的比例高达61.4%。

(三) 本书的调查

本书的调查也揭示了城乡学生在不同类型高校中分布的状况(见表3.24),从表3.24中可以看出:在"985工程"大学中,大中城市学生占比高出总体5.65个百分点,农村学生占比却低于总体3.83个百分点;而在"211工程"大学中,大中城市学生占比高出总体9.48个百分点,农村学生的比例低于样本总体2.69个百分点。无论"985工程"大学还是"211工程"大学,都集中了我国优势高等教育资源,从城乡学生在这些不同层次高校中的分布可以看出,我国优势高等教育资源更多地被大中城市学生所享有,这一状况在高等教育扩招后仍未改变。与大中城市学生相比,农村学生更多地分布在一般本科院校,农村学生在一般本科院校中的比例比样本总体高出了5.48个百分点。

表3.24 城乡学生在不同类型高校中的分布　　　　　单位:%

	大中城市	县级市	乡镇	农村
总体	56.56	13.37	8.69	21.39
"985工程"大学	62.21	14.76	5.47	17.57
"211工程"大学	66.04	9.02	6.25	18.70
一般本科院校	44.46	15.02	13.64	26.87

资料来源:由笔者调查并经整理得到。

综合上述调查可以得出,我国高等教育总体的入学机会在城乡之间的分配是不公平的,其中,优质高等教育机会城乡分配不公平的状况更为严重,优质高等教育机会更多地被大中城市学生所享有,而获得有限高等教育机会的农村学生则更多地分布在非重点高校。

第三节　教育结果的城乡差距

城乡之间存在的教育入学机会和教育过程的不平等,导致了城乡教育结果上的巨大差距。

一、城乡各级受教育程度人口的分布差异

表3.25反映了2001年与2017年城乡6岁及以上人口中各级受教育程度人口所占的比例及其差异状况。由表中2017年的数据可知：城市各级受教育程度人口所占的比例中，初中最多，接下来依次分别是大专及以上、高中、小学、不识字或识字很少的比例最小；县镇各级受教育程度人口所占的比例中，也是初中最多，接下来依次分别是小学、高中、大专及以上，不识字或识字很少的比例也最小；农村的初中受教育程度人口最多，但接下来依次分别是小学、高中、不识字或识字很少，大专及以上受教育程度的人口比例则最小。与2001年相比：城市除大专及以上之外的其余各级受教育程度的人口比例都下降，而大专及以上受教育程度的人口比例大幅上升；在县镇，大专及以上受教育程度的人口比例增长得最多，初中受教育程度的人口比例也有增长，其余各级受教育程度的人口比例则都有所下降；而在农村，除不识字或识字很少和小学受教育程度的人口比例下降外，其余各级受教育程度的人口比例都上升，特别是初中受教育程度人口的比例上升得最多，农村受教育程度人口比重最高的已由小学受教育程度人口提升至初中受教育程度人口，但与城市和县镇相比，农村人口的受教育程度仍然较低。

表3.25 2017年和2001年城乡6岁及以上人口受教育程度比较 单位：%

地区	受教育程度									
	不识字或识字很少		小学		初中		高中		大专及以上	
	2001年	2017年	2001年	2017年	2001年	2017年	2001年	2017年	2001年	2017年
全国	10.13	5.28	36.28	25.23	36.84	38.06	12.37	17.55	4.38	13.88
城市	5.49	2.14	20.82	14.55	36.38	30.76	25.00	24.62	12.31	27.93
县镇	7.01	4.83	26.83	24.50	37.78	40.57	21.00	18.59	7.38	11.51
农村	12.60	8.17	44.29	34.61	36.82	42.72	5.63	11.03	0.66	3.47
城乡差	−7.11	−6.03	−23.47	−20.06	−0.44	−11.96	19.37	13.59	11.65	24.46
县乡差	−5.59	−3.34	−17.46	−10.11	0.96	−2.15	15.37	7.56	6.72	8.04

资料来源：2018年《中国人口和就业统计年鉴》与2002年《中国人口统计年鉴》并经计算得到。

比较农村与城市。在2001年：小学受教育程度人口比重的差距最大，农村小学受教育程度人口比城市高了23.47个百分点；其次是高中受教育程度人口比重的差距，农村高中受教育程度人口比重比城市低了19.37个百分点；农村大专及以上受教育程度人口的比重也比城市低了11.65个百分点；而不识字或识字很少的人口比重比城市高出7.11个百分点；初中受教育程度人口比重的差距则不大。到2017年，城乡各级受教育程度人口比重的差距有所变化：大专及以上受教育程度人口比重的差距最大，农村比城市低了24.46个百分点；其次是小学受教育程度人口比重的差距，农村比城市高出了20.06个百分点；接下来依次是高中、初中和不识字或识字很少人口比重的差距。直观上来看，2017年，农村与城市之间受教育程度的差距越来越大。

比较农村与县镇。在2001年：仍然是小学人口比重的差距最大，农村小学人口比县镇高了17.46个百分点；其次也仍然是高中人口比重的差距，农村高中人口比重比县镇低了15.37个百分点；最后分别是大专及以上、不识字或识字很少和初中受教育程度人口比重的差距。至2017年，除大专及以上受教育程度人口比重的差距略有扩大之外，其余各级受教育程度人口比重的差距都在缩小，尤其值得注意的是，农村初中受教育程度人口的比重超过了县镇初中人口比重2.15个百分点，因此，直观上来看，农村与县镇的受教育程度的差距在缩小。

二、平均受教育年限的城乡差距

为了更加准确地反映城乡之间教育结果的差距，我们还分别计算了城市、县镇和农村的平均受教育年限指标并对其进行了比较，具体如表3.26、图3.6和图3.7所示。由表3.26和图3.6可知，2001—2017年，无论城市、县镇还是农村，其平均受教育年限都在不断地增加，但它们增长的幅度不同。城市人口平均受教育年限从2001年的9.55年增加到2017年的11.09年，增加了1.54年，增幅最大；同期县镇人口平均受教育年限从8.78年增加到9.24年，增加了0.46年，增幅最小；农村平均受教育年限从6.88年增加到7.88年，增加了1年，增幅居中。

表 3.26 城乡平均受教育年限比较

年份	全国(年)	城市(年)	县镇(年)	农村(年)	城乡差(年)	县乡差(年)	城乡比	县乡比
2001年	7.78	9.55	8.78	6.88	2.67	1.90	1.39	1.28
2002年	7.84	9.62	8.54	6.92	2.70	1.62	1.39	1.23
2003年	8.01	9.44	8.66	7.00	2.44	1.66	1.35	1.24
2004年	8.10	9.88	8.82	7.12	2.76	1.70	1.39	1.24
2005年	7.93	9.62	8.40	6.92	2.70	1.48	1.39	1.21
2006年	8.13	10.19	8.36	7.14	3.05	1.22	1.43	1.17
2007年	8.27	10.29	8.43	7.29	3.00	1.14	1.41	1.16
2008年	8.34	10.31	8.47	7.38	2.93	1.09	1.40	1.15
2009年	8.45	10.40	8.51	7.47	2.93	1.04	1.39	1.14
2010年	8.86	10.59	9.12	7.65	2.94	1.47	1.38	1.19
2011年	8.90	10.64	9.18	7.67	2.97	1.51	1.39	1.20
2012年	9.00	10.75	9.19	7.71	3.04	1.48	1.39	1.19
2013年	9.10	10.85	9.26	7.78	3.07	1.48	1.39	1.19
2014年	9.09	10.83	9.14	7.77	3.06	1.37	1.39	1.18
2015年	9.18	10.97	9.25	7.80	3.17	1.45	1.41	1.19
2016年	9.19	10.92	9.17	7.78	3.14	1.39	1.40	1.18
2017年	9.32	11.09	9.24	7.88	3.21	1.36	1.41	1.17

资料来源:根据相关年份《中国人口统计年鉴》计算得到,2007年后改名为《中国人口和就业统计年鉴》。

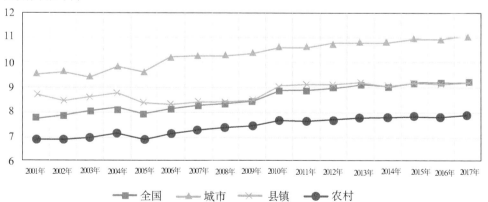

图 3.6 全国、城市、县镇和农村平均受教育年限趋势

但同时，我们从表3.26和图3.7中也可以看出，城市、县镇的平均受教育年限都明显高于农村，城市受教育年限在所有年份都高于全国平均水平，县镇在绝大多数年份也高于全国平均水平，但在2016年和2017年低于全国平均水平，而农村则一直低于全国平均水平，城市和农村之间受教育年限的绝对差距由2001年的2.67年扩大到2017年的3.21年，基本呈连年扩大趋势，并且其相对差距也没有呈现出缩小的趋势；而县镇与农村之间的绝对差距则由2001年的1.90年缩小到2017年1.41年，其比率由1.28倍缩小至1.17倍，这说明县乡之间无论是绝对差距还是相对差距都有所缩小。

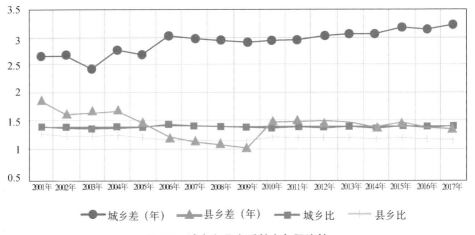

图3.7　城乡和县乡受教育年限比较

第四章
我们的教育公平仍未实现:地区间

第一节 义务教育机会地区分配不公平的表现

与上一章相同,我们仍然从入学机会、教育过程以及教育结果三个方面来反映义务教育机会地区分配不平等的表现和趋势。须说明,在考察义务教育机会的地区分配不公平时,我们选择的地区是 31 个省、自治区、直辖市(港澳台地区数据暂缺),数量较多,因而在时间趋势的比较上我们只选择了 2000 年、2005 年以及 2017 年三个年份的数据来进行说明,之所以选择这三个年份主要是因为,2001 年以后,我国义务教育的投资主体上升到"以县为主",为反映这一制度变化对义务教育机会分配公平性的影响,我们选择了制度实施之前的 2000 年和实施之后的 2005 年来进行对比。之所以选择 2005 年的数据还有一个原因是农村义务教育经费保障新机制在 2006 年开始实施,因而 2005 年的数据也反映了该新机制实施之前的状况。2017 年的数据则是新机制实施之后全部指标所能获得的最新的数据。

一、义务教育入学机会的地区差距

(一)小学入学机会的地区差距

从小学适龄儿童入学率(见表 4.1)来看,我国小学适龄儿童入学率不断提高。2000年,全国小学适龄儿童入学率为99.11%,2005年上升至99.2%,到2017年,进一步上升至99.91%。但是,伴随着适龄儿童入学率的不断提高,省(区、市)之间也存在着一些差距,2000年,入学率最高的上海、天津等市的适龄儿童入学率已经高达99.99%,但入学率最低的西藏自治区只有85.80%,极差达到14.19个百分点,各省(区、市)入学率的标准差为2.73,变异系数为2.77%。各省(区、市)的入学率存在着一些差距,这一差距在2005年有明显的缩小,2005年入学率最高的天津市的适龄儿童入学率达到了100%,入学率最低的仍然是西藏,但其入学率已经提高至95.9%,从而使极差大幅下降至4.10个百分点,同时,标准差和变异系数也分别下降为1.03和1.04%。与2005年相比,2017年各省(区、市)小学适龄儿童入学率的差距有所扩大,极差上升至5.52%,标准差和变异系数也分别上升至1.25和1.25%,但总体来看,较小的标准差和变异系数说明省际小学入学机会的差距已不大。

表 4.1　各地区适龄儿童入学率和初中入学率　　　　　单位:%

地区	适龄儿童入学率			初中入学率		
	2000 年	2005 年	2017 年	2000 年	2005 年	2017 年
全国	99.11	99.15	99.91	94.89	98.42	98.81
北京	99.95	99.90	—	98.99	99.53	82.00
天津	99.99	99.97	105.02	96.13	93.74	96.19
河北	99.87	99.70	102.50	98.72	98.43	98.78
山西	99.74	99.42	99.92	94.34	99.33	98.58
内蒙古	99.47	99.44	100.00	96.07	99.98	99.52
辽宁	99.32	99.70	99.90	93.90	99.29	99.90
吉林	99.78	99.36	99.85	94.47	99.47	99.20
黑龙江	98.78	98.43	99.99	95.95	98.26	98.95
上海	99.99	99.99	99.99	99.25	100.38	84.24
江苏	99.77	99.80	100.00	97.16	99.79	97.94
浙江	99.93	99.99	99.99	99.89	101.44	95.09
安徽	99.67	99.54	99.99	97.54	99.56	101.58
福建	99.86	99.79	99.97	97.27	98.34	98.73
江西	99.58	99.01	103.75	94.88	99.45	101.17
山东	99.78	99.86	99.99	98.34	99.28	98.58

(续表)

地区	适龄儿童入学率			初中入学率		
	2000年	2005年	2017年	2000年	2005年	2017年
河南	99.84	99.70	100.00	95.42	98.84	99.42
湖北	99.53	99.70	100.00	94.01	99.78	100.33
湖南	98.42	99.03	99.98	97.04	99.66	101.31
广东	99.70	99.68	99.99	96.15	97.15	96.04
广西	98.68	99.10	99.80	92.61	96.50	99.81
海南	99.71	99.79	99.58	88.76	97.87	98.92
重庆	99.75	99.90	99.99	93.61	97.35	103.16
四川	95.42	99.36	—	93.51	99.01	100.15
贵州	98.45	98.33	99.60	78.72	97.39	100.82
云南	99.02	96.30	99.82	85.84	92.19	98.20
西藏	85.80	95.90	99.50	55.22	92.22	92.02
陕西	99.38	99.20	99.96	92.42	96.46	98.92
甘肃	98.83	98.87	99.90	91.15	96.69	96.92
青海	94.23	97.00	99.80	88.65	97.37	96.84
宁夏	97.27	99.04	99.93	88.84	99.85	98.21
新疆	97.03	98.7	99.91	95.34	99.32	99.97
极差	14.19	4.10	5.52	44.67	9.25	21.16
标准差	2.73	1.03	1.25	8.28	2.19	4.46
变异系数	2.77	1.04	1.25	8.91	2.23	4.56

资料来源：适龄儿童入学率来自各省（区、市）相关年份统计年鉴、国民经济和社会发展统计公报或教育事业发展统计公报，"—"代表数据未获得。江西省和天津市 2017 年的数据为毛入学率；初中入学率的数据根据相关年份《中国教育统计年鉴》计算得到。计算公式如下：初中入学率＝初中招生数/小学毕业生数。

具体分析各省（区、市）的适龄儿童入学率可以发现，2000 年，适龄儿童入学率低于全国平均水平的省（区、市）有 11 个，由低到高排列分别是西藏、青海、四川、新疆、宁夏、湖南、贵州、广西、黑龙江、甘肃和云南，其中，除湖南和黑龙江外，其余 9 个省（区、市）都属于西部地区。[1] 入学率最高的 10 个省（区、市）分别是

---

[1] 2011 年，国家统计局将我国的经济区域划分调整为东部、中部、西部和东北四大地区。但为保持全书统计口径一致并方便比较分析，本书仍沿用原划分方法，将我国经济区域划分为东部、中部和西部地区。东部地区包括北京、天津、河北、辽宁、上海、江苏、浙江、福建、山东、广东、海南 11 个省（区、市）；中部地区包括山西、吉林、黑龙江、安徽、江西、河南、湖南、湖北 8 个省（区、市）；西部地区包括内蒙古、广西、重庆、四川、贵州、云南、西藏、陕西、甘肃、青海、宁夏、新疆 12 个省（区、市）。

上海、天津、北京、浙江、河北、福建、河南、山东、吉林和江苏(由高到低排序),其中 8 个是东部省(区、市),2 个属于中部地区,而没有西部地区的省(区、市)。由此可见,东部地区适龄儿童的入学机会优于中西部地区。

2005 年,适龄儿童入学率低于全国平均水平的省(区、市)仍然有 11 个,由低到高排列分别是西藏、云南、青海、贵州、黑龙江、新疆、甘肃、江西、湖南、宁夏和广西,其中 3 个属于中部地区,其余 8 个省(区、市)都属于西部地区。入学率排在前十的省(区、市)有 12 个,分别是上海、浙江、天津、北京、重庆、江苏、福建、海南、河北、辽宁、河南和湖北[1](由高到低排序),其中 9 个是东部地区省(区、市),2 个是中部地区省(区、市),1 个是西部地区省(区、市),由此可见,小学入学机会的东西差距仍然存在。

2017 年[2],适龄儿童入学率低于全国平均水平的省(区、市)有 9 个,由低到高排列分别是西藏、海南、贵州、青海、广西、云南、吉林、甘肃和辽宁,在这 9 个省(区、市)中,有 6 个是西部地区省(区、市),2 个是东部地区省(区、市),1 个是中部地区省(区、市)。入学率排在前十的省(区、市)有 14 个,分别是天津、江西、河北、内蒙古、江苏、河南、湖北、上海、浙江、黑龙江、安徽、山东、广东和重庆(由高到低排序)[3],其中 7 个是东部地区省(区、市),5 个属于中部地区,其余 2 个是西部地区省(区、市)。与 2000 年和 2005 年相比,已经有更多的中西部省(区、市)的适龄儿童入学率进入全国前十,这反映了中西部省(区、市)在保障适龄儿童入学机会方面所做的努力,总体来看,省际适龄儿童入学率的差距已经不大。

(二) 初中入学机会的地区差距

从初中入学率指标来看(见表 4.1),我国初中入学率也基本呈上升趋势,2000 年,全国初中入学率为 94.89%,2005 年上升至 98.42%,到 2017 年小幅上涨至 98.81%。与适龄儿童入学率一样,省际初中入学率也存在着一些差距:2000 年,初中入学率最高的是浙江省,其初中入学率已经达到 99.89%,但初中入学率最低的西藏自治区该指标只有 55.22%,极差高达 44.67 个百分点,初中

---

[1] 该年度河北、辽宁、河南与湖北的入学率相同,并列排在第 9 位。
[2] 北京市和四川省该年度的数据未获得。
[3] 该年度,内蒙古、江苏、河南和湖北并列排在第 4 位,上海、浙江、黑龙江、安徽、山东、广东和重庆并列排名第 8 位。

入学机会的两极分化现象明显;同年各省(区、市)入学率的标准差为8.28,变异系数为8.91%。至2005年,初中入学率的省际差异明显缩小,当年入学率最高的浙江省该指标已经超过了100%,为101.44%,初中入学率最低的是云南省,入学率为92.19%,与2000年西藏自治区的55.22%相比,最低初中入学率有了很大的提高,从而使极差大幅下降为9.25个百分点,同时,标准差和变异系数也分别下降为2.19和2.23%。与2005年相比,2017年省际初中入学率的差距有些扩大,极差上升至21.16%,标准差和变异系数也小幅上升为4.46和4.56%。但从较小的标准差和变异系数可以看出,省际初中入学机会的差距也已经不大,这与国家实行强制性的义务教育有关。

具体分析各省(区、市)的初中入学率可以发现,2000年,初中入学率低于全国平均水平的省(区、市)有16个,由低到高排列分别是西藏、贵州、云南、青海、海南、宁夏、甘肃、陕西、广西、四川、重庆、辽宁、湖北、山西、吉林和江西,其中,2个属于东部地区,4个属于中部地区,其余10个都属于西部地区。入学率最高的10个省(区、市)分别是浙江、上海、北京、河北、山东、安徽、福建、江苏、湖南和天津(由高到低排序),其中8个属于东部地区,2个属于中部地区,没有西部地区的省(区、市)。由此可见,东部地区初中的入学机会优于中西部地区。

2005年,初中入学率低于全国平均水平的省(区、市)仍然有13个,由低到高排列分别是云南、西藏、天津、陕西、广西、甘肃、广东、重庆、青海、贵州、海南、黑龙江和福建,其中,有4个属于东部地区,1个属于中部地区,其余8个属于西部地区。入学率最高的10个省(区、市)分别是浙江、上海、内蒙古、宁夏、江苏、湖北、湖南、安徽、江西和北京(由高到低排序),其中4个属于东部地区,4个属于中部地区,2个属于西部地区,与2000年相比,已经有更多的中西部省(区、市)的初中入学率进入全国前十,这反映了中西部省(区、市)在保障初中入学机会方面所做的努力,但总体来看,东部省(区、市)初中的入学机会仍然好于中西部省(区、市)。

2017年,初中入学率低于全国平均水平的省(区、市)增加至15个,由低到高排列分别是北京、上海、西藏、浙江、广东、天津、青海、甘肃、江苏、云南、宁夏、山东、山西、福建和河北[1],在这15个省(区、市)中,有9个属于东部地区,5个

---

[1] 其中,山东和山西该年度初中入学率相同。

属于西部地区,1个属于中部地区。入学率最高的10个省(区、市)分别是重庆、安徽、湖南、江西、贵州、湖北、四川、新疆、辽宁和广西(由高到低排序),其中4个属于中部地区、5个属于西部地区,1个属于东部地区。从中可以看出,与2000年和2005年相比,越来越多的东部省(区、市)的初中入学率低于全国平均水平,越来越多的中西部省(区、市)的初中入学率进入全国前十,这说明中西部地区省(区、市)的初中入学率正在逐渐赶超东部省(区、市),东部地区省(区、市)应注意巩固和提高初中入学率[1]。

综合适龄儿童入学率和初中入学率的地区比较可以看出,我国各省(区、市)适龄儿童入学率和初中入学率都在不断上升,而且各省(区、市)在小学和初中入学机会上的差距已不大,这说明了各省(区、市)特别是中西部地区省(区、市)在普及义务教育上所做的努力。尽管如此,我国义务教育机会的地区差距仍然存在,这可以从师资水平、教育经费及办学条件等教育过程指标和文盲率、义务教育完成率等教育结果指标中得到说明。

二、义务教育过程的地区不平等

(一) 小学教育过程的地区不平等

如前所述,教育过程的不平等可以从师资水平、教育经费以及办学条件等方面来进行说明,有关各省(区、市)普通小学上述指标的数据如表4.2—4.4所示。

表4.2 各地区普通小学教育过程指标的比较(Ⅰ)

地区	生师比			专任教师合格率(%)			生均教育经费(元)		
	2000年	2005年	2017年	2000年	2005年	2017年	2000年	2005年	2017年
全国	22.21	19.43	16.98	96.86	98.62	99.96	792.36	1 822.76	12 176.29
北京	12.81	10.31	13.58	98.19	99.63	99.98	2 894.92	7 100.98	37 520.87
天津	15.36	12.98	15.06	98.46	99.40	99.99	1 645.36	4 294.73	21 059.47
河北	24.69	15.63	17.42	99.59	99.67	99.99	559.79	1 764.47	8 770.04
山西	19.05	18.22	13.49	98.89	99.27	99.98	701.09	1 564.09	11 831.66

---

[1] 此处计算的北京和上海该年度的初中入学率分别排名倒数第一和第二,这似乎与印象不符,笔者认为这可能与统计口径、流动儿童受教育地变化等因素有关。

(续表)

地区	生师比			专任教师合格率(%)			生均教育经费(元)		
	2000年	2005年	2017年	2000年	2005年	2017年	2000年	2005年	2017年
内蒙古	15.59	13.42	13.30	95.92	98.74	100.00	945.06	2 441.31	19 051.05
辽宁	18.53	16.30	13.88	98.11	99.11	99.92	966.52	2 348.69	12 989.44
吉林	16.07	11.80	11.33	98.34	99.42	100.00	992.52	2 495.74	16 317.89
黑龙江	14.66	13.50	12.02	97.83	99.06	99.97	1 079.36	2 498.2	16 559.48
上海	17.74	14.24	14.35	97.22	99.59	100.00	3 715.21	9 767.45	32 324.94
江苏	24.86	18.56	17.99	96.97	99.16	100.00	1 044.42	2 845.84	14 907.52
浙江	22.06	21.11	17.26	95.63	99.03	100.00	1 577.2	3 983.28	17 426.82
安徽	23.53	22.51	17.98	99.08	99.07	100.00	534.7	1 208.94	10 843.56
福建	20.11	16.42	18.19	96.70	98.84	99.98	1 008.48	2 252.82	11 445.51
江西	18.95	19.85	18.63	93.90	97.60	99.94	595.77	1 293.44	9 395.83
山东	18.98	16.29	16.79	98.97	99.40	99.99	783.42	1 791.1	10 248.52
河南	24.62	20.75	18.63	98.03	99.11	100.00	447.14	972.74	7 165.94
湖北	24.28	19.90	17.44	95.82	98.04	99.95	561.61	1 330.77	11 799.42
湖南	21.67	17.06	19.24	97.98	98.94	99.96	683.64	1 634.06	9 460.24
广东	25.54	26.42	18.55	98.97	99.45	99.99	1 331.28	2 200.07	14 404.55
广西	26.98	22.11	18.77	95.45	97.97	99.90	611.03	1 299.01	9 065.96
海南	20.58	20.88	16.26	98.50	98.84	99.94	754.56	1 491.55	15 123.81
重庆	23.20	22.83	16.76	94.83	98.49	99.98	698.52	1 731.02	14 439.59
四川	24.21	23.27	16.98	96.49	98.26	100.00	646.7	1 392.96	11 525.31
贵州	28.61	25.79	17.92	89.28	94.63	99.81	418.23	1 019.89	11 038.91
云南	22.42	20.13	16.51	90.94	96.38	99.70	819	1 649.84	13 167.76
西藏	23.81	22.95	15.43	78.29	95.06	99.90	1 254.53	3 095.76	31 382.87
陕西	26.38	18.22	15.86	94.81	98.09	99.99	466.2	1 306.75	12 015.71
甘肃	25.28	23.20	13.07	93.05	96.71	99.96	554.73	1 215.78	13 274.05
青海	18.22	18.45	17.02	95.81	98.31	99.95	877.09	2 112.37	16 917.44
宁夏	18.95	20.53	16.98	96.08	98.43	99.95	755.77	1 496.96	12 416.5
新疆	18.87	15.91	14.91	99.48	98.80	99.99	1 010.58	2 418.05	13 475.86
极差	15.80	16.11	7.91	21.30	5.04	0.30	3 296.98	8 794.71	30 354.93
标准差	4.02	4.07	2.16	4.09	1.25	0.06	696.76	1 829.81	6 998.63
变异系数(%)	18.98	21.79	12.69	4.26	1.26	0.06	69.82	76.57	57.48

注:数据来源于历年《中国教育统计年鉴》和《中国教育经费统计年鉴》并经计算得到(表4.3—4.4同)。

表 4.3 各地区普通小学教育过程指标的比较（Ⅱ）

地区	生均预算内教育经费(元)			危房率(%)			生均校舍面积(m²)		
	2000年	2005年	2017年	2000年	2005年	2017年	2000年	2005年	2017年
全国	499.68	1 361.09	10 344.4	2.46	4.46	0.75	4.57	5.34	7.44
北京	1 955.53	4 810.58	30 710.24	0.19	0.15	0.00	7.19	10.37	8.30
天津	1 258.69	3 551.41	18 765.23	0.20	0.06	0.00	4.98	6.58	7.15
河北	389.07	1 464.52	7 945.05	0.99	1.96	0.03	3.75	5.45	6.62
山西	448.48	1 277.37	10 200.75	1.19	2.68	0.43	4.62	4.92	8.33
内蒙古	606.39	1 926.04	13 281.19	6.26	5.26	0.00	4.50	5.60	9.74
辽宁	584.64	1 748.6	10 263.05	1.25	1.64	0.22	4.34	4.92	6.46
吉林	567.35	1 722.24	13 936.54	2.13	6.84	0.04	3.66	5.58	7.67
黑龙江	858.51	2 240.48	14 428.02	3.56	9.65	0.29	3.79	5.64	6.82
上海	2 791.63	7 958.33	20 689.51	0.00	0.00	0.00	5.78	7.18	7.41
江苏	622.58	2 069.96	13 126.77	2.21	0.01	0.00	4.22	5.60	7.30
浙江	793.33	2 552.59	14 183.32	0.15	0.14	0.00	5.32	6.23	9.13
安徽	381.26	1 000.75	9 113.01	3.60	9.99	0.24	3.75	4.16	6.88
福建	699.94	1 600.97	10 195.65	0.59	1.83	0.53	5.67	7.45	7.71
江西	403.66	1 025.63	8 617.15	5.41	2.99	0.59	4.28	5.16	6.95
山东	493.46	1 394.12	9 184.03	0.79	1.87	0.00	4.65	4.77	6.73
河南	261.39	756.88	5 853.7	0.69	4.26	0.10	3.96	4.54	6.76

(续表)

地区	生均预算内教育经费(元)			危房率(%)			生均校舍面积(m²)		
	2000年	2005年	2017年	2000年	2005年	2017年	2000年	2005年	2017年
湖北	294.13	990.33	11 031.07	2.86	4.33	0.35	5.55	6.82	8.38
湖南	353.05	1 291.72	8 449.81	1.36	3.91	0.79	6.26	7.70	7.20
广东	685.23	1 432.67	11 632.15	0.85	2.53	0.04	5.37	5.97	7.31
广西	416.95	1 069.79	8 059.71	3.15	7.43	1.71	5.96	6.30	8.21
海南	509.34	1 356.91	11 404.03	2.38	5.44	0.50	4.22	4.63	7.52
重庆	373.76	935.22	10 765.21	14.17	3.50	0.43	5.23	5.56	9.29
四川	372.38	878.24	9 776.93	3.52	4.83	0.35	4.65	4.69	6.64
贵州	334.86	894.51	9 880.36	1.85	1.61	0.00	2.88	3.18	7.43
云南	664.43	1 282.19	10 613.56	4.82	15.62	7.37	4.95	5.56	9.02
西藏	1 198.05	2 797.19	28 579.74	9.71	1.75	0.16	5.64	6.85	14.00
陕西	325.2	1 108.48	11 316.24	1.91	5.97	0.07	3.85	5.59	7.70
甘肃	440.46	1 029.18	10 959.09	4.27	13.98	8.34	3.35	3.96	7.97
青海	754.16	1 970.69	14 249.45	5.87	8.60	0.00	5.67	4.50	9.15
宁夏	612.43	1 204.28	9 704.63	7.02	5.73	0.07	3.64	3.86	7.95
新疆	741.5	1 755.68	12 117.58	4.43	6.44	0.00	3.01	3.86	6.31
极差	2 530.24	7 201.45	24 856.54	14.17	15.62	8.34	4.31	7.19	7.69
标准差	520.81	1 422.36	5 477.15	3.10	3.93	1.94	1.02	1.42	1.46
变异系数(%)	76.19	77.22	52.95	98.77	86.42	256.86	21.78	25.47	19.58

表 4.4 各地区普通小学教育过程指标的比较(Ⅲ)

地区	生均图书藏量(册)			生均仪器设备总值(元)		
	2000年	2005年	2017年	2000年	2005年	2017年
全国	10.34	13.62	22.67	124.19	321.23	1 404.55
北京	32.23	42.96	31.91	521.18	1 151.94	8 349.62
天津	11.75	16.22	32.11	273.74	572.77	1 965.07
河北	11.65	22.81	26.80	121.29	345.03	917.02
山西	10.32	12.51	20.41	149.59	777.89	1 255.58
内蒙古	9.16	13.64	19.64	154.76	333.37	2 348.14
辽宁	12.81	15.01	28.75	181.81	369.21	1 789.31
吉林	11.34	18.87	28.57	84.07	599.51	1 791.04
黑龙江	9.08	13.35	16.69	86.66	337.96	1 679.41
上海	22.06	27.49	33.65	472.37	1 906.05	3 793.73
江苏	12.55	17.93	24.45	167.23	477.00	1 601.72
浙江	13.42	18.42	29.87	226.69	478.97	2 400.65
安徽	9.97	10.66	17.57	71.76	121.36	1 230.83
福建	12.96	17.49	25.48	124.97	281.94	1 824.65
江西	8.44	9.71	15.86	53.96	213.10	939.64
山东	8.74	12.46	27.72	133.33	290.35	1 236.07
河南	12.01	14.34	18.93	83.97	170.72	687.56

(续表)

地区	生均图书藏量(册)			生均仪器设备总值(元)		
	2000年	2005年	2017年	2000年	2005年	2017年
湖北	10.23	14.56	26.62	139.43	288.65	1 235.67
湖南	12.31	18.34	20.49	117.58	279.64	877.82
广东	12.85	15.64	21.66	244.45	544.50	1 484.09
广西	8.41	11.20	27.74	83.73	235.20	1 377.48
海南	7.65	9.15	17.26	120.76	253.42	1 445.11
重庆	8.09	9.67	15.72	100.02	300.10	1 384.84
四川	7.40	8.21	15.50	94.90	200.54	1 549.52
贵州	3.61	5.99	23.00	37.12	105.32	1 017.78
云南	7.97	9.04	23.56	75.58	131.96	1 293.34
西藏	3.90	10.22	16.67	145.4	258.79	1 529.17
陕西	10.73	16.60	31.58	79.32	292.42	1 490.74
甘肃	6.72	9.28	20.31	89.54	229.57	1 505.13
青海	8.01	9.82	23.89	78.85	201.18	1 126.85
宁夏	9.23	11.33	20.95	78.10	227.98	2 768.87
新疆	6.79	9.09	13.71	94.77	323.11	1 380.95
极差	28.62	36.97	19.94	484.06	1 800.73	7 662.06
标准差	5.21	7.04	5.73	108.67	351.27	1 697.10
变异系数(%)	48.64	48.26	25.27	75.08	88.53	120.83

在考察地区间小学师资水平的差距时,我们选取了普通小学生师比和专任教师学历合格率指标(见表4.2—4.4),其中,生师比反映了教师数量方面的差异,专任教师学历合格率在一定程度上反映了教师质量方面的差异。从表4.2—4.4中可以看出,2000—2017年,我国普通小学生师比的基本趋势是不断下降的,这说明我国小学教师资源在不断增加,但省际小学教师数量的差距明显存在。2000年,生师比最高的省级行政区是贵州,其每名教师所负担的小学生数为28.61名,比当年生师比最低的北京市所负担的12.81名小学生数多了15.8名,师资数量的两极分化现象严重;与此同时,各地区小学生师比的标准差为4.02,变异系数为18.98%,这反映了省际师资数量方面的不平等。2005年,生师比最高的省(区、市)为广东省,其每名教师所负担的小学生数为26.42名,生师比最低的省(区、市)仍然是北京市,其生师比下降至10.31,生师比最高的广东省比最低的北京市每名教师所负担的小学生数多了16.11名,师资数量的两极分化现象进一步扩大;此外,当年小学生师比的标准差和变异系数也进一步上升为4.07和21.79%,省际师资数量的不平等进一步扩大。与2005年相比,2017年省际小学师资数量的差距有所缩小,极差下降为7.91,两极分化现象有所改善;另外,省际小学生师比的标准差和变异系数分别下降为2.16和12.69%。从小学专任教师学历合格率所反映的师资质量方面的差异来看,我国省际师资质量的差距在不断缩小。2000年,专任教师学历合格率最高的省(区、市)是河北省,其专任教师学历合格率比率高达99.59%,最低的省(区、市)是西藏自治区,其专任教师学历合格率仅为78.29%,两者相差了21.3个百分点,教师学历合格率的两极分化现象较为严重;同年,小学专任教师学历合格率的标准差为4.09,变异系数为4.26%,省际专任教师学历合格率存在差距。2005年,专任教师学历合格率的极差、标准差和变异系数分别下降至5.04、1.25和1.26%,至2017年进一步下降至0.30、0.06和0.06%,省际专任教师学历合格率的两极分化现象大幅改善,并且其差距明显缩小,各省(区、市)在小学专任教师学历合格率方面的差距已不大。

在省际教育经费差距方面,我们选取了生均教育经费和生均预算内教育经费指标来反映(见表4.2—4.4)。由表4.2—4.4可知,2000—2017年,我国各省(区、市)小学的教育经费都有大幅增长,但省际教育经费的差距仍然很大。2000年,小学生均教育经费最高的省(区、市)是上海,其数额为3 715.21元,而当年生均教育经费最低的贵州省只有418.23元,两者相差3 296.98元,教育经费的两极分化现象十分严重;与此同时,省际生均教育经费的标准差和变异系数分别高达696.76和69.82%,省际小学生均教育经费的差距很大。2005年,小学生均教育经费最高的省(区、市)仍然是上海,其经费水平达到9 767.45元,比当年最低的河南省的972.74元高了8 794.71元。与2000年相比,2005年小学教育经费的两极分化现象更为严重,并且省际的差距也进一步扩大,2005年省际小学生均教育经费的标准差和变异系数分别上升至1 829.81和76.57%。2017年,小学生均教育经费最高的省(区、市)是北京,其经费数额高达37 520.87元,当年,小学生均教育经费最低的省(区、市)仍然是河南,其数额仅为7 165.94元,最高的北京市比最低的河南省高了30 354.93元。小学生均教育经费的两极分化现象进一步加重,但省际小学生均教育经费的总体差距有所缩小,当年小学生均教育经费的变异系数下降至57.48%,尽管如此,省际小学生均教育经费的差距仍然维持在一个很高的水平上。从小学生均预算内教育经费指标来看,省际小学生均预算内教育经费差距的变化趋势与生均教育经费基本一致:2000年,小学生均预算内教育经费的极差为2 530.24元,变异系数为76.19%;2005年,小学生均预算内教育经费的差距进一步扩大,其极差进一步扩大至7 201.45元,变异系数也进一步上升至77.22%;2017年,这一差距有所缩小,其变异系数下降至52.95%,但与生均教育经费一样,省际小学生均预算内教育经费的差距也仍然处于较高的水平。

为反映小学办学条件的地区差距,我们选取了危房率、生均校舍建筑面积、生均图书藏量和生均仪器设备总值指标(见表4.2—4.4)。从危房率来看,省际危房率的差距非常大并且呈现出继续扩大的趋势。2000年,小学危房率最高的是重庆,其危房比例高达14.17%,最低的是上海,其危房率为0%,小学危房的两极分化现象严重;同时,省际小学危房率的变异系数高达98.77%,省际危房率的差距非常大。2005年,小学危房率最高的省(区、市)是云南,其危房比例为15.62%,比最低的上海的0%高出了15.62个百分点,小学危房的两极分化现象更为严重,但省际小学危房率的变异系数稍微有所下降,为86.42%。至2017年,小学危房率最高的省(区、市)是甘肃,其危房比例为8.34%,而同年上海、北京、天津、浙江、江苏和山东等地的危房率仍然为0%,小学危房的两极分化现象有所缓和,但危房率的变异系数大幅上升至256.86%,省际小学危房率的差距进一步扩大。在生均校舍建筑面积方面,省际也存在着明显的差距。2000年,小学生均校舍建筑面积最高的省(区、市)是北京市,其面积为7.19 m²,最低的贵州省为2.88 m²,两者相差4.31 m²,同时,省际小学生均校舍建筑面积的变异系数为21.78%;2005年,小学生均校舍建筑面积最高与最低的省(区、市)仍然是北京和贵州,只是其差距扩大至7.19 m²,另外,省际小学生均校舍建筑面积的变异系数增加至25.47%,省际小学生均校舍建筑面积的差距有所扩大。至2017年,这一差距有所缩小,变异系数下降至19.58%,但极差上升至7.69 m²。小学生均图书藏量的地区差距也呈现了缩小趋势,2000年,省际小学生均图书藏量的变异系数为48.64%,2005年小幅下降至48.26%,至2017年进一步下降至25.27%,尽管如此,小学生均图书藏量的地区差距依然显著存在。小学生均仪器设备总值的地区差距更大并且还呈现出扩大的趋势:2000年,生均仪器设备总值最高的省(区、市)是北京市,其值为521.18元,最低的是贵州省,仅为37.12元,两者相差484.06元,另外,省际小学生均仪器设备总值的变异系数高达75.08%;与2000年相比,2005年小学生均仪器设备总值的极差上升至1 800.73元,变异系数也增加至88.53%;至2017年,该项指标极差进一步上升至7 662.06元,变异系数也进一步增加至120.83%。省际的差距越来越大。

综合小学教育过程各个指标的分析可以发现,教育过程中地区差距非常大的是危房率和生均仪器设备总值,它们不仅差距非常大,并且其差距还都呈现出扩大的趋势。小学教育经费、生均图书藏量、生均校舍建筑面积等指标的差距也很大,只不过可喜的是,它们的差距在2005年之后呈现出缩小趋势,这应与农村义务教育经费保障新机制实施过程中政府加大了对中西部地区义务教育的投入有密切关系。小学生师比和专任教师学历合格率方面的地区差距较小,特别是专任教师学历合格率的地区差距在各指标中最小。值得注意的是,各指标中处于优势的省(区、市)往往是北京、上海等东部地区省(区、市),而位于劣势的则往往是贵州、云南、新疆以及河南等中西部地区省(区、市)。

(二)普通初中教育过程的地区不平等

各地区普通初中师资水平、教育经费和办学条件的数据如表4.5—4.7所示。

在考察普通初中师资水平的地区差距时,我们仍然选取了生师比和专任教师学历合格率指标(见表4.5—4.7)。从表4.5—4.7可以看出,2000—2017年,我国普通初中生师比的基本趋势是不断下降的,由2000年的18.99下降为2005年的17.80,

表 4.5 各地区普通初中教育过程指标的比较（Ⅰ）

地区	生师比			专任教师合格率(%)			生均教育经费(元)		
	2000年	2005年	2017年	2000年	2005年	2017年	2000年	2005年	2017年
全国	18.99	17.80	12.52	87.09	95.24	99.83	1 210.41	2 277.32	17 543.08
北京	14.22	10.34	7.73	92.95	98.72	99.98	4 308.68	9 087.89	72 501.63
天津	14.79	13.14	9.76	83.93	93.98	99.84	2 293.85	4 636.38	36 488.61
河北	19.61	17.09	13.87	88.95	96.55	99.93	849.59	1 803.09	12 885.6
山西	15.79	16.06	10.00	85.95	93.22	99.66	1 042.67	1 858.35	15 740.71
内蒙古	16.61	15.24	10.74	84.03	94.58	99.99	1 132.58	2 572.61	21 629.07
辽宁	15.39	14.75	9.68	90.26	95.64	99.83	1 526.4	2 971.37	18 013.73
吉林	16.14	15.28	9.57	93.66	98.18	99.92	1 470.25	2 603.46	20 878.15
黑龙江	17.95	15.59	10.08	85.79	96.24	99.85	1 004.39	2 329.62	18 772.71
上海	15.46	13.91	10.48	96.67	99.55	99.99	4 413.52	12 255.1	48 326.46
江苏	18.19	18.13	11.48	88.93	95.49	99.96	1 813.6	3 092.65	25 914.83
浙江	18.46	15.55	12.50	92.33	98.39	99.95	2 359.27	5 642.21	25 733.86
安徽	23.58	23.54	13.00	88.59	95.27	99.97	757.08	1 398.99	16 010.56
福建	20.13	17.87	12.17	94.74	97.50	99.89	1 366.23	2 259.65	18 584.38
江西	19.32	17.26	15.85	84.79	92.98	99.84	815.92	1 559.26	12 574.91
山东	19.90	14.71	11.94	86.64	96.09	99.84	1 056.07	2 489.04	17 166.95
河南	21.42	19.72	14.35	87.42	94.68	99.60	773.76	1 255.59	11 497.39

(续表)

地区	生师比			专任教师合格率(%)			生均教育经费(元)		
	2000年	2005年	2017年	2000年	2005年	2017年	2000年	2005年	2017年
湖北	18.19	18.77	11.53	82.30	92.75	99.52	1 107.91	1 713.26	19 950.69
湖南	17.88	15.39	13.38	86.55	94.93	99.80	1 016.93	1 941.43	14 456.09
广东	21.02	20.92	12.73	87.79	95.45	99.96	1 889.53	3 312.5	20 241.98
广西	23.08	19.97	15.68	83.03	94.66	99.64	857.95	1 628.42	11 615.32
海南	19.53	22.13	12.85	89.35	96.01	99.71	1 308.49	2 106.4	20 463.42
重庆	18.57	18.38	13.00	85.55	96.70	99.79	1 077.65	2 486.3	19 632.8
四川	18.65	18.61	12.37	84.46	93.96	99.97	954.84	1 705.71	16 080.7
贵州	19.87	21.11	14.35	83.58	94.42	99.76	648.38	1 317.04	12 828.27
云南	18.00	18.81	14.52	89.04	95.64	99.62	1 269.09	1 946.25	15 488.26
西藏	12.60	19.38	12.40	82.32	95.90	99.73	2 929.68	5 252.34	33 872.18
陕西	19.40	18.60	10.50	78.13	93.06	99.92	769.9	1 419.96	16 771.32
甘肃	18.43	19.67	10.57	82.43	92.48	99.77	840.9	1 517.54	14 603.83
青海	14.27	16.84	12.80	85.59	95.86	99.92	1 295.17	2 447.42	21 875.73
宁夏	15.72	18.43	13.84	91.60	97.07	99.94	1 062.75	2 230.87	17 177.21
新疆	15.62	15.58	10.49	89.16	96.30	99.93	1 394.19	2 744.94	22 146.36
极差	10.98	13.20	8.11	18.54	7.07	0.48	3 765.14	10 999.51	61 004.24
标准差	2.59	2.81	1.93	4.18	1.79	0.13	932.38	2 355.87	12 228.14
变异系数(%)	14.40	16.10	15.44	4.78	1.87	0.13	63.65	79.74	69.70

注:数据来源于历年《中国教育统计年鉴》和《中国教育经费统计年鉴》并经计算得到(表4.6—4.7同)。

表 4.6 各地区普通初中教育过程指标的比较(Ⅱ)

地区	生均预算内教育经费(元)			危房率(%)			生均校舍面积(m²)		
	2000年	2005年	2017年	2000年	2005年	2017年	2000年	2005年	2017年
全国	698.04	1 561.69	14 858.63	2.01	2.87	0.64	5.54	5.88	13.73
北京	2 467.93	5 706.57	58 509.67	0.24	0.33	0.01	8.06	8.26	15.84
天津	1 679.98	3 605.17	30 949.79	0.17	0.17	0.00	5.39	5.37	10.67
河北	555.74	1 404.03	11 493.9	1.04	1.42	0.01	4.41	5.31	10.73
山西	628.85	1 398.11	13 605.89	1.24	2.91	0.33	5.39	5.46	14.46
内蒙古	684.85	1 999.8	16 574.32	5.02	4.54	0.00	4.69	5.48	15.91
辽宁	934.19	2 165.2	14 590.13	1.12	2.24	0.17	4.76	5.86	15.25
吉林	784.97	1 681.15	17 815.45	1.69	4.75	0.01	3.86	5.07	13.50
黑龙江	740.98	1 919.67	16 005.58	2.88	7.43	0.48	3.10	5.03	12.28
上海	2 861.9	8 934.52	31 416.28	0.02	0.00	0.00	8.60	9.98	18.57
江苏	940.81	1 849.71	22 468.79	1.94	0.01	0.00	6.34	6.23	17.60
浙江	1 030.25	3 278.34	20 922.75	0.08	0.09	0.00	7.22	10.24	19.33
安徽	458.64	935.33	13 378.04	2.44	7.63	0.18	4.76	4.04	13.68
福建	814.89	1 512.56	16 232.58	0.84	1.59	0.78	5.93	5.25	10.36
江西	469.23	1 120.44	11 525.57	4.54	3.26	0.56	5.22	6.17	11.20
山东	642.47	1 815.25	15 265.35	1.38	1.23	0.01	4.79	7.23	14.61
河南	425.9	932.28	9 166.17	0.59	2.78	0.16	4.71	5.46	11.96

(续表)

地区	生均预算内教育经费(元)			危房率(%)			生均校舍面积(m²)		
	2000年	2005年	2017年	2000年	2005年	2017年	2000年	2005年	2017年
湖北	555.07	1 151.98	18 635.99	2.73	2.89	0.41	7.87	6.95	16.92
湖南	468.78	1 361.73	12 689.87	2.14	2.92	0.72	6.92	7.51	14.45
广东	1 012.09	2 054.45	16 539.98	0.69	1.68	0.04	6.86	6.58	15.47
广西	496.94	1 127.13	10 245.18	2.76	4.97	1.42	6.71	6.80	11.89
海南	719.76	1 617.4	15 224.33	3.02	3.93	0.90	4.85	4.77	12.80
重庆	531.4	1 304.78	15 230.17	8.44	1.87	0.50	6.44	5.92	11.89
四川	514.95	947.43	13 563.22	2.10	3.20	0.27	6.10	5.29	13.75
贵州	450.2	1 039.17	11 402.08	1.88	0.85	0.00	4.05	3.94	12.29
云南	930.71	1 526.38	12 892.14	3.18	7.91	7.82	6.78	5.88	10.83
西藏	2 838.34	5 190.3	29 983.69	5.65	0.76	0.00	10.67	10.13	17.40
陕西	515.94	1 102.68	15 569.95	1.25	4.02	0.02	4.34	4.55	14.13
甘肃	616.21	1 216.92	12 720.83	5.38	10.62	8.10	4.21	3.38	13.57
青海	1 132.32	2 179.02	18 032.12	8.54	8.35	0.00	6.21	3.78	16.72
宁夏	774.18	1 710.2	13 877.27	6.89	4.10	0.15	4.46	4.74	12.33
新疆	938.41	1 932.56	19 017.91	4.09	5.60	0.00	4.13	4.10	15.15
极差	2 436.00	8 002.24	49 342.50	8.52	10.62	8.10	7.57	6.86	8.97
标准差	656.53	1 695.86	9 379.49	2.34	2.77	1.96	1.64	1.78	2.44
变异系数(%)	71.12	79.99	63.12	86.38	82.44	304.26	28.55	29.86	17.80

表 4.7 各地区普通初中教育过程指标的比较（Ⅲ）

地区	生均图书藏量（册）			生均仪器设备总值（元）		
	2000 年	2005 年	2017 年	2000 年	2005 年	2017 年
全国	12.71	14.22	35.64	221.08	403.69	2 264.77
北京	34.92	28.60	38.14	844.32	875.18	11 497.61
天津	14.74	14.56	39.35	464.99	518.78	2 529.36
河北	16.02	23.62	38.90	182.08	508.81	1 326.03
山西	13.52	13.59	30.77	206.37	325.21	1 736.24
内蒙古	11.56	13.39	31.61	172.09	295.29	3 386.86
辽宁	11.40	14.70	53.85	291.39	531.27	3 778.63
吉林	12.27	15.15	43.56	148.09	528.73	2 783.47
黑龙江	7.30	11.09	30.19	107.47	432.67	2 907.97
上海	27.44	28.63	62.41	984.51	2 339.47	7 490.98
江苏	16.18	15.34	42.87	284.60	473.93	3 238.28
浙江	16.21	24.34	48.63	381.87	897.20	4 179.36
安徽	12.16	10.35	29.58	143.82	199.85	1 841.64
福建	12.71	11.20	25.16	203.41	237.38	1 851.21
江西	10.38	11.27	26.02	101.62	513.44	1 357.77
山东	9.55	16.76	43.76	179.74	471.39	2 162.23
河南	14.21	15.93	28.87	160.52	244.85	1 140.80

(续表)

地区	生均图书藏量(册)			生均仪器设备总值(元)		
	2000年	2005年	2017年	2000年	2005年	2017年
湖北	13.20	13.29	42.32	278.56	352.30	2 155.69
湖南	15.47	18.58	31.96	217.61	408.86	1 838.65
广东	17.86	16.60	38.01	432.67	620.30	2 972.25
广西	10.24	11.15	37.30	142.67	306.99	1 602.50
海南	8.51	9.14	27.93	222.76	326.71	2 610.87
重庆	8.20	7.41	18.96	198.72	281.02	1 493.23
四川	8.58	8.15	31.87	166.86	254.42	2 828.34
贵州	5.63	9.68	36.84	102.31	212.81	1 480.56
云南	11.05	8.91	28.22	165.23	159.13	1 330.78
西藏	6.59	11.76	25.66	395.26	462.10	1 567.31
陕西	12.42	13.78	45.52	168.86	312.41	2 277.41
甘肃	8.97	7.85	34.22	145.48	433.21	2 225.24
青海	8.23	7.59	45.90	137.38	186.01	2 429.69
宁夏	8.52	10.59	31.56	186.78	390.98	3 810.98
新疆	7.02	8.31	32.84	188.21	279.44	2 879.01
极差	29.29	21.22	43.44	882.89	2 180.34	10 356.81
标准差	5.37	5.74	9.27	199.50	390.12	2 400.24
变异系数(%)	44.85	41.28	26.00	77.24	84.10	105.98

至2017年进一步下降为12.52,这说明我国普通初中教师数量在不断增加。但省际普通初中教师数量的差距明显存在。2000年,普通初中生师比最高的省(区、市)是安徽,其每名教师所负担的初中学生数为23.58,比当年生师比最低的西藏所负担的12.6多了10.98,师资数量的两极分化现象比较严重;与此同时,省际普通初中生师比的变异系数为14.40%,这说明了各省(区、市)普通初中师资数量方面的不平等。2005年,普通初中生师比最高的省(区、市)仍然是安徽,其每名教师所负担的初中学生数为23.54,最低的省(区、市)是北京,为10.34,最高的安徽比最低的北京每名教师所负担的初中学生数多了13.2,师资数量的两极分化有所扩大;此外,当年普通初中生师比的变异系数也进一步上升为16.10%,省际普通初中师资数量的不平等进一步扩大。与2005年相比,2017年省际普通初中师资数量的两极分化现象有所改善,极差下降为8.11,但省际普通初中生师比的总体差距仍然没有明显缩小,其变异系数仍为15.44%。从普通初中专任教师学历合格率所反映的师资质量方面的差异来看,我国省际普通初中师资质量的差距在不断缩小。2000年,专任教师学历合格率最高的省(区、市)是上海,其比率高达96.67%,最低的省(区、市)是陕西,其普通初中专任教师学历合格率仅为78.13%,两者相差了18.54个百分点,普通初中教师学历合格率的两极分化现象较为严重;此外,普通初中专任教师学历合格率的变异系数为4.78%,这说明各省(区、市)在普通初中专任教师学历合格率方面存在着一些差距。此后,这一差距呈现明显缩小的趋势,普通初中专任教师学历合格率的极差和变异系数在2005年和2017年分别下降至7.07、0.48和1.87%、0.13%,省际普通初中专任教师学历合格率方面的差距也已经不大。

在省际普通初中教育经费差距方面,我们也选取了生均教育经费和生均预算内教育经费指标来反映。由表4.5—4.7可知,2000—2017年,我国各省(区、市)普通初中的教育经费都有大幅增长,但省际教育经费的差距依然很大。2000年,普通初中生均教育经费最高的省(区、市)是上海,其数额为4 413.52元,而当年生均教育经费最低的贵州该数额只有648.38元,两者相差3 765.14元,普通初中教育经费的两极分化现象十分严重;与此同时,省际普通初中生均教育经费的标准差和变异系数分别高达932.38和63.65%,省际普通初中生均教育经费的总体差距很大。2005年,普通初中生均教育经费最高的省(区、市)仍然是上海,其经费水平达到12 255.1元,比当年最低的贵州的1 317.04元高了

10 999.51元,与2000年相比,普通初中教育经费的两极分化现象更为严重,并且省际的总体差距也进一步扩大,普通初中生均教育经费的标准差和变异系数分别上升至2 355.87和79.74%。2017年,普通初中生均教育经费最高的省(区、市)是北京,其经费数额高达72 501.63元,比生均教育经费最低的河南的11 497.39元高了61 004.24元,生均经费最高与最低的省(区、市)的绝对差距进一步扩大,但省际普通初中生均教育经费的总体差距有所缩小,其变异系数下降至69.70%,尽管如此,省际普通初中生均教育经费的差距仍然维持在一个很高的水平。普通初中生均预算内教育经费差距的变化趋势与生均教育经费基本一致:2000年,普通初中生均预算内教育经费的极差为2 436元,变异系数为71.12%;2005年,普通初中生均预算内教育经费的差距进一步扩大,极差进一步上升至8 002.24元,变异系数也进一步上升至79.99%;2017年,省际普通初中生均预算内教育经费的总体差距有所缩小,其变异系数下降至63.12%,但与生均教育经费一样,普通初中生均预算内教育经费的地区差距也仍然处于较高的水平。

为反映普通初中办学条件的地区差距,我们也选取了危房率、生均校舍建筑面积、生均图书藏量和生均仪器设备总值指标(见表4.5—4.7)。从危房率来看,省际普通初中危房率的差距非常大并且呈现出扩大的趋势。2000年,普通初中危房率最高的是青海,其危房比例高达8.54%,最低的是上海,其危房率为0.02%,青海比上海高了8.52个百分点,同时省际普通初中危房率的变异系数高达86.38%,省际危房率的差距非常大。2005年,普通初中危房率最高的省(区、市)是甘肃,其危房比例为10.62%,比最低的上海的0%高出了10.62个百分点,普通初中危房率的两极分化现象更为严重,但省际危房率的变异系数稍微有所下降,降至82.44%。至2017年,普通初中危房率最高的省(区、市)仍然是甘肃,其危房比例为8.10%,而同年上海、天津、浙江、江苏等地的危房率仍然为0%,普通初中危房率的两极分化现象有所缓和,此外,当年危房率的变异系数大幅上升至304.26%,省际普通初中危房率的差距进一步扩大。在生均校舍建筑面积方面,省际也存在着明显的差距。2000年,普通初中生均校舍建筑面积最高的是西藏,其面积为10.67 m²,最低的为黑龙江,其生均校舍建筑面积为3.1 m²,两者相差7.57 m²,同时省际普通初中生均校舍建筑面积的变异系数为28.55%;2005年,普通初中生均校舍建筑面积最大的省(区、市)是浙江,其生均校舍建筑面积高达 10.24 m², 最低的甘肃则仅为 3.38 m², 两者相差 6.86 m², 极差有所降低, 但省际普通初中生均校舍建筑面积的总体差距有所扩大, 其变异系数增加至 29.86%。此后 2017 年, 普通初中生均校舍建筑面积最大的浙江省, 其生均校舍建筑面积达到 19.33 m², 该面积最小的福建, 其生均校舍建筑面积为 10.36 m², 两者相差 8.97 m², 这一极差有所扩大, 但省际普通初中生均校舍建筑面积的变异系数则下降为 17.80%, 即总体差距有所缩小。普通初中生均图书藏量的总体差距则呈现出缩小趋势, 2000 年, 省际普通初中生均图书藏量的变异系数为 44.85%, 2005 年小幅下降至 41.28%, 2017 年进一步下降至 26.00%。尽管如此, 普通初中生均图书藏量的地区差距依然显著存在。普通初中生均仪器设备总值的地区差距则更大, 2000 年, 生均仪器设备总值最高的省(区、市)是上海, 其值为 984.51 元, 最低的是江西, 仅为 101.62 元, 两者相差 882.89 元, 另外省际普通初中生均仪器设备总值的变异系数高达 77.24%。与 2000 年相比, 2005 年普通初中生均仪器设备总值的极差上升至 2 180.34 元, 变异系数也增加至 84.10%; 此后 2017 年, 该项指标的极差进一步上升为 10 356.81 元, 变异系数也进一步扩大为 105.98%, 省际普通初中生均仪器设备总值的总体差距仍然维持在一个很高的水平。

综合普通初中教育过程各个指标的分析可以发现, 教育过程中地区差距最大的是危房率和生均仪器设备总值, 它们不仅差距很大, 并且其差距还呈现出扩大的趋势。普通初中教育经费、生均图书藏量、生均校舍建筑面积等方面的差距也很大, 与小学一样, 它们的差距在 2005 年之后也明显呈现了缩小趋势, 这应该也是农村义务教育经费保障新机制实施过程中政府加大了对中西部义务教育投入的结果。普通初中生师比和专任教师学历合格率方面的地区差距较小, 特别是专任教师学历合格率的地区差距在各指标中最小, 省际普通初中专任教师学历合格率的差距已基本不大。值得注意的是, 与小学一样, 普通初中各指标中处于优势的往往是北京、上海、浙江等东部地区省(区、市), 而位于劣势的则往往是甘肃、青海以及黑龙江、江西等中西部地区省(区、市)。

三、义务教育结果的地区不平等

省际义务教育入学机会和教育过程的巨大差距, 导致了省际义务教育结果上的差距,这可以用文盲率和义务教育完成率来说明。

从文盲率来看(见表4.8),2000年,全国文盲率最高的省(区、市)是西藏,其文盲率高达32.5%,最低的是广西,其文盲率为3.79%,最高的西藏比最低的广西高了28.71个百分点,同时当年省际文盲率的变异系数高达68.73%,省际文盲率的差距非常大。2005年,省际文盲率的极差进一步扩大,最高的西藏的文盲率为44.84%,最低的北京的文盲率仅为3.92%,最高的西藏比最低的北京高了40.92%;但当年省际文盲率的总体差距有所缩小,其变异系数略有下降,降至66.24%。此后2017年,省际文盲率的极差有所降低,文盲率最高的仍是西藏,与2005年相比,当年的文盲率有明显下降,其值为34.96%,比最低的北京的1.23%高了33.73个百分点;但省际文盲率的变异系数却明显上升至122.16%,这说明尽管省际文盲率的极差有所缩小,但其总体差距却有明显扩大。

表4.8 各省(区、市)文盲率和义务教育完成率　　　　单位:%

地区	文盲率[1]			义务教育完成率[2]		
	2000年	2005年	2017年	2000年	2005年	2017年
全国	6.72	11.04	4.85	77.53	83.44	82.41
北京	4.23	3.92	1.23	93.68	99.67	74.64
天津	4.93	4.8	1.92	93.84	94.72	96.33
河北	6.65	7.18	3.48	90.50	88.30	88.51
山西	4.18	5.57	1.78	83.40	93.22	80.31
内蒙古	9.12	11.25	4.82	61.34	76.62	85.80
辽宁	4.76	4.77	1.54	82.64	86.29	89.49
吉林	4.57	5.85	3.50	81.38	80.24	78.76
黑龙江	5.1	6.18	2.89	80.63	89.25	81.90
上海	5.4	5.24	2.29	97.93	97.56	72.53
江苏	6.31	10.02	5.95	81.57	88.93	95.36
浙江	7.06	11.95	5.40	91.41	99.83	85.87

[1] 文盲率指的是15岁及15岁以上人口中文盲、半文盲人口比例。
[2] 由于2000年和2005年义务教育完成率的计算分别需要用1991年和1996年的入学人数数据,而重庆1997年才成为直辖市,故其这两年的数据与四川合并计算。

(续表)

地区	文盲率[1]			义务教育完成率[2]		
	2000年	2005年	2017年	2000年	2005年	2017年
安徽	10.06	19.24	6.80	88.50	89.98	72.61
福建	7.2	12.92	5.60	103.23	80.73	90.42
江西	5.16	10.54	4.36	81.44	84.59	75.87
山东	8.46	12.38	6.07	89.38	77.05	91.81
河南	5.87	9.79	5.00	87.83	82.67	70.78
湖北	7.15	12.09	5.69	70.18	84.37	70.90
湖南	4.65	8.58	3.13	74.99	88.43	86.44
广东	3.84	6	2.51	84.93	91.65	84.70
广西	3.79	8.64	3.30	61.91	73.82	83.25
海南	6.98	9.76	4.23	58.99	70.59	95.69
重庆	6.95	11.65	3.02	—	—	91.38
四川	7.64	16.61	7.05	68.66	81.60	79.98
贵州	13.89	21.41	10.11	38.99	65.36	91.12
云南	11.39	20.07	8.39	51.25	70.27	83.04
西藏	32.5	44.84	34.96	23.18	40.15	74.68
陕西	7.29	10.33	5.50	70.33	82.87	80.59
甘肃	14.34	20.83	9.17	64.36	77.19	72.53
青海	18.03	24.07	9.63	61.09	78.55	73.25
宁夏	13.4	18.71	7.19	65.81	74.87	80.66
新疆	5.56	8.32	3.19	89.41	74.78	91.45
极差	28.71	40.92	33.73	80.05	59.68	25.55
标准差	5.69	8.19	5.92	17.91	11.87	7.94
变异系数	68.73	66.24	122.16	23.64	14.46	9.63

注：数据来源于历年《中国教育统计年鉴》和《中国人口和就业统计年鉴》并经计算得到，"—"代表数据未获得。

与文盲率相比,省际义务教育完成率的差距要小些(见表4.4)。2000年,义务教育完成率最高的是福建,其完成率已经超过100%,高达103.23%,最低的是西藏,其完成率仅为23.18%,最高的福建比最低的西藏高了80.05个百分点,同年省际义务教育完成率的变异系数为23.64%,省际义务教育完成率的差距明显。此后,省际义务教育完成率的差距呈现缩小趋势,义务教育完成率的极差在2005年和2017年分别下降至59.68%和25.55%,变异系数也分别下降至14.46%和9.63%。

综合文盲率和义务教育完成率的地区比较可以看出,我国省际文盲率的差距很大,并且还呈现扩大趋势;省际义务教育完成率的差距相对小些,并且呈现缩小趋势,但其差距仍然明显存在。需要指出的是,文盲率较低和义务教育完成率较高的仍然是北京、天津等东部地区省(区、市),而文盲率较高和义务教育完成率较低的则一般是西藏、河南等中西部地区省(区、市)。

四、义务教育机会地区分配不公平的综合分析

单项指标仅能反映某一方面的信息,仅依据单项指标进行分析可能存在一定的局限性,因此,我们将所有的指标信息进行综合,通过主成分分析方法计算得到一个综合指标以反映不同省(区、市)入学机会、教育过程和教育结果的水平,并根据其差异来反映省际义务教育综合发展水平的不平等程度。

根据上述义务教育入学机会、教育过程以及教育结果等方面共20个指标的数据,依据主成分个数的提取原则,即主成分对应的特征值大于1且主成分的累计贡献率大于85%,我们利用Stata11软件分别对2000年、2005年和2017年的数据进行了主成分分析,下文分别展示了分析结果。

(一) 2000年各地区义务教育综合发展水平分析

2000年各个主成分所对应的特征值、贡献率以及累计贡献率如表4.9所示。

表4.9 2000年各主成分对应的特征值、贡献率和累计贡献率

成分	特征值	贡献率	累计贡献率
成分1	8.580	0.429	0.429
成分2	6.003	0.300	0.729
成分3	1.802	0.090	0.819

(续表)

成分	特征值	贡献率	累计贡献率
成分4	1.015	0.051	0.870
成分5	0.646	0.032	0.902
成分6	0.514	0.026	0.928
成分7	0.424	0.021	0.949
成分8	0.295	0.015	0.964
成分9	0.223	0.011	0.975
成分10	0.151	0.008	0.983
成分11	0.133	0.007	0.989
成分12	0.079	0.004	0.993
成分13	0.043	0.002	0.995
成分14	0.041	0.002	0.997
成分15	0.022	0.001	0.998
成分16	0.016	0.001	0.999
成分17	0.008	0.000	1.000
成分18	0.004	0.000	1.000
成分19	0.002	0.000	1.000
成分20	0.001	0.000	1.000

按照累计方差贡献率的原则提取主成分,我们得到了4个主成分,其总方差的累计贡献率达到87.00%。另外,Stata软件也给出了各主成分得分系数(特征向量)矩阵,如表4.10所示。

表4.10 2000年各主成分的得分系数

变量	成分1	成分2	成分3	成分4
适龄儿童入学率	0.100	−0.355	0.000	−0.052
小学升学率	0.142	−0.341	−0.099	0.141
普通小学生师比	−0.175	−0.007	0.551	−0.269
普通小学专任教师学历合格率	0.112	−0.341	−0.190	0.126

(续表)

变量	成分1	成分2	成分3	成分4
普通小学生均教育经费支出	0.313	0.115	−0.084	−0.181
普通小学生均预算内教育经费支出	0.284	0.170	−0.130	−0.226
普通小学危房率	−0.188	0.266	−0.229	0.213
普通小学生均校舍面积	0.205	0.126	0.279	0.484
普通小学生均图书藏量	0.316	−0.056	0.047	0.174
普通小学生均仪器设备总值	0.328	0.064	0.048	−0.009
普通初中生师比	−0.116	−0.248	0.379	−0.156
普通初中专任教师合格率	0.212	−0.065	−0.219	−0.230
普通初中生均教育经费支出	0.298	0.187	0.003	−0.109
普通初中生均预算内教育经费支出	0.234	0.283	−0.039	−0.146
普通初中危房率	−0.188	0.201	−0.323	0.317
普通初中生均校舍面积	0.152	0.267	0.357	0.158
普通初中生均图书藏量	0.218	−0.090	0.217	0.486
普通初中生均仪器设备总值	0.313	0.121	0.077	−0.139
文盲率	−0.131	0.344	0.005	−0.060
九年制义务教育完成率	0.203	−0.270	−0.114	−0.022

将得分系数矩阵的每一列与标准化的各变量相乘并加总就得到了各个主成分。在此基础上,以各个主成分的方差贡献率为权数,对4个主成分进行加权平均,则得到综合得分 f 值。由于此处提取了4个主成分,所以综合得分模型如下:

$$f = 7.245 f_1 + 6.01 f_2 + 2.965 f_3 + 1.206 f_4 \tag{4.1}$$

由于综合得分存在负值,不便于比较和解释,所以依据式(4.1),再参照苏为华(2005)的做法对其进行线性变换,变化后便得到了各个地区的 F 分值,按照从大到小的顺序排列,得到表4.11。

表 4.11 2000 年各省(区、市)综合得分

序号	地区	f 值	F 值	序号	地区	f 值	F 值
1	北京	5.328	109.958	17	宁夏	−0.728	64.538
2	上海	4.810	106.078	18	四川	−0.764	64.269
3	西藏	2.923	91.925	19	广西	−0.768	64.240
4	天津	1.355	80.165	20	海南	−0.776	64.177
5	浙江	1.137	78.525	21	山东	−0.794	64.047
6	广东	0.727	75.456	22	新疆	−0.871	63.465
7	青海	0.155	71.162	23	河北	−1.018	62.364
8	江苏	0.145	71.089	24	黑龙江	−1.043	62.177
9	福建	0.103	70.776	25	江西	−1.177	61.174
10	辽宁	0.021	70.154	26	河南	−1.221	60.839
11	湖南	−0.013	69.901	27	陕西	−1.264	60.522
12	云南	−0.089	69.332	28	甘肃	−1.341	59.940
13	湖北	−0.109	69.181	29	安徽	−1.438	59.218
14	山西	−0.415	66.888	30	贵州	−1.769	56.732
15	内蒙古	0.491	66.315	31	重庆	—	—
16	吉林	−0.614	65.393				

由表 4.11 可知,2000 年综合得分 F 值高于 70 分(代表平均水平)的省(区、市)有 10 个,其余有数据可查的 20 个省(区、市)的 F 值都低于 70 分,这表明只有 10 个省(区、市)的义务教育综合发展水平高于全国平均水平,而另 20 个省(区、市)的义务教育综合发展水平低于全国平均水平。2000 年 F 值最高的是北京,其得分为 109.958 分,最低的是贵州,其得分仅为 56.732 分,综合得分 F 值的极差为 53.226 分,两极分化现象比较严重;计算综合得分 F 值的变异系数为 18.00%,说明省际义务教育综合发展水平的不平等程度也较明显。综合得分 F 值得分超过 70 分的省(区、市)包括北京、上海、西藏、天津、浙江、广东、青海、江苏、福建和辽宁(由高到低排列),除西藏和青海之外,其余省(区、市)都属于东部地区。

(二) 2005 年各地区义务教育综合发展水平分析

利用 2005 年上述 20 个指标的数据进行主成分分析后,得到各个主成分所

对应的特征值、贡献率以及累计贡献率(见表 4.12)。

表 4.12　2005 年各主成分对应的特征值、贡献率和累计贡献率

成分	特征值	贡献率	累计贡献率
成分 1	10.334	0.517	0.517
成分 2	3.461	0.173	0.690
成分 3	1.756	0.088	0.778
成分 4	1.207	0.060	0.838
成分 5	0.786	0.039	0.877
成分 6	0.711	0.036	0.913
成分 7	0.460	0.023	0.936
成分 8	0.317	0.016	0.952
成分 9	0.256	0.013	0.964
成分 10	0.227	0.011	0.976
成分 11	0.169	0.008	0.984
成分 12	0.120	0.006	0.990
成分 13	0.077	0.004	0.994
成分 14	0.046	0.002	0.996
成分 15	0.039	0.002	0.998
成分 16	0.015	0.001	0.999
成分 17	0.011	0.001	1.000
成分 18	0.004	0.000	1.000
成分 19	0.002	0.000	1.000
成分 20	0.000	0.000	1.000

按照主成分的提取原则,我们共得到了 5 个主成分,其总方差的累计贡献率达到 87.7%,各主成分得分系数(特征向量)矩阵如表 4.13 所示。

表 4.13　2005 年各主成分的得分系数

变　量	成分 1	成分 2	成分 3	成分 4	成分 5
适龄儿童入学率	0.140	−0.404	−0.215	0.154	0.087
小学升学率	0.112	−0.341	−0.110	0.298	−0.374
普通小学生师比	−0.188	0.138	−0.378	0.385	0.289
普通小学专任教师学历合格率	0.172	−0.373	0.110	0.023	−0.078

(续表)

变 量	成分1	成分2	成分3	成分4	成分5
普通小学生均教育经费支出	0.286	0.157	0.123	0.122	0.024
普通小学生均预算内教育经费支出	0.272	0.190	0.147	0.149	0.022
普通小学危房率	−0.192	0.040	0.512	0.143	0.215
普通小学生均校舍面积	0.216	0.083	−0.009	−0.455	0.347
普通小学生均图书藏量	0.269	−0.059	0.055	−0.218	0.139
普通小学生均仪器设备总值	0.280	0.053	0.099	0.217	0.141
普通初中生师比	−0.223	0.061	−0.223	0.371	0.210
普通初中专任教师合格率	0.203	0.091	0.117	0.097	−0.567
普通初中生均教育经费支出	0.278	0.208	0.050	0.143	0.021
普通初中生均预算内教育经费支出	0.255	0.281	0.066	0.123	−0.009
普通初中危房率	−0.188	−0.017	0.543	0.184	0.128
普通初中生均校舍面积	0.205	0.227	−0.281	−0.090	0.084
普通初中生均图书藏量	0.278	−0.040	−0.135	−0.044	0.090
普通初中生均仪器设备总值	0.264	0.114	0.008	0.372	0.089
文盲率	−0.149	0.409	−0.088	0.015	−0.180
九年制义务教育完成率	0.183	−0.344	0.067	0.123	0.345

同样,根据综合得分的计算原则,我们得到了2005年的综合得分模型,即式(4.2):

$$f = 10.396f_1 + 3.413f_2 + 1.748f_3 + 1.191f_4 + 0.765f_5 \quad (4.2)$$

得到 f 值后再进行线性变换,便得到了各个地区的 F 分值,按照从大到小的顺序排列,得到表4.14。

表4.14 2005年各省(区、市)综合得分

序号	地区	f 值	F 值	序号	地区	f 值	F 值
1	上海	7.199	123.99	4	天津	1.42	80.649
2	北京	5.109	108.314	5	西藏	0.537	74.028
3	浙江	2.079	85.595	6	吉林	0.48	73.596

(续表)

序号	地区	f 值	F 值	序号	地区	f 值	F 值
7	江苏	0.337	72.524	20	青海	−0.956	62.833
8	河北	0.266	71.992	21	陕西	−0.979	62.657
9	辽宁	0.198	71.483	22	江西	−1.006	62.458
10	湖南	0.137	71.029	23	广西	−1.038	62.217
11	广东	0.102	70.766	24	河南	−1.157	61.321
12	山东	−0.023	69.83	25	海南	−1.163	61.278
13	黑龙江	−0.046	69.654	26	云南	−1.284	60.372
14	福建	−0.089	69.333	27	四川	−1.463	59.029
15	内蒙古	−0.185	68.611	28	安徽	−1.718	57.115
16	山西	−0.387	67.1	29	甘肃	−1.929	55.536
17	新疆	−0.656	65.079	30	贵州	−2.099	54.256
18	湖北	−0.754	64.346	31	重庆	—	
19	宁夏	−0.932	63.01				

由表 4.14 可知,2005 年综合得分 F 值高于 70 分的省(区、市)有 11 个,其余有相应数据的 19 个省(区、市)的 F 值都低于 70 分,这表明有 11 个省(区、市)的义务教育综合发展水平高于全国平均水平,而 19 个省(区、市)的义务教育综合发展水平低于全国平均水平。2005 年综合得分 F 值最高的地区是上海,其值为 123.99 分,最低的仍是贵州,其得分仅有 54.256 分,综合得分 F 值的极差为 69.734 分,变异系数为 20.73%,与 2000 年相比,不仅极差有所扩大,并且省际义务教育综合发展水平的不平等程度也有所扩大。综合得分 F 值得分超过 70 分的省(区、市)包括上海、北京、浙江、天津、西藏、吉林、江苏、河北、辽宁、湖南和广东(由高到低排列),其中西藏属于西部地区,湖南和吉林属于中部地区,而其余 8 个省(区、市)都属于东部地区。

(三) 2017 年各地区义务教育综合发展水平分析

2017 年各个主成分所对应的特征值、贡献率以及累计贡献率如表 4.15 所示。

表 4.15 2017 年各主成分对应的特征值、贡献率和累计贡献率

成分	特征值	贡献率	累计贡献率
成分 1	7.872	0.394	0.394
成分 2	3.240	0.162	0.556
成分 3	2.091	0.105	0.660
成分 4	1.531	0.077	0.737
成分 5	1.385	0.069	0.806
成分 6	1.044	0.052	0.858
成分 7	0.864	0.043	0.901
成分 8	0.698	0.035	0.936
成分 9	0.401	0.020	0.956
成分 10	0.330	0.017	0.973
成分 11	0.228	0.011	0.984
成分 12	0.157	0.008	0.992
成分 13	0.081	0.004	0.996
成分 14	0.038	0.002	0.998
成分 15	0.017	0.001	0.999
成分 16	0.010	0.001	1.000
成分 17	0.008	0.000	1.000
成分 18	0.002	0.000	1.000
成分 19	0.000	0.000	1.000
成分 20	0.000	0.000	1.000

按照主成分的提取原则,我们共得到了 6 个主成分,其总方差的累计贡献率达到 85.8%,各主成分得分系数(特征向量)矩阵如表 4.16 所示。

表 4.16 2017 年各主成分的得分系数

变量	成分 1	成分 2	成分 3	成分 4	成分 5	成分 6
适龄儿童入学率	−0.019	−0.162	−0.124	0.514	0.228	0.226
小学升学率	−0.321	−0.106	0.066	−0.012	−0.165	0.152

(续表)

变量	成分1	成分2	成分3	成分4	成分5	成分6
普通小学生师比	−0.176	−0.059	0.210	0.076	0.531	−0.375
普通小学专任教师学历合格率	0.101	−0.362	0.193	−0.049	−0.302	−0.140
普通小学生均教育经费支出	0.328	0.160	0.070	0.112	−0.003	0.059
普通小学生均预算内教育经费支出	0.315	0.188	0.115	0.167	0.002	0.133
普通小学危房率	−0.090	0.355	−0.449	−0.075	−0.074	−0.065
普通小学生均校舍面积	0.085	0.409	0.322	0.006	0.040	0.216
普通小学生均图书藏量	0.180	−0.134	−0.270	−0.164	0.467	0.261
普通小学生均仪器设备总值	0.312	0.008	−0.133	0.146	−0.010	−0.287
普通初中生师比	−0.250	0.094	0.151	0.098	0.409	−0.323
普通初中专任教师合格率	0.160	−0.271	0.090	0.020	−0.161	−0.118
普通初中生均教育经费支出	0.341	0.038	−0.022	0.174	0.068	−0.070
普通初中生均预算内教育经费支出	0.333	0.053	−0.002	0.210	0.064	−0.025
普通初中危房率	−0.092	0.354	−0.455	−0.059	−0.074	−0.065
普通初中生均校舍面积	0.206	0.016	0.247	−0.492	0.044	0.044
普通初中生均图书藏量	0.169	−0.200	−0.150	−0.475	0.328	0.228
普通初中生均仪器设备总值	0.323	−0.065	−0.129	−0.003	−0.002	−0.280
文盲率	0.006	0.395	0.383	−0.023	0.063	0.186
九年制义务教育完成率	−0.071	−0.209	−0.036	0.277	0.036	0.497

同样,根据综合得分的计算原则,我们得到了2017年的综合得分模型,即式(4.3):

$$f = 0.459 f_1 + 0.189 f_2 + 0.122 f_3 + 0.089 f_4 + 0.081 f_4 + 0.061 f_6 \quad (4.3)$$

依据式(4.3),再对其做线性变换,便得到了各个地区的F分值,按照从大到小的顺序排列,得到表4.17。

表 4.17　2017 年各省(区、市)综合得分

序号	地区	f 值	F 值	序号	地区	f 值	F 值
1	北京	4.861	106.458	17	山西	−0.46	66.553
2	西藏	3.145	93.59	18	海南	−0.47	66.474
3	上海	2.721	90.407	19	甘肃	−0.547	65.9
4	天津	0.926	76.946	20	山东	−0.558	65.817
5	浙江	0.891	76.686	21	福建	−0.575	65.684
6	青海	0.478	73.582	22	重庆	−0.632	65.261
7	内蒙古	0.462	73.465	23	云南	−0.675	64.937
8	江苏	0.242	71.814	24	四川	−0.727	64.544
9	吉林	0.187	71.404	25	贵州	−0.762	64.285
10	湖北	−0.124	69.067	26	安徽	−0.874	63.442
11	陕西	−0.184	68.62	27	广西	−1.054	62.093
12	广东	−0.202	68.484	28	湖南	−1.07	61.977
13	黑龙江	−0.207	68.444	29	河北	−1.103	61.727
14	辽宁	−0.283	67.879	30	江西	−1.252	60.61
15	宁夏	−0.308	67.694	31	河南	−1.454	59.092
16	新疆	−0.392	67.063				

由表 4.17 可知,2017 年综合得分 F 值高于 70 分的省(区、市)有 9 个,其余 22 个省(区、市)的 F 值都低于 70 分,这表明有 9 个省(区、市)的义务教育综合发展水平高于全国平均水平,而其余 22 个省(区、市)的综合发展水平低于全国平均水平。2017 年综合得分 F 值最高的地区是北京,其得分为 106.458 分,最低的是河南,其得分仅有 59.092 分,综合得分 F 值的极差为 47.366 分,变异系数为 14.49%,与 2005 年相比,极差有所缩小,并且省际义务教育综合发展水平的总体不平等程度也有所缩小。综合得分 F 值超过 70 分的省(区、市)包括北京、西藏、上海、天津、浙江、青海、内蒙古、江苏和吉林(由高到低排列),其中吉林属于中部地区,西藏、青海和内蒙古为西部地区,其余 5 个省(区、市)都属于东部地区。

综合上述义务教育机会地区间分配不平等的分析可以得出以下两个结论。

第一,总体来看,省际义务教育过程和结果的不平等程度较高,教育入学机会的不平等程度较低。这说明省际义务教育阶段入学机会的平等已基本实现,未来义务教育机会公平分配的重点应放在教育过程和教育结果方面。在各项具体指标中,危房率和生均仪器设备值指标的变异系数位居前列并且基本呈现上升的趋势,生均图书藏量、生均校舍建筑面积等指标的变异系数也较高,这表明义务教育某些办学条件的不平等程度很高并且还存在恶化的趋势,因此,缩小省际义务教育阶段办学条件的差距是未来政策实施的主要方面。尽管教育经费指标的变异系数呈现下降的趋势,但其绝对值仍然较高,这说明促进义务教育机会公平分配还应继续做好缩小省际教育经费差距的工作。在教育结果方面,未来应特别注意控制文盲率的上升。

第二,通过综合分析发现,2005年综合得分的变异系数比2000年的有所上升,而2017年综合得分的变异系数比2005年的有所降低,表明2005年以后省际义务教育综合发展水平的不平等程度在降低,但降低幅度有限。省际义务教育综合发展水平的不平等程度之所以降低,主要是由于中央对中西部落后省(区、市)采取了财政支持政策,但其承担义务教育投资的责任仍然有限,因而降低幅度也有限。从东部、中部、西部三大区域来看,东部地区义务教育综合发展的水平与中西部地区相比仍然有较大优势。从具体省(区、市)来看,北京和上海的义务教育综合发展水平存在明显的优势。西藏"财"和"物"的优势比较明显,但其文盲率有待大幅降低,而义务教育完成率则有待进一步提高。贵州、云南、四川、甘肃、广西、河南、江西、安徽等省(区、市)在义务教育过程和教育结果方面处于全面落后的状态,中央应继续加大对这些省(区、市)的财政支持力度。对海南、河北等少数东部地区省(区、市),应注意要求提高其对义务教育的投入努力程度,从而全面提高义务教育的发展水平。

第二节 高等教育机会分配的地区差距

1949年,中国仅有高等学校205所,高等教育总规模为11.66万人。1978年恢复高考时,全国有高等学校598所,高等教育总规模为85.6万人,研究生在学人数10 934人,当年招收研究生10 708人[1]。到2017年,全国共有普通高等学校2 631所,普通高校在校本专科生总规模达到27 535 869人,在学研究生2 639 561人[2]。与1978年相比,普通高校数量增长了3.40倍,在校本专科生数增长了31.17倍,研究生教育规模增长了240.41倍。

伴随着改革开放,我国高等教育进入了大发展时期。到2002年,我国高等教育总规模已超过美国,我国不仅是世界义务教育第一大国,也是高等教育规模第一大国。高等教育毛入学率从1990年的3.4%提高到2017年的45.7%[3],这标志着我国高等教育已经进入大众化阶段。尽管我国高等教育发展迅速,但高等教育机会分配的地区差距依然明显存在。

一、高等教育入学机会的地区不公平

(一) 各省(区、市)高等学校分布的差距

高等学校的空间布局在地域间是不平衡的(见表4.18)。拥有普通高等院校最多的省(区、市)是江苏,其数量为167所,所占比例高达6.09%;其次是广东,它所拥有的高校数为154所,所占比例为5.62%;排名第三位的是山东,其拥有的普通高校数为152所,所占比例为5.55%。排名全国前三的省(区、市)都处于东部地区,除此之外,还有其他9个省(区、市)拥有的普通高校数超过100所,从高到低依次是河南、四川、湖北、湖南、河北、安徽、辽宁、浙江和江西,这12个省份共拥有1 588所普通高等院校,占全国总数的57.96%。与此相反,西部地区的西藏、青海、宁夏等省区,其普通高校数量非常有限,西藏是全国拥有普通高等院校数量最少的省级行政区,它仅拥有7所普通高校,青海的高校数量也很少,仅有12所。由此可见,我国普通高校的省际分布是不均衡的,2020年普通高校的极差为160,变异系数为48.83%。

---

[1] 数据来源于国家统计局国民经济综合统计司:《新中国五十年统计资料汇编》,中国统计出版社1999年版,第99页。
[2] 数据来源于中华人民共和国教育部发展规划司:《中国教育统计年鉴2017》,人民教育出版社2018年版,第200、210、202页。
[3] 数据来源于《2017年全国教育事业发展统计公报》,教育部网站,http://www.moe.gov.cn/jyb_sjzl/sjzl_fztjgb/201807/t20180719_343508.html。

表4.18 2020年全国各省(区、市)普通高校、"985工程"大学、"211工程"大学分布

地区	普通高校		"985工程"大学		"211工程"大学	
	数量(所)	比例(%)	数量(所)	比例(%)	数量(所)	比例(%)
全国	2 740	100	39	100	112	100
北京	92	3.36	8	20.51	24	21.43
天津	56	2.04	2	5.13	3	2.68
河北	125	4.56	0	0.00	1	0.89
山西	85	3.10	0	0.00	1	0.89
内蒙古	54	1.97	0	0.00	1	0.89
辽宁	116	4.23	2	5.13	4	3.57
吉林	64	2.34	1	2.56	3	2.68
黑龙江	80	2.92	1	2.56	4	3.57
上海	63	2.30	4	10.26	10	8.93
江苏	167	6.09	2	5.13	11	9.82
浙江	109	3.98	1	2.56	1	0.89
安徽	120	4.38	1	2.56	3	2.68
福建	89	3.25	1	2.56	2	1.79
江西	105	3.83	0	0.00	1	0.89
山东	152	5.55	2	5.13	2	1.79
河南	151	5.51	0	0.00	1	0.89
湖北	129	4.71	2	5.13	7	6.25
湖南	128	4.67	3	7.69	4	3.57
广东	154	5.62	2	5.13	4	3.57
广西	82	2.99	0	0.00	1	0.89
海南	21	0.77	0	0.00	1	0.89
重庆	68	2.48	1	2.56	2	1.79
四川	132	4.82	2	5.13	5	4.46

(续表)

地区	普通高校 数量(所)	普通高校 比例(%)	"985工程"大学 数量(所)	"985工程"大学 比例(%)	"211工程"大学 数量(所)	"211工程"大学 比例(%)
贵州	75	2.74	0	0.00	1	0.89
云南	82	2.99	0	0.00	1	0.89
西藏	7	0.26	0	0.00	1	0.89
陕西	96	3.50	3	7.69	8	7.14
甘肃	50	1.82	1	2.56	1	0.89
青海	12	0.44	0	0.00	1	0.89
宁夏	20	0.73	0	0.00	1	0.89
新疆	56	2.04	0	0.00	2	1.79
极差	160.00	5.84	8.00	20.51	23.00	20.54
标准差	43.16	1.58	1.67	4.29	4.66	4.16
变异系数(%)	48.83	—	132.96	—	128.97	—

注:资料来源于教育部网站发布的2020年高校名单并经计算得到,数据截至2020年6月30日。其中,中国矿业大学、中国地质大学、中国石油大学和华北电力大学均有两个分校,按照教育部网站划分方法,分别将中国矿业大学划入江苏省,中国地质大学划入湖北省,中国石油大学和华北电力大学划入北京市。河北工业大学虽所在地为天津市,但因主管部门为河北省,在河北省亦设有校区,故将其划入河北省。

在普通高等院校中,"985工程"大学和"211工程"大学的分布更加不平衡。全国共拥有39所"985工程"大学,其中有8所位于北京,占比高达20.51%,上海拥有4所,占比为10.26%,它们所拥有的"985工程"大学数量占全国总数的30.78%,而全国有包括河北、山西、内蒙古等在内的13个省(区、市)没有一所"985工程"大学,省际"985工程"大学的极差为8,变异系数高达132.96%。"211工程"大学的分布情况也比较类似:北京仍是拥有"211工程"大学最多的地区,其数量为24所,占全国112所的21.43%;其次是江苏,其拥有11所"211工程"大学,占比为9.82%,排名第三位的是上海,它拥有10所"211工程"大学,所占比例为8.93%。全国排名前三位的省(区、市)所拥有的"211工程"大学达到45所,所占比例为40.18%,省际"211工程"大学的极差为23,变异系数也高达128.97%。由此可见,省际高等院校的分布是不平等的,"211工程"大学分布的不平等状况较普通高校总数分布的不平等状况更为严重,而"985工程"大学分布的不平等状况又比"211工程"大学更严重。

表4.19是按照东部、中部、西部地区分类整理的高等院校的分布情况。2020年,东部地区所拥有的普通高校数为1 144所,占比为41.75%,所拥有的"985工程"大学和"211工程"大学分别为24所和63所,其所占比重分别是61.54%和56.25%;中部地区所拥有的普通高校数为862所,所占比重为31.46%,所拥有"985工程"大学和"211工程"大学数量分别为8所和24所,其所占比重分别为20.51%和21.43%;西部地区所拥有的普通高校、"985工程"大学和"211工程"大学分别有734所、7所和25所,所占比重分别是26.79%、17.95%和22.32%。由此可见:东部地区在高等院校的分布上具有明显的优势,其中在拥有"985工程"大学和"211工程"大学方面的优势更为明显,东部地区所拥有的"985工程"大学和"211工程"大学超过中西部之和;而中西部地区则明显处于劣势地位,特别是在"985工程"大学和"211工程"大学的拥有数量上。

表4.19 2020年东部、中部、西部地区高校分布

地区	普通高校		"985工程"大学		"211工程"大学	
	数量(所)	比例(%)	数量(所)	比例(%)	数量(所)	比例(%)
全国	2 740	100	39	100	112	100
东部地区	1 144	41.75	24	61.54	63	56.25
中部地区	862	31.46	8	20.51	24	21.43
西部地区	734	26.79	7	17.95	25	22.32

注:资料来源于教育部网站发布的2020年高校名单并经计算得到。

(二)招生计划分配的地区差距

全国高等学校的招生数相对于人口的比例,在不同省(区、市)有较大的差别。表4.20提供了2000年各省(区、市)招生人数、人口数及相对招生比,从中可以看出:当年相对招生比最高的省(区、市)是上海,其招生比例与人口比例为2.62,其次是北京,其比例为2.28,天津市的相对招生比也超过了2,这三个省市都位于东部地区;与此相反,云南、四川、河南和贵州的相对招生比则较低,云南的最低,仅为0.54,次低的是四川,其值也仅有0.57,排名倒数第三的是河南,其值为0.7,另外贵州省的相对招生比也只有0.71,这几个省份都属于中西部地区。

相对招生比最高的上海是最低的云南的4.85倍。因此,不同地区居民接受高等教育的机会存在着很大的差距,总体来看,东部地区的居民更具有优势,而这一状况至今仍未根本改变(见表4.21)。表4.21展示了我国2017年各省(区、市)一本高校录取率、"985工程"高校与"211工程"高校录取率的情况,从中可以看出,无论是一本高校录取率,还是"985工程"高校与"211工程"高校录取率都存在着明显的省际差距,其中:"985工程"高校录取率方面的差距最大,当年"985工程"高校录取率最高的是天津,录取比例为5.81%,排名第二和第三的分别是上海和北京,录取比例最低的是安徽,录取比率仅为1.1%,变异系数高达56.33%;其次是"211工程"高校录取率的差距,排名第一的是北京,录取比例为13.99%,排名最后一位的是广东,录取比例为2.74%,变异系数也达到48.84%。另外,当年一本高校录取率最高的是北京,其录取比例高达30.5%,其次是天津,录取比例为24.1%,排名第三的是上海,它的录取比例也达到了21.8%;与此相对应,当年全国一本高校录取率排名最后三位的是河南、广西和山西,其录取比例分别为7.8%、8.44%和9.80%,一本高校录取率最高的天津比最低的河南高了22.7个百分点,省际一本高校录取率的变异系数仍然有33.63%。由此可见,在一本以上高校录取机会方面还是存在很大的省际差距,总体来讲,北京、上海以及天津等东部地区省市的优势仍然明显。

表 4.20　2000 年各省(区、市)招生人数、人口数及其占全国的比例

地区	2000年招生人数(万人)	1998年人口数(万人)	招生比(%)	人口比(%)	相对招生比(招生比/人口比)
北京	4.1	1 097.8	2.06	0.9	2.28
天津	3.1	910.7	1.56	0.75	2.08
河北	10.3	6 555.3	5.17	5.4	0.96
山西	5.7	3 113.3	2.86	2.56	1.12
内蒙古	3.7	2 310.2	1.86	1.9	0.98
辽宁	9.7	4 090.4	4.87	3.37	1.45
吉林	5.7	2 603.2	2.86	2.14	1.34
黑龙江	6.1	3 642	3.06	3	1.02

(续表)

地区	2000年招生人数(万人)	1998年人口数(万人)	招生比(%)	人口比(%)	相对招生比(招生比/人口比)
上海	5.6	1 306.5	2.81	1.08	2.62
江苏	15.2	6 983.3	7.63	5.75	1.33
浙江	9.5	4 446.9	4.77	3.66	1.3
安徽	8.5	6 152.2	4.27	5.06	0.84
福建	5.7	3 260.8	2.86	2.68	1.07
江西	6.1	4 070.6	3.06	3.35	0.91
山东	16.8	8 871.5	8.44	7.3	1.16
河南	10.8	9 373.7	5.42	7.72	0.7
湖北	9.2	5 890.6	4.62	4.85	0.95
湖南	9.1	6 482.2	4.57	5.34	0.86
广东	12.6	7 115.6	6.33	5.86	1.08
广西	6	4 622.2	3.01	3.8	0.79
海南	1.1	733.3	0.55	0.6	0.92
重庆	3.8	3 059.7	1.91	2.52	0.76
四川	7.7	8 315.7	3.87	6.84	0.57
贵州	4.1	3 536.5	2.06	2.91	0.71
云南	3.5	3 983.3	1.76	3.28	0.54
西藏	0.3	245.4	0.15	0.2	0.75
陕西	6.1	3 501.1	3.06	2.88	1.06
甘肃	3.2	2 483.3	1.61	2.04	0.79
青海	1	470.3	0.5	0.39	1.3
宁夏	1.1	536.6	0.55	0.44	1.25
新疆	3.7	1 733.6	1.86	1.43	1.3
合计	199.1	121 498	100	100	—

注：数据根据教育部有关招生统计资料和《人口统计年鉴》(1998年)简单计算得到。

表 4.21 2017 年各省(区、市)高考录取率

地区	一本录取率（%）	"985 工程"高校录取率（%）	"211 工程"高校录取率（%）
北京	30.50	4.29	13.99
天津	24.10	5.81	12.68
河北	14.55	1.48	4.42
山西	9.80	1.30	4.67
内蒙古	14.03	1.54	6.03
辽宁	16.10	2.30	5.93
吉林	12.40	3.56	8.95
黑龙江	13.50	2.01	6.03
上海	21.80	5.33	13.58
江苏	12.10	1.41	5.19
浙江	14.40	1.87	4.40
安徽	14.20	1.10	4.10
福建	18.81	2.01	5.37
江西	10.40	1.55	6.46
山东	10.60	1.47	4.44
河南	7.80	1.14	4.15
湖北	15.80	2.14	5.16
湖南	11.20	1.71	4.53
广东	11.20	1.32	2.74
广西	8.44	1.34	4.61
海南	—	—	—
重庆	11.50	2.13	5.38
四川	10.60	1.47	4.44
贵州	14.50	1.19	5.17

(续表)

地区	一本录取率(%)	"985工程"高校录取率(%)	"211工程"高校录取率(%)
云南	10.85	1.35	4.50
西藏[1]	11.00	1.73	12.77
陕西	14.60	1.88	5.67
甘肃	15.22	1.47	3.50
青海	15.30	3.02	11.66
宁夏	19.00	2.31	8.56
新疆	12.86	1.67	7.76
极差	22.70	4.71	11.25
标准差	4.79	1.18	3.20
变异系数(%)	33.63	56.33	48.84

注:资料来源于高考信息网,"—"表示数据未获得。

二、高等教育过程的地区不平等

(一)师资水平的地区差距

在考察地区间普通高等教育师资水平的差距时,我们选取了生师比和专任教师学历博士学历比例和专任教师学历专科及以下比例指标(见表4.22),其中生师比仍然是反映教师数量方面的指标,而专任教师学历博士学历比例和专任教师学历专科及以下比例则是反映普通高校教师质量的指标。从表4.22中可以看出:2005年,我国普通高校生师比为14.56,即每位专任教师负担近15名学生;2017年,该项指标上升至16.86,即每位专任教师负担的学生超过16名,专任教师所负担的学生数不仅没有减少,反而还有所增加。此外,省际普通高校专任教师的数量还存在着一些差距。2005年,普通高校生师比最高的省(区、市)

---

[1] 西藏的"211工程"大学录取率高于一本录取率,这与其他省(区、市)明显不同,一般来说,"211工程"大学基本都是一本招生,西藏的数据有些令人意外。

是安徽,其所负担的学生数为16.73名,比当年生师比最低的青海所负担的9.09名多了7.64名,另外,当年省际普通高校生师比的变异系数为13.08%,这说明了各省(区、市)普通高校师资数量方面的不平等。2017年,除北京、上海和西藏3个省(区、市)的生师比下降之外,其余省(区、市)的生师比都出现了上升,普通高校生师比最高的是广西,为20.04,最低的是北京,为8.50,两者相差11.54;当年该项指标的变异系数为13.59%,与2005年相比略有上升,这说明省际普通高校生师比的整体差距依然存在。从普通高校专任教师学历博士学历比例指标所反映的师资质量方面的差异来看,我国省际普通高校师资质量的差距较大,但呈现出了缩小趋势。2005年,普通高校专任教师学历博士学历比例最高的省(区、市)是北京,其比例高达25.41%,最低的是青海,其比例仅为0.81%,两者相差了24.6个百分点,普通高校教师学历博士学历比例的两极分化现象严重;此外,当年普通高校教师学历博士学历比例的变异系数高达71.5%,说明各省(区、市)在普通高校教师学历博士学历比例方面存在着明显的差距。2017年,省际普通高校教师学历博士学历比例的整体差距有所缩小,其变异系数下降至47.80%,但极差有所扩大,当年该项指标最高的北京(61.96%)比最低的西藏(9.94%)高了52.02个百分点。省际普通高校专任教师学历专科及以下比例指标的差距也在不断缩小,2005年,专任教师学历专科及以下比例最高的是青海,其比例达到13.91%,最低的是江苏,两者相差11.45个百分点。省际专任教师学历专科及以下比例的变异系数为54.39%,即省际普通高校专任教师学历专科及以下比例的差距较大,至2017年,该项指标的差距明显缩小,当年其极差和变异系数分别下降至1.99%和42.16%。

表4.22 地区间高等教育师资水平比较

地区	生师比		专任教师学历博士学历比例(%)		专任教师学历专科及以下比例(%)	
	2005年	2017年	2005年	2017年	2005年	2017年
全国	14.56	16.86	8.36	24.37	3.81	1.09
北京	10.02	8.50	25.41	61.96	2.74	0.49
天津	13.33	16.57	12.11	35.23	3.80	0.61
河北	16.63	17.41	4.53	16.18	3.65	0.89

(续表)

地区	生师比		专任教师学历博士学历比例(%)		专任教师学历专科及以下比例(%)	
	2005年	2017年	2005年	2017年	2005年	2017年
山西	13.00	18.62	4.42	15.15	5.09	1.23
内蒙古	13.76	16.97	3.65	13.45	5.47	1.89
辽宁	13.56	15.53	8.71	25.64	2.90	1.24
吉林	12.90	16.06	7.48	25.47	3.15	0.96
黑龙江	13.28	15.86	7.43	25.66	3.11	0.52
上海	12.76	11.84	20.43	52.74	3.47	0.93
江苏	15.49	15.66	10.30	33.29	2.46	0.42
浙江	15.03	16.07	8.88	32.10	3.43	0.56
安徽	16.73	18.99	5.27	17.11	3.76	0.78
福建	15.08	16.54	7.92	24.63	3.63	0.59
江西	15.83	18.55	3.17	13.87	4.41	2.42
山东	15.80	18.19	6.87	21.01	3.45	1.01
河南	16.24	18.48	4.64	15.16	2.78	1.48
湖北	16.24	16.78	8.70	28.29	3.52	1.36
湖南	15.52	18.12	6.34	18.74	3.22	1.00
广东	14.22	18.45	10.13	25.60	3.59	1.26
广西	15.75	20.04	4.34	13.59	4.09	1.11
海南	14.93	19.32	6.93	14.86	3.26	1.49
重庆	14.46	17.91	7.12	22.44	5.63	1.20
四川	15.40	17.86	6.81	18.56	6.21	1.50
贵州	13.37	17.90	2.64	12.20	6.69	1.38
云南	13.95	17.97	5.43	14.49	4.83	1.60
西藏	15.99	14.35	1.43	9.94	12.38	0.85
陕西	13.81	15.98	7.83	29.02	4.32	1.07

(续表)

地区	生师比		专任教师学历博士学历比例(%)		专任教师学历专科及以下比例(%)	
	2005年	2017年	2005年	2017年	2005年	2017年
甘肃	14.23	16.37	5.27	15.15	3.65	1.00
青海	9.09	14.34	0.81	12.97	13.91	1.52
宁夏	11.99	14.77	2.51	14.70	5.64	0.83
新疆	11.35	16.80	2.11	13.99	5.94	1.87
极差	7.64	11.54	24.60	52.02	11.45	1.99
标准差	1.86	2.29	5.07	11.65	2.53	0.46
变异系数(%)	13.08	13.59	71.50	47.80	54.39	42.16

注：数据来源于相关年份《中国教育统计年鉴》并经计算得到。

(二) 生均经费的地区差距

在省际普通高等教育经费差距方面，我们也选取了生均教育经费支出和生均预算内教育经费支出指标来反映(见表4.23)。由表4.23可知，2005—2017年，我国普通高等教育的教育经费大幅增加，全国生均教育经费支出和生均预算内教育经费支出分别由15 025.47元和5 940.77元增加至32 915.06元与21 220.82元，但省际普通高校教育经费的差距依然较大。2005年，普通高校生均教育经费支出最高的省(区、市)是西藏，其数额为33 857.71元，而当年生均教育经费最低的宁夏只有7 514.93元，两者相差26 342.78元，普通高校教育经费的两极分化现象十分严重；与此同时，省际普通高校生均教育经费支出的变异系数为47.35%，这说明省际普通高校生均教育经费的总体差距较大。其中：生均教育经费支出排名全国前五位的分别是西藏、北京、上海、浙江和广东(由高到低)，除西藏外，其余4个省市全部都处于东部地区；排名全国后五位的省(区、市)分别是宁夏、贵州、内蒙古、江西和河南，全部都位于中西部地区。由此可见，东部地区省(区、市)普通高校在生均教育经费方面更具有优势。2017年，普通高校生均教育经费支出最高的省(区、市)是北京，其经费数额高达72 904.64元，比生均教育经费支出最低的江西的20 163.06元高了52 741.58元，生均经费支出最高与最低的省(区、市)的绝对差距进一步扩大，但省际普通高校生均教育经费支出的总体差距略有缩小,其变异系数下降至35.83%,尽管如此,这一差距仍然维持在一个较高的水平。普通高校生均预算内教育经费支出差距的变化趋势与生均教育经费支出基本一致。2005年,生均预算内教育经费支出最高的也是西藏,其金额为27 064.05元,最低的是江西,仅为2 339.30元,极差为24 724.75元,当年反映普通高校生均预算内教育经费支出总体差距的变异系数为74.13%;2017年,普通高校生均预算内教育经费支出最高与最低的省(区、市)之差即极差扩大至35 210.72元,但该项指标的总体省际差距有所缩小,其变异系数下降至39.03%。与生均教育经费支出一样,省际普通高校生均预算内教育经费支出的差距也仍然处于较高的水平。

表4.23 地区间高等教育经费水平比较

地区	生均教育经费支出(元)		生均预算内教育经费支出(元)	
	2005年	2017年	2005年	2017年
全国	15 025.47	32 915.06	5 940.77	21 220.82
北京	33 591.50	72 904.64	13 840.91	49 206.42
天津	16 994.76	47 444.23	9 444.01	27 250.16
河北	10 238.73	22 607.1	3 017.66	17 763.99
山西	11 624.42	23 553.66	4 300.58	13 995.7
内蒙古	8 233.59	28 413.66	3 680.95	19 198.84
辽宁	15 522.27	28 624.54	5 764.91	16 343.09
吉林	13 697.05	29 130.81	5 502.94	21 728.54
黑龙江	15 370.41	28 285.79	5 342.91	17 874.65
上海	29 529.15	64 223.64	13 319.07	41 679.4
江苏	17 476.01	36 442.04	6 813.24	22 108.36
浙江	21 640.71	43 317.65	6 720.49	23 291.89
安徽	10 832.58	25 812.32	5 613.77	16 744.11
福建	15 598.58	34 834.03	6 636.59	21 268.9
江西	8 732.80	20 163.06	2 339.30	14 905.29

(续表)

地区	生均教育经费支出(元)		生均预算内教育经费支出(元)	
	2005年	2017年	2005年	2017年
山东	11 122.63	23 890.36	3 981.12	15 339.08
河南	8 934.85	21 668.3	3 898.32	14 319.94
湖北	13 780.49	33 902.12	4 856.41	21 092.09
湖南	11 002.44	23 470.7	3 434.04	15 617.43
广东	21 627.08	38 075.82	10 188.19	27 355.84
广西	9 503.47	23 893.87	4 036.71	16 900.52
海南	13 532.53	30 612.26	4 517.84	21 818.78
重庆	13 591.28	28 355.44	4 721.56	17 478.51
四川	11 262.52	27 493.33	3 539.07	17 352.22
贵州	7 939.17	39 950.26	3 792.70	18 300.35
云南	12 433.34	22 636.84	5 328.36	15 683.72
西藏	33 857.71	39 218.98	27 064.05	40 518.82
陕西	14 623.20	32 734.15	6 078.89	20 852.09
甘肃	10 489.70	29 324.4	5 123.42	22 096.05
青海	10 990.80	39 767.02	6 071.83	26 144.57
宁夏	7 514.93	36 256.96	4 409.89	26 652.17
新疆	10 626.61	25 977.38	3 290.40	19 565.51
极差	26 342.78	52 741.58	24 724.75	35 210.72
标准差	6 903.33	11 792.14	4 703.20	8 283.25
变异系数(%)	47.35	35.83	74.13	39.03

注:数据来源于相关年份《中国教育经费统计年鉴》并经计算得到。

(三)办学条件的地区差距

我们选取了生均学校建筑面积、危房率、生均图书藏量、生机比和生均仪器设备总值等指标来反映普通高校办学条件的地区差距状况(见表4.24—4.25)。

从生均学校建筑面积指标来看,省际存在着一些差距,并且这一差距有所扩大。2005年,普通高校生均学校建筑面积最高的是北京,面积为 48.12 m^2,最低的是西藏,面积为 25.45 m^2,两者相差 22.67 m^2,同时省际普通高校生均学校建筑面积的变异系数为 13.12%;2017年,省际普通高校生均学校建筑面积的极差和总体差距都有所扩大,其极差扩大至 45.24,变异系数上升至 25.73%。在危房率方面,表 4.24 的数据显示我国省际普通高校危房率的差距是非常大的。2005年,普通高校危房率最高的是西藏,其危房比例为 3.41%,最低的是上海,其普通高校学校建筑面积中几乎没有危房,最高的西藏比最低的上海高了 3.41 个百分点,同年省际普通高校危房率的变异系数高达 140.38%,省际危房率的差距非常大。2017年,省际普通高校危房率的差距有所缩小,当年普通高校危房率最高的省(区、市)是云南,其危房比例为 0.68%,而同年天津、吉林、上海等地的危房率为 0%,普通高校危房率的极差下降至 0.68%,同时,省际普通高校危房率的变异系数也下降至 121.24%。尽管如此,省际普通高校危房率的差距仍然非常大。省际普通高校生均图书藏量也存在明显的差距,并且这一差距还在扩大。2005年,全国生均图书藏量最多的是北京,为 114.91 册/人,最少的是河北,为 59.63 册/人,最多的北京比最少的河北多了 55.28 册/人,同年省际普通高校生均图书藏量的变异系数为 16.21%。2017年,省际普通高校生均图书藏量的差距进一步扩大,当年极差上升至 119.49 册/人,同时变异系数也增加至 23.94%。在生机比方面,省际也存在着一些差距。2005年,生机比最高的是西藏,其值为 9.34,即每台计算机负担 9.34 名学生,最低的是北京,其值为 2.85,即每台计算机负担 2.85 名学生,两者所负担的学生数差额为 6.49 名,同年省际普通高校生机比的变异系数为 24.57%。此后,省际普通高校生机比的总体差距不仅没有缩小,反而还有所上升,当年变异系数上升至 26.09%,但普通高校生机比的极差下降至 2.52。省际普通高校生均仪器设备总值的差距更大,并且该差距呈现扩大趋势。2005年,生均仪器设备总值最高的省(区、市)是北京,其值为 21 289.48 元,最低的是西藏,仅为 3 617.06 元,两者相差 17 672.42 元,另外省际普通高校生均仪器设备总值的变异系数为 44.71%。与 2005 年相比,2017 年普通高校生均仪器设备总值的极差和变异系数都大幅上升,极差上升至 90 480.94 元,变异系数上升至 95.61%,省际普通高校生均仪器设备总值的总体差距仍然保持在一个很高的水平。

表 4.24 地区间高等教育办学条件水平比较（Ⅰ）

地区	生均学校建筑面积(m²)		危房率(%)		生均图书藏量（册）	
	2005 年	2017 年	2005 年	2017 年	2005 年	2017 年
全国	32.84	30.94	0.28	0.16	74.62	93.51
北京	48.12	67.89	0.61	0.28	114.91	193.28
天津	32.93	31.98	0.02	0.02	85.02	99.16
河北	26.65	28.58	0.02	0.00	59.63	84.24
山西	31.53	27.09	0.18	0.09	77.09	75.36
内蒙古	28.59	31.00	1.08	0.05	74.96	80.02
辽宁	28.48	32.06	0.55	0.15	75.69	95.81
吉林	36.29	28.68	0.76	0.00	81.21	101.74
黑龙江	35.37	36.55	0.44	0.06	79.14	105.46
上海	33.05	41.44	0.00	0.00	104.46	141.49
江苏	32.24	32.88	0.25	0.10	70.34	101.79
浙江	31.33	32.50	0.01	0.00	73.48	111.54
安徽	29.90	29.75	0.24	0.23	64.71	82.77
福建	31.90	27.05	0.31	0.11	70.92	101.22
江西	34.06	29.92	0.13	0.10	65.12	92.04
山东	32.64	28.70	0.17	0.55	69.12	89.04
河南	30.68	29.53	0.05	0.13	69.27	82.03

(续表)

地区	生均学校建筑面积(m²)		危房率(%)		生均图书藏量(册)	
	2005年	2017年	2005年	2017年	2005年	2017年
湖北	33.69	34.54	0.15	0.06	67.48	97.65
湖南	33.06	27.52	0.22	0.31	73.54	86.21
广东	34.04	22.64	0.10	0.04	74.61	86.05
广西	29.20	26.34	0.08	0.27	73.54	73.79
海南	31.79	28.43	0.43	0.45	77.07	89.58
重庆	33.14	32.21	1.06	0.06	75.73	86.76
四川	30.28	25.86	0.29	0.10	66.02	83.21
贵州	33.23	36.34	0.34	0.02	82.21	80.96
云南	29.71	23.28	0.48	0.68	80.48	87.04
西藏	25.45	36.11	3.41	0.51	62.40	112.04
陕西	38.14	36.20	0.23	0.03	86.05	102.95
甘肃	34.48	34.60	0.22	0.23	70.84	83.69
青海	41.11	39.61	0.47	0.22	107.77	90.71
宁夏	37.59	34.09	0.51	0.00	78.27	93.08
新疆	35.77	36.23	1.13	0.50	73.96	89.88
极差	22.67	45.24	3.41	0.68	55.28	119.49
标准差	4.34	7.96	0.63	0.19	12.47	22.39
变异系数(%)	13.12	25.73	140.38	121.24	16.21	23.94

注:数据来源于相关年份《中国教育统计年鉴》并经计算得到(表4.25同)。

表 4.25 地区间高等教育办学条件水平比较(Ⅱ)

地区	生机比		生均仪器设备总值(元)	
	2005 年	2017 年	2005 年	2017 年
全国	4.71	2.27	7 791.36	17 946.19
北京	2.85	0.80	21 289.48	100 353.91
天津	4.44	2.01	10 467.86	25 428.25
河北	5.62	2.90	5 235.95	11 982.53
山西	5.71	3.32	5 611.55	11 345.47
内蒙古	5.65	2.41	5 431.69	17 428.75
辽宁	4.21	1.98	7 607.96	18 038.62
吉林	4.10	2.04	8 938.62	20 679.94
黑龙江	4.95	2.11	8 332.17	21 477.19
上海	3.11	1.07	16 705.98	56 182.47
江苏	4.06	1.62	8 449.54	23 425.03
浙江	4.01	1.67	8 594.17	24 351.03
安徽	6.53	2.77	6 055.47	13 849.28
福建	4.36	2.14	7 298.09	18 011.69
江西	5.13	2.84	5 170.30	10 636.82
山东	5.44	2.87	6 324.79	12 331.39
河南	6.47	2.99	5 343.38	10 925.97
湖北	5.05	2.22	7 160.05	17 109.42
湖南	4.77	2.84	6 557.23	11 744.74
广东	4.38	2.34	8 105.32	15 985.61
广西	5.29	2.94	5 989.54	12 201.81
海南	4.23	2.69	11 544.46	13 513.56

(续表)

地区	生机比		生均仪器设备总值(元)	
	2005年	2017年	2005年	2017年
重庆	4.48	2.43	6 891.40	12 824.71
四川	6.06	2.80	6 714.58	13 561.01
贵州	5.34	3.09	5 615.24	9 895.76
云南	4.68	3.18	6 474.77	9 872.97
西藏	9.34	1.92	3 617.06	20 347.89
陕西	4.28	2.10	8 149.56	18 664.53
甘肃	5.20	2.65	6 737.18	13 456.41
青海	4.81	2.46	6 088.01	18 178.88
宁夏	3.58	1.97	7 176.80	19 306.18
新疆	6.66	2.57	6 154.58	13 463.71
极差	6.49	2.52	17 672.42	90 480.94
标准差	1.23	0.59	3 459.25	17 158.97
变异系数(%)	24.57	26.09	44.71	95.61

综合普通高校师资水平、教育经费和办学条件各个指标的分析可以发现,教育过程指标中地区差距最大的是危房率,该指标在2017年的变异系数仍然高达121.24%。其次是生均仪器设备总值,普通高校该项指标的省际差距仍然很大,并且还呈现扩大的趋势。普通高校教育经费、专任教师学历博士学历比例与专任教师学历专科及以下比例等指标的差距也较大,只不过其差距都有缩小趋势。省际在生机比和生均图书藏量方面也存在明显的差距,需要注意的是,这两项指标的差距还有所扩大。生均学校建筑面积与生师比的地区差距较小,但其差距也都呈现扩大趋势。值得注意的是,普通高校教育过程各指标中具有优势的往往是北京、上海、天津等东部地区省(区、市),而处于劣势的则往往是西藏、宁夏、青海和江西等中西部地区省(区、市),特别是西藏,其办学条件的各项指标几乎都处于全国最后一位。

第三节 教育结果的地区不平等

地区之间存在的教育入学机会和教育过程的不平等,导致了地区间教育结果上的巨大差距,这可以从地区间各级受教育程度人口的分布差异与受教育年限的地区差距来说明。

一、地区间各级受教育程度人口的分布差异

表4.26反映了各地区2017年6岁及以上人口中各级受教育程度人口所占的比例及其差异状况。由表中数据可知,各地区不识字或识字很少的人口比例差距最大,其变异系数高达108.65%,当年不识字或识字很少的人口比例最高的是西藏,该比例高达34.45%,最低的是北京,其比例为1.51%,极差达到32.94个百分点。全国不识字或识字很少人口比例最高的5个省(区、市)分别是西藏、青海、贵州、甘肃和云南(由高到低排列),都位于西部地区;不识字或识字很少的人口比例最低的5个省(区、市)分别是北京、辽宁、山西、天津和上海(由低到高排列,其中山西和天津相同),除山西外,其余4个省市都位于东部地区;由此可见,省际不识字或识字很少的人口比例的地区差距很大,北京、上海、天津等东部地区的这一比例较低,而西藏、青海、贵州等西部地区的该项比例较高。变异系数次高的是大专及以上人口比例,省际大专及以上人口比例的变异系数也高达58.96%,全国大专及以上人口比例最高的是北京,其比例为47.61%,最低的是广西,其比例仅为7.65%,两者相差39.96%。全国大专及以上人口比例排名前5位的分别是北京、上海、天津、内蒙古和新疆(由高到低排列),主要是东部地区省(区、市);而排名后5位的分别是广西、西藏、江西、云南和河南(由低到高排列),全部都属于中西部地区省(区、市)。变异系数排第3位的是小学程度人口比例,其值为27.46%。全国小学受教育程度人口比例最高的是青海,其比例为39.26%,最低的是北京,其比例为9.08%,两者相差30.17个百分点;全国小学程度人口比例排名前5位的分别是青海、云南、西藏、贵州和四川(由高到低排列),都处于西部地区;而排名后5位的分别是北京、上海、天津、山西和辽宁(由低到高排列),除山西外,其余省(区、市)都处于东部地区。变异系数排第4位的为高

中受教育程度人口比例,其数值为20.39%。全国高中受教育程度人口比例最高的是广东,其比例为23.51%,最低的是西藏,其比例为5.90%,最高的广东比最低的西藏高了17.61个百分点。全国高中受教育程度人口比例排名前5位的分别是广东、湖南、天津、上海和山西(由高到低排列),除湖南、山西外,其余都为东部地区省(区、市);排名后5位的分别为西藏、青海、贵州、云南和安徽(由低到高排列),无一例外都是中西部地区省(区、市)。变异系数最小的是初中受教育程度人口比例,为17.09%,这说明省际初中教育程度人口比例的总体差距是最小的,全国有25个省(区、市)初中受教育程度人口比例都是最高的,即各省(区、市)6岁及以上人口中,接受了初中教育的人口最多,例外的是北京、上海、云南、西藏、甘肃和青海等6个省(区、市);北京和上海大专及以上受教育程度人口的比例最高;而云南、西藏、甘肃和青海小学受教育程度的人口比例最高。

表4.26 2017年各地区6岁及以上人口受教育程度比例 单位:%

地区	不识字或识字很少	小学	初中	高中	大专及以上
全国	5.28	25.23	38.06	17.55	13.87
北京	1.51	9.08	22.52	19.28	47.61
天津	2.38	13.29	32.52	22.95	28.85
河北	4.14	23.42	45.27	17.18	9.99
山西	2.38	18.24	43.15	21.31	14.92
内蒙古	5.57	22.80	35.93	17.58	18.13
辽宁	2.09	18.94	44.04	17.59	17.34
吉林	3.95	22.16	41.00	18.07	14.82
黑龙江	3.34	22.97	44.46	15.85	13.38
上海	2.64	11.87	30.08	21.37	34.03
江苏	6.31	21.62	37.17	17.61	17.29
浙江	5.98	27.23	36.07	15.14	15.58
安徽	7.15	28.40	40.48	14.45	9.52
福建	6.04	28.35	34.69	15.84	15.08
江西	4.67	31.17	38.01	17.71	8.43

(续表)

地区	不识字或识字很少	小学	初中	高中	大专及以上
山东	6.28	24.51	39.40	16.54	13.26
河南	5.29	24.62	43.13	18.30	8.66
湖北	5.89	24.41	35.69	17.80	16.20
湖南	3.62	24.73	36.71	23.12	11.81
广东	3.21	20.98	38.27	23.51	14.04
广西	4.25	28.65	43.99	15.46	7.65
海南	4.23	20.01	44.83	17.84	13.12
重庆	3.60	31.54	34.22	17.00	13.65
四川	7.23	32.79	34.35	14.94	10.69
贵州	9.89	33.38	35.11	12.05	9.57
云南	8.23	36.21	33.69	13.36	8.51
西藏	34.45	34.73	16.55	5.90	8.37
陕西	6.09	24.16	37.43	17.03	15.28
甘肃	9.49	30.85	30.10	15.65	13.90
青海	10.52	39.26	27.65	10.92	11.65
宁夏	7.18	25.77	33.95	17.39	15.72
新疆	3.64	28.69	33.70	15.89	18.09
极差	32.94	30.17	28.72	17.61	39.96
标准差	5.74	6.93	6.50	3.58	8.18
变异系数	108.65	27.46	17.09	20.39	58.96

注:资料来源于2018年《中国人口和就业统计年鉴》并经计算得到。

综合上述分析可以看出,省际各级受教育程度的人口比例存在着明显的差距,北京、上海、天津等东部地区省(区、市)在较高层次教育阶段的人口比例较大,而西藏、贵州和云南等西部地区省(区、市)则在较低层次教育阶段的人口比例较大,直观上来看,北京、上海、天津等东部地区省(区、市)在教育结果上的优势比较明显。

二、地区间受教育年限的差距

为了准确地反映地区之间教育结果的差距,我们依据相关年份6岁及以上人口受教育程度的数据计算了各地区平均受教育年限指标并对其进行了比较(见表4.27—4.29)。由表4.27可知,2000—2017年,我国各地区平均受教育年限都在不断地增加,全国该项指标由2000年的7.73年增加到2017年的9.32年,但各地区平均受教育年限的差距仍然明显存在。2000年,全国受教育年限最长的省(区、市)是北京,为10.04年,最短的是西藏,仅为3.91年,极差为6.13年,省际平均受教育年限的变异系数为13.73%;当年平均受教育年限排前5位的省(区、市)分别为北京、上海、天津、辽宁和黑龙江,除黑龙江外,其余都位于东部地区;而排后5位的分别是西藏、贵州、青海、云南和甘肃等西部地区省(区、市)。2000—2017年,省际平均受教育年限的差距在波动中有所缩小,在所有年份中,2005年的总体差距最大,其变异系数最高,为14.39%,此后有所下降,至2017年,变异系数下降至11.83%,但下降幅度不大。2017年,平均受教育年限最长的省(区、市)仍然是北京,达到12.52年,最短的省(区、市)仍然为西藏,仅为5.97年,平均受教育年限最长的北京比最短的西藏多了6.55年,与2000年相比,极差有所扩大。全国平均受教育年限排名前5位的省(区、市)仍然是北京、上海、天津、辽宁和山西,除山西外,都属于东部地区;而排名后5位的则仍然是西藏、青海、贵州、云南与四川等西部地区省(区、市)。

表4.27 各地区受教育年限(2000—2006年)

地区	2000年	2001年	2002年	2003年	2004年	2005年	2006年
全国	7.73	7.78	7.84	8.01	8.10	7.93	8.13
北京	10.04	10.31	10.31	10.39	10.60	10.73	10.99
天津	9.04	8.92	9.21	9.31	9.70	9.56	9.77
河北	7.77	7.82	8.10	8.44	8.44	8.24	8.19
山西	8.08	8.22	8.30	8.45	8.43	8.47	8.74
内蒙古	7.86	7.83	8.00	7.89	8.26	8.33	8.28
辽宁	8.46	8.32	8.49	8.97	8.88	8.79	8.97

(续表)

地区	2000年	2001年	2002年	2003年	2004年	2005年	2006年
吉林	8.29	8.55	8.66	8.74	8.84	8.53	8.71
黑龙江	8.30	8.32	8.36	8.46	8.54	8.52	8.58
上海	9.36	9.52	9.67	10.18	10.17	10.08	10.49
江苏	7.94	7.83	7.71	7.82	7.92	8.24	8.34
浙江	7.56	7.46	7.80	7.88	8.07	7.73	8.16
安徽	7.11	7.28	7.13	7.78	7.61	7.20	7.48
福建	7.62	7.68	7.58	7.70	7.63	7.66	7.83
江西	7.62	7.80	7.57	8.36	8.06	7.68	7.79
山东	7.69	7.94	8.18	7.97	8.06	7.84	8.18
河南	7.79	8.06	8.15	8.05	8.29	8.07	8.14
湖北	7.85	8.02	7.47	8.02	8.19	7.93	8.35
湖南	7.85	7.95	7.98	8.13	8.22	8.07	8.23
广东	8.13	7.82	8.16	8.07	8.19	8.42	8.49
广西	7.62	7.69	7.71	7.85	8.09	7.74	8.09
海南	7.76	7.67	8.02	8.27	8.47	8.19	8.25
重庆	7.36	7.44	7.53	7.75	7.35	7.50	7.66
四川	7.16	7.33	7.41	7.52	7.56	6.99	7.36
贵州	6.32	6.72	6.89	7.06	7.13	6.60	6.76
云南	6.50	6.37	6.32	6.23	6.96	6.56	6.81
西藏	3.91	4.48	4.70	4.32	4.77	4.19	4.57
陕西	7.80	7.70	7.56	8.21	8.35	8.16	8.39
甘肃	6.72	6.91	6.96	7.21	7.40	7.04	6.97
青海	6.42	6.23	6.57	6.93	7.00	6.98	7.17
宁夏	7.20	7.44	7.54	7.50	7.84	7.54	7.76
新疆	7.81	8.09	8.44	8.44	8.55	8.28	8.36
极差	6.13	5.83	5.61	6.07	5.83	6.54	6.42
标准差	1.05	1.01	1.01	1.08	1.03	1.14	1.13
变异系数（%）	13.73	13.00	12.88	13.47	12.65	14.39	13.96

注：资料来源于历年《中国人口和就业统计年鉴》并经计算得到（表4.28—4.29同）。

表 4.28 各地区受教育年限(2007—2012 年)

地区	2007 年	2008 年	2009 年	2010 年	2011 年	2012 年
全国	8.27	8.34	8.45	8.86	8.90	9.00
北京	11.12	11.00	11.20	11.50	11.57	11.85
天津	9.86	9.92	10.09	10.19	10.43	10.54
河北	8.23	8.41	8.48	8.90	8.71	8.75
山西	8.82	8.85	8.92	9.25	9.19	9.41
内蒙古	8.44	8.45	8.57	9.04	9.27	9.27
辽宁	9.03	9.12	9.27	9.48	9.49	9.92
吉林	8.82	8.94	8.94	9.31	9.13	9.28
黑龙江	8.74	8.74	8.79	9.18	9.14	9.24
上海	10.50	10.59	10.69	10.58	10.51	10.68
江苏	8.51	8.52	8.62	9.18	9.22	9.32
浙江	8.20	8.33	8.48	8.68	8.89	9.27
安徽	7.39	7.57	7.74	8.21	8.33	8.60
福建	7.85	7.90	8.43	8.84	8.88	8.62
江西	8.31	8.32	8.57	8.61	8.78	8.91
山东	8.31	8.35	8.39	8.82	8.74	8.84
河南	8.26	8.41	8.46	8.71	8.76	8.72
湖北	8.51	8.56	8.57	9.06	9.11	9.26
湖南	8.47	8.49	8.52	8.94	8.85	8.77
广东	8.72	8.81	8.91	9.25	9.37	9.38
广西	8.09	8.04	8.15	8.48	8.66	8.46
海南	8.40	8.42	8.51	8.94	8.93	9.19
重庆	7.80	7.86	8.00	8.58	8.83	8.69
四川	7.53	7.61	7.79	8.22	8.29	8.55
贵州	6.98	7.17	7.20	7.55	7.70	7.74
云南	6.93	7.02	7.03	7.65	7.77	7.93
西藏	4.96	5.05	4.92	5.62	5.81	5.41
陕西	8.48	8.59	8.66	9.17	9.01	9.19
甘肃	7.24	7.32	7.44	8.11	8.25	8.37
青海	7.35	7.41	7.59	7.76	7.90	7.75
宁夏	7.94	8.22	8.31	8.57	8.47	8.44
新疆	8.56	8.60	8.70	8.95	9.22	9.09
极差	6.16	5.95	6.28	5.88	5.76	6.44
标准差	1.09	1.06	1.10	0.99	0.97	1.06
变异系数(%)	13.20	12.76	12.96	11.27	10.87	11.89

表 4.29　各地区受教育年限(2013—2017 年)

地区	2013 年	2014 年	2015 年	2016 年	2017 年
全国	9.10	9.09	9.18	9.19	9.32
北京	12.05	11.87	12.10	12.32	12.52
天津	10.56	10.54	10.59	10.80	11.12
河北	8.94	8.91	9.08	9.02	9.18
山西	9.38	9.33	9.67	9.73	9.95
内蒙古	9.06	9.05	9.42	9.73	9.67
辽宁	10.13	9.93	9.86	9.99	10.01
吉林	9.43	9.41	9.42	9.54	9.60
黑龙江	9.51	9.39	9.41	9.42	9.46
上海	10.60	10.85	10.98	11.08	11.46
江苏	9.47	9.40	9.55	9.57	9.58
浙江	9.42	9.12	9.04	9.18	9.25
安徽	8.60	8.80	8.86	8.64	8.68
福建	8.71	8.86	8.94	8.79	9.20
江西	9.27	8.91	8.92	8.80	8.81
山东	8.98	9.04	9.10	9.10	9.19
河南	8.84	9.05	8.88	8.87	8.99
湖北	9.40	9.17	9.39	9.36	9.46
湖南	8.99	9.06	9.34	9.40	9.49
广东	9.26	9.32	9.53	9.65	9.80
广西	8.63	8.79	8.73	8.81	8.80
海南	9.24	9.15	9.25	9.17	9.52
重庆	8.73	9.01	9.00	9.12	9.23
四川	8.52	8.42	8.53	8.39	8.63
贵州	8.14	8.20	7.90	7.88	8.24
云南	7.93	7.87	8.14	8.08	8.25
西藏	4.78	4.67	5.69	5.48	5.97
陕西	9.33	9.20	9.60	9.33	9.37
甘肃	8.42	8.41	8.55	8.53	8.76
青海	8.10	8.17	7.68	7.93	8.12
宁夏	8.78	8.63	8.98	9.22	9.27
新疆	9.03	9.22	9.14	9.14	9.59
极差	7.27	7.20	6.41	6.84	6.55
标准差	1.13	1.13	1.06	1.13	1.10
变异系数(%)	12.46	12.39	11.53	12.27	11.83

第五章

我们的教育公平仍未实现：阶层间

现代教育的理想和使命是努力"减少由出身造成的对儿童所获得的教育机会的制约"。在我国，教育机会阶层分配的不公平日益成为一个突出的问题，因而我们需要分析教育机会分配中存在的阶层差距，探究其形成机制，从而解决教育机会阶层之间分配不公平的问题。

第一节 入学机会阶层分配不公平的表现
——以高等教育为例

在我国，常规统计中缺乏学生家庭背景的资料，因而基本没有反映教育入学机会阶层差距的系统数据，在此，笔者只能以高等教育入学机会为例，以中国家庭追踪调查(CFPS),20世纪90年代以来多项全国性的、局部性的调查以及笔者的调查为素材，来了解我国高等教育入学机会阶层分配不公平的状况。对高等教育入学机会阶层分配不公平的考察从以下两个方面来进行：一是考察不同收入阶层家庭子女在高校中的分布是否均衡；二是说明不同收入阶层家庭子女的学科专业分布状况。

一、不同收入阶层家庭子女在高校中的分布

(一) 中国家庭追踪调查数据

中国家庭追踪调查2012年公开的数据中，共有424名本科学生和368名专

科学生的家庭报告了年收入,据此,我们计算得出了学生的家庭人均年收入(见表5.1)。

表 5.1 不同收入水平家庭的本、专科学生数及比重

家庭人均年收入(元)	大学本科		大学专科	
	学生数	比重(%)	学生数	比重(%)
[0, 2 000]	37	8.73	42	11.41
(2 000, 4 000]	39	9.20	37	10.05
(4 000, 6 000]	41	9.67	36	9.78
(6 000, 8 000]	41	9.67	39	10.60
(8 000, 10 000]	41	9.67	35	9.51
(10 000, 12 000]	38	8.96	40	10.87
(12 000, 14 000]	34	8.02	28	7.61
(14 000, 16 000]	24	5.66	21	5.71
(16 000, 18 000]	28	6.60	20	5.43
(18 000, 20 000]	13	3.07	11	2.99
(20 000, 30 000]	52	12.26	40	10.87
(30 000, +∞)	36	8.49	19	5.16
总计	424	100.00	368	100.00

资料来源:根据中国家庭追踪调查2012年调查数据整理计算。

从表5.1中可以看出,不同收入水平家庭的本、专科学生比重是不同的,高收入家庭本科学生的比重明显更高,而低收入家庭专科学生的比重则更高。表5.1显示:家庭人均年收入20 000元以上的家庭,其本科学生所占的比重为20.75%,专科学生的占比仅为16.03%;而家庭人均年收入在4 000元及以下的家庭,其本科学生的比重为17.93%,专科学生的占比则高达21.46%。这一情况说明,大学本科的入学机会向高收入阶层倾斜。

为了更清楚直观地看出教育机会的阶层分配状况,我们需要将各区间人口比例与学生比例进行比较。我们对家庭人均收入进行了排序,并对调研人群进行了四等分,各收入区间的划分如表5.2所示。

表 5.2 CFPS 样本人均收入四等分标准

项目	最低 25%	中下 25%	中上 25%	最高 25%
收入区间	4 185 元及以下	4 186~9 000 元	9 001~16 184 元	16 185 元及以上

以此为标准,我们对上述本科学生和专科学生的比例重新进行了整理,结果如表 5.3 所示。

表 5.3 家庭人均年收入四等分高等教育学生比重   单位:%

家庭人均年收入	大学专科	大学本科
最低 25%	23.10	17.92
中下 25%	23.37	23.35
中上 25%	29.89	28.77
最高 25%	23.64	29.95
合计	100.00	100.00

由表 5.3 可知,最高收入家庭 25% 的人口比例中所拥有的大学本科学生的比重最高,为 29.95%,超出人口比例近 5 个百分点,中上收入家庭所享有的本科教育机会也明显超出其人口比例,超出 3.77 个百分点,最高和中上收入家庭共获得了 58.72% 的本科教育机会;与此相反,中下收入家庭和最低收入家庭所拥有的本科学生比重都低于其人口比例,特别是最低 25% 的收入家庭,其本科学生占比仅为 17.92%,低于其人口比例 7 个多百分点,中下和最低收入家庭总共只获得了 41.28% 的本科教育机会。因此,本科教育机会更多地由高收入阶层所获得。在专科教育机会的分配方面,受益最多的是中上收入家庭,其大学专科学生所占比重为 29.89%,超出其人口比例 4.89 个百分点,其次是最高收入家庭,其专科学生所占比重为 23.64%,最高和中上收入家庭共获得了 53.53% 的专科教育机会;与本科教育机会一样,中下收入家庭和最低收入家庭所拥有的专科教育机会也都低于其人口比例,总共获得了 46.47% 的专科教育机会。因此,高收入家庭所获得的专科教育机会也多于低收入阶层。由此可以看出,无论本科教育机会还是专科教育机会的分配都向高收入阶层倾斜,并且,本科教育机会向高收入阶层倾斜得更多。

(二)其他学者的调查

20 世纪 90 年代中期以前,虽然我国高等教育还没有实行成本补偿制度,但不同经济状况家庭子女获得高等教育的机会已存在显著的差异。姜相志早在1992年的调查研究就证明了这一点。他将调查学生家庭月平均收入不超过200元的设定为"低收入",大于200元不超过500元的为"中等收入",超过500元的为"高收入"。利用国家统计局1991年的住户调查资料进行的推算表明,城乡所有家庭中上述收入组的比例分别如下:"低收入"35％,"高收入"约15％,"中等收入"50％。比较各收入组在所调查学生中的比例可知,低收入阶层的子女获得高等教育的机会不到中等收入阶层的1/2,同时也明显低于高收入阶层(见表5.4)。

表5.4 不同经济收入阶层子女在哈尔滨船舶工程学院的分布

调查学生家庭月平均收入(元)	占调查学生比例(%)	城乡全部家庭月平均收入分组(%)	各收入组子女接受高等教育机会之比
[0, 100]	6.1		
(100, 200]	14.1	35	1
(200, 300]	22.3		
(300, 400]	24.4		
(400, 500]	21.5	50	2.4
(500, 600]	7.7		
(600, +∞)	3.9	15	1.3
合计	100	100	

资料来源:第一、第二列源自姜相志《社会分层对子女接受高等教育机会的影响》,《青年研究》1992年第12期;第三、第四列根据《中国统计年鉴》(1991年)的相关资料算出,以低收入组为1。

1994年,我国高等教育开始实行收费政策,伴随着高校收费标准的提高,经济因素的影响加大。谢维和1998年对37所高校近7万名学生的调查(见表5.5)表明:干部、企业管理人员和专业技术人员等优势阶层家庭子女在校生的比例随着院校层次的升高逐步增加,而农民子女的比例则随之降低,农民子女与工人、干部、企业管理人员和专业技术人员子女进入高等学校的可能性之比为1∶2.5∶17.8∶12.8∶9.4,不同家庭背景学生在四类不同层次高校中的分布具有明显的差异。

表 5.5　37 所高校调查学生的阶层分布　　　　　　　　　　　单位：%

	国家干部	专业技术人员	企业管理人员	个体工商业者	工人	农民	军人	其他
样本总体	11.7	12.7	8.4	4.4	20.8	31.4	0.7	9.9
国家重点院校	14.4	16.4	10.3	3.7	23.1	21.8	0.8	9.5
部委重点院校	12.6	14.4	8.9	5.0	19.5	30.8	0.5	8.3
普通高等院校	9.7	12.0	8.2	3.5	23.4	29.8	0.8	12.6
地方高等院校	9.7	7.1	6.0	5.6	17.2	45.6	0.6	8.4

资料来源：曾满超主编《教育政策的经济分析》，人民教育出版社 2000 年版，第 264 页。

钟宇平、陆根书 1998 年的调查也揭示了这一差异（见表 5.6）。以学生父亲的职业计算，总样本中党政机关干部、专业技术人员、教师和管理人员子弟的比例合计为 45.3%，工人、农民合计占 47.1%。

表 5.6　14 所高校大学生父母职业构成调查　　　　　　　　　　单位：%

	党政机关干部	专业技术人员	大中小学教师	管理人员	工人	农民	其他
父亲职业	15.0	13.5	7.9	8.9	17.7	29.4	8.0
母亲职业	5.5	8.9	8.1	3.9	22.4	40.2	11.0

资料来源：钟宇平、陆根书：《高等教育成本回收：对我国大陆学生付费能力与意愿的研究》，香港中文大学教育学院 1999 年版，第 56 页。

同样以学生父亲的职业为准推算，1995 年党政机关干部和企事业负责人的比例为 2.02%，但他们子女在高校学生中的占比高达 15%，再加上管理人员的子女，其所占比例高达 23.9%，大大超过其人口比例。专业技术人员在从业人员中的比例是 5.43%，其子女在高校本科生总数中所占的比例是 13%。农民及其相关职业的从业人员在整个从业人员中的比例高达 69.4%，但他们的子女在本科高校学生中的比例却只有 29.4%，比其人口比例低了 40 个百分点[1]。另外，调查还表明，不同阶层子女在不同层次高校的分布也存在显著的差异（见表 5.7）：高收入户和最高收入户第一批录取高校的比率都明显高于样本总体，而最低收入户第一批录取高校的比率则比样本总体低了 13.5 个百分点。这说明不

---

[1]　各职位所占人口比例来源于 1995 年全国人口普查 1% 人口抽样数据。

仅高等教育入学机会的分配向高收入阶层倾斜,更为重要的是,优质高等教育的入学机会更多地分配给了高收入阶层。

表5.7 不同社会经济地位的大学生在不同层次高校之间的分布　　单位:%

学生社会经济地位 (按家庭人均全年总收入分组)	样本总体	第一批 录取高校	第二批 录取高校	第三批 录取高校
最低收入户(0～2 801元)	54.1	40.6	62.8	66.4
低收入户(2 802～3 464元)	8.7	9.2	8.3	8.6
中等偏下收入户(3 465～4 180元)	8	9.1	7.1	7.3
中等收入户(4 181～5 090元)	9.8	12.7	8	7
中等偏上收入户(5 091～6 213元)	3.1	4.2	2.4	1.7
高收入户(6 214～8 039元)	8.7	12.7	6.2	4.8
最高收入户(8 040元及以上)	7.7	11.5	5.2	4.1

资料来源:钟宇平、陆根书:《收费条件下学生选择高校影响因素分析》,《高等教育研究》1999年第2期。

上海财经大学公共政策研究中心2001年的调查也反映了不同收入水平家庭的本科生比重的差异(见表5.8)。为更加准确地反映高等教育机会在不同收入阶层人口中的分配状况,他们根据相关收入数据和人口数据推算出了2001年的收入五等分标准,根据此标准,他们对表5.8中的数据进行了重新整理,整理结果如表5.9所示。

表5.8 不同收入水平家庭的本科生比重

家庭人均年收入(元)	一年级(%)	二年级(%)	三年级(%)	四年级(%)	样本总体(%)
[0, 1 000]	8.7	13.1	8.2	13.6	10.9
(1 000, 2 000]	11.7	9.1	8.4	10.1	9.7
(2 000, 3 000]	8.9	7.2	7.7	9.0	7.9
(3 000, 4 000]	10.1	8.3	7.5	6.5	8.4
(4 000, 5 000]	13.4	9.4	8.8	9.0	10.2
(5 000, 6 000]	7.7	9.1	9.3	7.9	8.7
(6 000, 7 000]	4.8	4.9	7.9	4.9	5.6
(7 000, 8 000]	8.8	6.1	9.8	9.5	8.0

(续表)

家庭人均年收入(元)	一年级(%)	二年级(%)	三年级(%)	四年级(%)	样本总体(%)
(8 000,9 000]	4.2	6.9	6.1	3.8	5.7
(9 000,10 000]	7.6	6.9	5.0	4.9	6.4
(10 000,+∞)	14.2	19.0	21.4	20.9	18.6
合计	100.0	100.0	100.0	100.0	100.0

资料来源:转引自赵海利:《高等教育公共政策》,上海财经大学出版社2003年版,第174页。

表5.9　2001年收入五等分本科生比重　　　　　　　　单位:%

收入划分	一年级	二年级	三年级	四年级	样本总体
最低20%	12.9	17.0	11.0	18.1	14.7
次低20%	9.8	7.5	8.4	9.5	8.5
中间20%	11.1	8.7	8.7	8.0	9.2
次高20%	27.1	23.6	22.6	21.0	23.9
最高20%	39.1	43.1	49.3	43.4	43.6

资料来源:转引自赵海利:《高等教育公共政策》,上海财经大学出版社2003年版,第178页。

由表5.9中结果可知,最高收入20%人口的子女享受了43.6%的高等教育机会,次高收入20%人口的子女所享受的高等教育机会也超过其人口比例,而最低收入20%人口的子女所享受的高等教育机会的比例不足15%。次低收入而不是最低收入20%人口的子女所享有的高等教育机会的比例最低,他们所享有高等教育机会的比重仅为8.5%。需要说明的是,该调查的抽样方法在保证样本的随机性上可能存在一定问题,但我们认为,该项调查总体上仍然反映了高等教育机会在不同收入水平家庭之间的大致分配状况。也就是说,目前接受高等教育的学生来自高收入阶层的比例远远大于来自低收入阶层的学生比例。

厦门大学教育学院课题组2004年对34所高校7 000多名学生进行了调查,该项调查以"辈出率"即该阶层在校生的比例与社会总人口中的比例之比来反映不同阶层子女获得高等教育机会的差距(比值为1是最公平的状态),其职业分类的依据是中国社会科学院的社会阶层研究,共分为10类。不同家庭背景学生在各类高校中的分布如表5.10所示。

表 5.10　2004 年 34 所高校大学生阶层分布调查

	社会阶层构成(%)	样本总体(%)	总体的阶层辈出率	部属重点高校辈出率	普通本科院校辈出率	公立高职院校辈出率	民办高职院校辈出率	独立学院辈出率
国家与社会管理者	2.1	8.2	3.9	5.46	3.15	2.72	4.6	5.20
经理人员	1.6	4.0	2.5	2.39	1.82	2.19	3.0	5.54
私营企业主	1.0	5.9	5.9	4.26	3.51	2.00	10.7	17.74
专业技术人员	4.6	12.3	2.67	3.62	2.59	2.18	2.4	2.02
办事人员	7.2	6.0	0.83	0.94	0.77	0.72	0.9	1.12
个体工商户	7.1	16.8	2.37	1.50	2.44	2.59	3.3	3.09
商业服务员工	11.2	5.7	0.51	0.38	0.49	0.62	0.5	0.55
产业工人	17.5	13.3	0.76	0.76	0.84	0.85	0.7	0.52
农业劳动者	42.9	25.5	0.59	0.64	0.69	0.71	0.3	0.15
城乡无业失业人员	4.8	2.2	0.46	0.33	0.51	0.55	0.6	0.34
合计	100	100	—	—	—	—	—	—

资料来源:王伟宜:《不同社会阶层子女高等教育入学机会差异的研究》,《民办教育研究》2005 第 4 期。

由表 5.10 可以看出,样本总体中,国家与社会管理者、经理人员、私营企业主和专业技术人员等优势阶层家庭的辈出率分别为 3.9、2.5、5.9 与 2.67,都远远高于 1,其中私营企业主的辈出率最高,而城乡无业失业人员的这一比率最低,仅为 0.46,前者是后者的 12.8 倍,这表明出身优势阶层的子女比出身劣势阶层的子女获得更多的入学机会。不仅如此,出身优势阶层的子女获得优质高等教育的机会更大,在部属重点院校,国家与社会管理者和专业技术人员的辈出率分别为 5.46 和 3.62,都明显高于其总体的辈出率;而城乡无业失业人员等劣势阶层子女获得优质高等教育的机会则更少,其部属重点院校的辈出率仅为 0.33,明显低于总体辈出率。需要指出的是,尽管私营企业主的辈出率最高,但其子女主要分布在民办高职院校和独立学院,它在民办高职院校和独立学院的辈出率为 10.7 和 17.74,远远高于其总体辈出率。

将表 5.10 中的职业分类简单合并计算,可以大致反映优势和劣势阶层子女在高校中的分布。优势阶层(国家与社会管理者、经理人员、私营企业主和专业技术人员)的人口比例为9.3%,但其子女在高校学生中的比例高达30.4%,是其社会人口比例的3.27倍;而弱势阶层(产业工人、农业劳动者和城乡无业失业人员)的人口比例高达65.2%,但其子女在高校在校生中仅占41%。

由于调查学校不同,此样本中非重点和职业高校较多,因而与以往的调查缺乏直接可比性,但可以将其重点高校和本科院校的数据进行比较。将谢维和1998年的调查数据与厦门大学2004年的调查数据进行比较,可得表5.11。从表5.11中可以看出一个大致趋势:重点高校中,干部、管理人员子女增加了3.7个百分点,表明他们是高等教育扩招获益最多的阶层;专业技术人员子女也增长了1.2个百分点。与此相反,工人和农民则是受损的阶层,但受损最为严重的不是农民而是工人,工人子女的比例在重点高校下降了7.9个百分点,在普通高校中下降了5.6个百分点,这反映出城市阶层差距的扩大造成了对工人子女入学机会的负面影响;农民子女在重点高校的比例有所上升,但在普通本科院校的比例下降了8.2个百分点。

表5.11 1998年和2004年各阶层子女在高校的分布变化　　　　单位:%

		干部、管理人员	专业技术人员	工人	农民
重点高校	1998年37所高校调查	11.6	15.4	21.3	26.3
	2004年34所高校调查	15.3	16.6	13.4	27.3
普通高校	1998年37所高校调查	8.35	9.55	20.3	37.7
	2004年34所高校调查	9.5	11.9	14.7	29.5

最近的一项调查也支持这一结论。杜嫱(2018)利用北京大学教育学院"首都院校教育质量与学生发展监测项目"2008年、2011年、2012年和2015年四年本科生的调查数据,采用辈出率指标研究了不同家庭收入学生在不同类型高校中分布的差异,结果如表5.12所示。

从表5.12可以看出:收入最低(1万元及以下)和较低(1～4万元)的群体,其辈出率不断下滑,2008年家庭收入为1万元及以下的学生在"985工程"院校中结构辈出率为1.15,但该数字截至2015年下滑至0.66;而收入较高(10～20万元、20万元以上)的群体,其辈出率呈现上升趋势,家庭收入10～20万元的学生在"985工程"院校中的结构辈出率由0.79上升至1.05,家庭收入20万元以上的学生的相应辈出率则由0.81上升至1.00。由此不难发现,优质高等教育的不公平程度"似乎"在加深而非减弱,优质高等教育机会更加向家庭社会经济地位较高的阶层倾斜。在目前高等教育机会比较普遍的情况下,"985工程"院校本科教育资源作为优质高等教育资源依然是稀缺品,而在对其的争夺中,高收入家庭的学生更具有优势。

表5.12 不同类型高校学生的家庭年收入差异及结构辈出率

年份	家庭年收入(元)	院校类型(%)			合计	辈出率		
		"985工程"	"211工程"	普通本科		"985工程"	"211工程"	普通本科
2008年	[0, 10 000]	40.26	20.85	34.86	35.09	1.15	0.59	0.99
	(10 000, 40 000]	31.72	33.59	31.86	31.97	0.99	1.05	1.00
	(40 000, 100 000]	19.91	29.73	23.11	22.78	0.87	1.30	1.01
	(100 000, 200 000]	5.83	9.65	7.73	7.36	0.79	1.30	1.04
	(200 000, +∞)	2.28	6.18	2.44	2.81	0.81	2.21	0.87
2011年	[0, 10 000]	17.95	14.46	15.03	15.47	1.16	0.93	0.97
	(10 000, 40 000]	33.48	33.73	32.84	33.34	1.01	1.01	0.99
	(40 000, 100 000]	34.99	35.89	38.87	36.79	0.95	0.98	1.06
	(100 000, 200 000]	11.01	11.10	9.74	10.58	1.04	1.05	0.92
	(200 000, +∞)	2.56	4.82	3.53	3.82	0.67	1.27	0.93
2012年	[0, 10 000]	11.38	13.17	12.31	12.49	0.91	1.05	0.92
	(10 000, 40 000]	30.99	32.39	28.23	30.69	1.01	1.06	0.92
	(40 000, 100 000]	40.07	37.33	35.78	37.41	1.07	1.00	0.96
	(100 000, 200 000]	12.11	11.98	16.04	13.37	0.90	0.89	1.20
	(200 000, +∞)	5.46	5.13	7.64	6.04	0.91	0.85	1.27
2015年	[0, 10 000]	4.26	7.21	7.17	6.50	0.66	1.11	1.10
	(10 000, 40 000]	21.64	24.64	22.41	23.23	0.93	1.06	0.97
	(40 000, 100 000]	43.39	40.51	38.30	40.49	1.07	1.00	0.95
	(100 000, 200 000]	21.53	19.39	21.43	20.54	1.05	0.95	1.05
	(200 000, +∞)	9.18	8.25	10.68	9.24	1.00	0.90	1.16

资料来源:杜嬿:《谁家的孩子进入了"985"高校——关于优质高等教育机会分配的纵向研究》,《山东高等教育》2018第5期。

(三) 本书的调查

笔者的调查也考察了不同收入阶层子女在高校中的分布情况,有关调查过程的细节在前文第三章中已经进行过详细说明,因此这里不再赘述。不同收入阶层子女在高校中的分布情况如表5.13和表5.14所示。

表5.13 不同收入阶层子女在高校中的分布

家庭人均年收入(元)	样本总体(%)	本科生(%)	研究生及以上(%)
[0, 2 000]	10.26	10.56	7.64
(2 000, 4 000]	11.82	11.44	15.03
(4 000, 6 000]	8.82	8.86	8.63
(6 000, 8 000]	4.18	4.23	3.59
(8 000, 10 000]	4.67	4.77	3.72
(10 000, 15 000]	5.29	5.22	5.75
(15 000, 20 000]	3.73	3.86	2.61
(2 0000, 25 000]	3.57	3.68	2.49
(25 000, 30 000]	4.36	4.31	4.77
(30 000, +∞)	43.30	43.07	45.77
合计	100	100	100

表5.14 不同收入阶层子女在不同层次高校中的分布

家庭人均年收入(元)	"985工程"高校(%)	"211工程"高校(%)	一般本科高校(%)
[0, 2 000]	7.14	7.15	14.86
(2 000, 4 000]	7.25	8.95	17.91
(4 000, 6 000]	9.01	4.12	11.01
(6 000, 8 000]	3.20	4.37	5.31
(8 000, 10 000]	5.94	4.47	4.15
(10 000, 15 000]	5.49	5.12	5.53
(15 000, 20 000]	4.63	3.30	3.43
(20 000, 25 000]	3.95	3.63	2.98
(25 000, 30 000]	5.16	3.70	3.93
(30 000, +∞)	48.24	55.18	30.88
合计	100	100	100

根据国家统计局提供的调查资料进行推算：2010年我国家庭人均年收入在25 000元以上的人口比重大致为10.3%，但他们却享受了47.66%的高等教育机会，其中该收入群体所拥有的本科生的比重略低于样本总体，为47.38%，所拥有的研究生的比重则高于样本总体，其比重达到50.54%，这说明高等教育层次越高，高收入阶层的优势越大；2010年家庭人均年收入在4 000元以下的人口比重大约为27.52%，但他们所享有的高等教育机会仅为22.08%。与赵海利2001年的调查相比，我们的调查显示，高收入阶层获取高等教育机会的优势进一步加强。此外，从学校类别上来看：家庭人均年收入在25 000元以上的人口享有了53.4%的"985工程"大学机会，这一比例超出样本总体5.74个百分点；高收入阶层在"211工程"大学的优势则更为明显，其享有的机会所占比例高达58.88%，超出样本总体11.22个百分点。如前所述，"985工程"大学和"211工程"大学都是我国的优势高等教育资源，高收入阶层在其中的比例超过样本总体，说明我国优质高等教育机会更多地为高收入阶层所享有，与钟宇平、陆根书1998年和王伟宜2004年的调查相比，这一优势更加明显。

需要再次强调，由于每次调查的调查对象、抽样方法、收入和职业分类标准等均不相同，所以上述比较不可能是严格的，但我们可以从这些定量调查中感受、体会已经发生和正在发生的变化。

二、不同收入阶层子女的学科专业分布

不仅不同收入阶层子女在高校中的分布存在着明显的差距，同样令人关注的是，学生在不同学科专业的分布也越来越具有阶层属性。

（一）中国家庭追踪调查数据

中国家庭追踪调查数据还反映了不同收入阶层家庭学生的学科分布状况，分别如表5.15和表5.16所示。

表5.15是按四等分法整理的大学本科不同收入家庭学生的学科分布状况，从中可以看出，最高收入阶层在除文学和农学外的其余学科的受益比例均超过25%，而与此相反，最低收入阶层只在文学和农学学科的受益比例超过25%，在其余学科的受益比例都低于25%，特别是在法学学科，其受益比例仅为6.25%，这再次印证了前文所阐述的结论，即大学本科的受益者主要为高收入阶层。在

学生学科专业选择上,家庭收入最高的子女选择比重较大的学科为医学、管理学、经济学等比较热门和预期收入较高的学科,而收入最低家庭的子女选择较多的则为文学、农学和理学这些较冷门的学科。

表5.15 大学本科不同收入家庭学生的学科分布   单位:%

家庭人均年收入水平	经济学	法学	教育学	文学	医学	工学	管理学	农学	理学	其他
最低25%	20.59	6.25	18.75	27.27	20.00	16.28	14.63	25.00	23.81	9.62
中下25%	20.59	37.50	18.75	31.82	20.00	23.26	12.20	25.00	19.05	28.85
中上25%	20.59	25.00	31.25	31.82	16.67	34.88	31.71	37.50	21.43	32.69
最高25%	38.24	31.25	31.25	9.09	43.33	25.58	41.46	12.50	35.71	28.85
合计	100	100	100	100	100	100	100	100	100	100

资料来源:根据中国家庭追踪调查2012年调查数据整理。

表5.16 大学专科不同收入家庭学生的学科分布   单位:%

家庭人均年收入水平	经济学	法学	教育学	文学	医学	工学	管理学	农学	理学	其他
最低25%	18.42	25.00	50.00	14.29	12.82	20.97	13.95	37.50	12.50	21.21
中下25%	18.42	37.50	17.86	14.29	41.03	22.58	18.60	0.00	25.00	21.21
中上25%	31.58	37.50	21.43	42.86	23.08	27.42	37.21	37.50	37.50	33.33
最高25%	31.58	0.00	10.71	28.57	23.08	29.03	30.23	25.00	25.00	24.24
合计	100	100	100	100	100	100	100	100	100	100

资料来源:根据中国家庭追踪调查2012年调查数据整理。

表5.16是按四等分法整理的大学专科不同收入家庭学生的学科分布状况,从中可以看出,相对于本科学生,不同收入家庭专科学生的学科专业分布的差距有所缩小,但收入最高家庭的学生仍然倾向于选择经济学、管理学、工学等优势学科专业,而收入最低家庭的子女选择较多的则为教育学、农学等比较冷门或有教育补贴的学科或专业。

(二)其他学者的调查

早在1990年,就已经有学者注意到了学生在不同学科专业分布的阶层属性现象。

据方跃林在 1990 年对福建省高等院校 1 708 名学生家庭背景情况的调查可知：热门专业中来自知识分子和社会管理者家庭的学生占 57.24%，来自工农家庭的学生只占 34.06%；冷门专业则相反，来自知识分子和社会管理者家庭的学生只占 38.3%，而来自工农家庭的学生却占 50.17%[1]。

刘宏元对武汉大学 1995 级学生的调查也揭示了学科专业分布的阶层属性（见表 5.17）。在该校热门学科专业中，农民和工人子女的比例低于总体比例，而在基础学科专业中情况则相反。与此相对应，党政干部、企事业单位干部和专业技术人员的子女更多地进入了热门学科，三者在计算机科学专业中占比达 59.4%，在国际贸易和国际金融专业中的比例则更高，其比例分别达到了 77.2% 和 84%[2]。

孟东方和李志对重庆 8 所高校的调查结果也显示：在热门专业中，党政干部、企事业单位干部和专业技术人员的子女合计占 47.1%，高出总体比例 13.2 个百分点，而农民子女只占 24.8%，低于总体比例 14.4 个百分点；在冷门专业中，企事业单位干部和专业技术人员的子女较少，他们所占的比例明显低于其总体比例，而农民子女所占的比例则明显高于其总体比例，其比例高达 54.8 个百分点（见表 5.17）[3]。

表 5.17　各职业阶层子女在不同专业中的分布　　　　单位：%

学生专业		家长职业						
		农民	工人	党政干部	企事业单位干部	专业技术人员	个体、私营业主	军人
武汉大学	数学	21	25.8	9	18	16.9	3.8	—
	历史	29.5	22.7	4.5	26.1	13.6	1.1	—
	计算机	12.2	23.1	7.7	23.1	28.6	1.1	1.1
	国际贸易	11.4	11.4	20	34.3	22.9	—	—
	国际金融	12	4	12	34	38	—	—
	总体比例	23.1	22.2	8.3	23.8	20.9	0.9	0.4

---

[1] 黄石胜：《高等教育成本分担与机会均等矛盾的反思》，《广东外语外贸大学学报》2002 年第 2 期。
[2] 张玉林、刘保军：《中国的职业阶层与高等教育机会》，《北京师范大学学报》2005 年第 3 期。
[3] 张玉林、刘保军：《中国的职业阶层与高等教育机会》，《北京师范大学学报》2005 年第 3 期。

(续表)

学生专业		家长职业						
		农民	工人	党政干部	企事业单位干部	专业技术人员	个体、私营业主	军人
重庆8所高校	热门	24.8	25.2	9.3	19.6	18.2	1.4	0.5
	冷门	54.8	14	9.4	8.4	10	2	0.5
	总体比例	39.2	23.5	8.4	14.7	10.8	2	0.5

资料来源：张玉林、刘保军：《中国的职业阶层与高等教育机会》，《北京师范大学学报》2005年第3期。

余小波对某电力学院2000级学生专业分布的调查也揭示了这一特征（见表5.18）。从表5.18中可以看出，干部子女比例最高的前5个专业依次为经济学、电子工程及自动化、计算机科学与技术、电子信息与通信技术，以及会计学，这些专业均为热门专业。农民子女比例最高的前5个专业则依次是供用电技术、物理学、热能动力工程、建筑环境与设备工程，以及化学，基本上都是冷门专业，特别是面向农村的供用电技术专业，农民子女的比例高达61%。

表5.18 某电力学院2000级学生的家庭背景和专业分布　　　　单位：%

	干部子女	工人子女	农民子女
电气工程及自动化	41	31	28
热能动力工程	16	32	52
建筑环境与设备工程	26	24	50
供用电技术	23	16	61
自动化	29	31	40
电子信息与通信技术	40	27	33
计算机科学与技术	40	35	25
财务管理	35	27	38
会计学	38	24	38
经济学	45	18	37
电算会计	26	28	46
汉语言文学	24	29	47
英语	34	30	36

(续表)

	干部子女	工人子女	农民子女
数学与应用数学	28	41	31
化学	24	28	48
物理学	33	13	54

资料来源:余小波:《当前我国社会分层与高等教育机会探索——对某所高校2000级学生的实证研究》,《现代大学教育》2002年第2期。

上海财经大学公共政策研究中心的调查也反映了不同收入等级家庭学生在学科分布上的明显差异,详细情况如表5.19所示。

表 5.19　不同收入家庭学生的学科分布　　　　单位:%

家庭收入等级	不含上海市样本									
	哲学	经济学	法学	教育学	文学	医学	工学	农学	历史学	理学
最低20%人口	25.0	15.9	14.9	21.6	8.1	16.5	15.0	12.5	20.4	12.7
次低20%人口	10.5	8.3	9.2	8.0	7.1	6.5	6.8	6.5	11.8	7.9
中间20%人口	7.8	9.8	8.5	6.3	10.2	10.4	8.3	6.0	6.5	6.9
次高20%人口	21.2	19.8	22.9	25.7	29.0	31.8	23.6	38.8	16.6	28.5
最高20%人口	35.5	46.2	44.5	38.4	45.5	34.9	46.3	36.2	44.7	44.0

资料来源:转引自赵海利:《高等教育公共政策》,上海财经大学出版社2003年版,第180页。

从表5.19中可以看出,最高收入家庭学生选择的多为经济学和法学等预期收入比较高的学科,而最低收入家庭的学生选择的专业多为哲学、教育学、历史学等冷门学科。

(三) 本书的调查

本书的调查也揭示了不同收入家庭学生在学科专业分布上的阶层属性(见表5.20)。从表5.20中可以看出:家庭人均年收入在25 000元以上的子女在经济学分布的比重高达39.45%,在管理学分布的比例也达到36.8%,此外在医学和法学等学科分布的比例也都超过30%;而家庭人均年收入在4 000元以下的子女所分布的学科主要是教育学、哲学、文学和历史学等,其在教育学分布的比例达到37.82%,在哲学分布的比例为36.2%,在文学和历史学的分布比重也都在35%左右。这一结果与上海财经大学2001年的调查结果类似,即高收入阶层子女多数分布在经济学、管理学、医学和法学等学科的"热门"专业,而低收入阶层子女就读的多为教育学、哲学、文学、历史学等学科的"冷门"专业。

表5.20 不同收入阶层子女的学科专业分布

家庭人均年收入(元)	文学(%)	历史学(%)	哲学(%)	法学(%)	教育学(%)	经济学(%)	管理学(%)	医学(%)	农学(%)	理学(%)	工学(%)	其他(%)
(0, 2 000]	17.71	18.26	18.32	7.36	10.87	7.93	10.47	7.94	19.88	3.44	9.58	5.26
(2 000, 4 000]	17.65	16.52	17.89	8.18	26.95	8.80	7.05	8.95	14.91	16.36	9.59	9.56
(4 000, 6 000]	18.95	26.95	19.74	17.22	18.92	16.91	5.33	9.53	9.94	5.71	9.34	12.91
(6 000, 8 000]	7.29	6.96	10.58	10.20	10.87	5.46	2.60	12.20	7.45	7.87	4.98	8.59
(8 000, 10 000]	7.24	5.22	10.58	9.37	4.34	3.63	11.43	10.87	12.43	8.43	5.50	16.24
(10 000, 15 000]	12.43	12.18	6.86	6.69	5.44	9.34	6.05	6.69	14.28	8.09	9.61	12.92
(15 000, 20 000]	4.14	6.96	2.29	4.02	5.44	4.95	6.74	9.27	9.31	15.13	12.66	5.37
(20 000, 25 000]	0.87	1.74	2.29	6.69	0.00	3.54	13.52	2.50	0.87	11.46	12.80	14.05
(25 000, 30 000]	3.10	1.74	2.29	18.26	8.04	22.28	20.91	8.53	2.49	10.36	13.58	6.50
(30 000, +∞)	10.62	3.48	9.16	12.01	9.13	17.17	15.89	23.50	8.44	13.13	12.35	8.59
合计	100	100	100	100	100	100	100	100	100	100	100	100

注:资料来源于作者的调查整理计算。

综合上述分析,我们可以得出如下两个基本结论。

第一,高等教育入学机会的阶层差距不仅表现在不同阶层子女进入高等院校的比例上,同时更加表现在他们在不同高等院校的分布上,不同家庭背景学生在不同层次高校中的分布具有明显差距。党政机关管理干部、专业技术人员等高收入阶层的子女不仅接受高等教育的机会明显更多,而且他们在"985工程"和"211工程"大学的份额也更大,而农民、城乡无业失业人员等低收入阶层子女在高等院校和高层次高校的比例较低。

第二,高校学生在不同学科专业的分布也具有明显的阶层属性。优势阶层子女更多地集中在热门学科专业,而工人、农民等低收入阶层的子女选择冷门专业的更多。造成这一现象的部分原因是有些冷门专业的收费较低,对贫寒家庭的学生更具有吸引力。优势阶层子女更多地集中在热门专业,令人强烈地感到家庭背景的影响。

第二节 教育结果的阶层差距

各阶层教育发展不平衡的一个直接后果是教育结果的阶层差距,在此我们以平均受教育年限的阶层差距与教育基尼系数来说明。

一、不同收入阶层平均受教育年限的差距

由于缺乏按收入划分的人口受教育程度的常规统计数据,我们无法系统地计算出各收入阶层的受教育年限,在此我们利用"中国社会状况综合调查"(Chinese Social Survey,CSS)[1]的数据计算了不同收入阶层的受教育年限,并对此进行了分析。笔者查找了6年的调查问卷,只有2006年的调查数据同时包含了调查对象的收入水平与正规教育的年限,其具体调查问题是"从上小学开始算起,您一共受过多少年的正式教育呢?"以及"今年以来,您这份工作平均每月给您带来多少收入?"受访者对此进行回答。剔除了"拒绝回答"和"不适用"的观察值后,样本共包括3 153个观察值。根据回答居民的收入水平,我们将居民分为五个阶层,即低收入阶层(20%)、中低收入阶层(20%)、中等收入阶层(20%)、中高收入阶层(20%)和高收入阶层(20%),然后对各阶层接受的平均受教育年限进行计算,各阶层的平均受教育年限如表5.21所示。

表5.21 不同收入阶层的平均受教育年限

分位数	20%	20%	20%	20%	20%
收入阶层	低收入	中低收入	中等收入	中高收入	高收入
教育年限(年)	5.22	6.64	8.05	10.02	11.91

注:根据中国社会状况综合调查(CSS)2006年数据整理得到。

---

[1] 中国社会状况综合调查是中国社会科学院社会学研究所于2005年发起的一项全国范围的大型连续性抽样调查项目,目的是通过对全国公众的劳动就业、家庭及社会生活、社会态度等方面的长期纵贯调查,获取转型时期中国社会变迁的数据资料,从而为社会科学研究和政府决策提供翔实而科学的基础信息。

从表 5.21 可以看出，收入最高 20％人口的平均受教育年限也最高，其值达到了 11.91 年，收入最低 20％人口的平均受教育年限则最低，仅为 5.22 年，收入最高 20％人口的平均受教育年限是收入最低 20％人口的 2 倍多；此外，由表 5.21 还可以看出，随着收入的提高，平均受教育年限也提高，高收入阶层的平均受教育年限明显高于低收入阶层。

二、教育基尼系数的变化趋势

为了反映出阶层教育结果的变化趋势，我们还计算了教育基尼系数指标。教育基尼系数是从收入基尼系数转化而来的，迪顿（Deaton，1997）根据三角形面积法推导出基尼系数的直接测度公式如下：

$$G = \frac{1}{\mu N(N-1)} \sum_{i>j} \sum_{j} |y_i - y_j| \tag{5.1}$$

其中：G 表示基尼系数；μ 是变量的平均值；N 是观察值的数量；对于收入基尼系数来说，y_i 和 y_j 是个人收入；对于教育基尼系数来说，y_i 和 y_j 是个人受教育年限。将收入基尼系数引入教育差距的测度，还要受教育分布特征的限制[1]，基于此点改进后的基尼系数计算公式如下（Thomas，Wang and Fan，2000）[2]：

$$E_L = \frac{1}{\mu} \sum_{i=2}^{n} \sum_{j=1}^{i-1} p_i |y_i - y_j| p_j \tag{5.2}$$

其中：E_L 是基于教育获得分布的基尼系数；y_i 和 y_j 是不同教育获得水平的教育年限；n 是教育获得的分组数量（$n=5$）。结合具体的五分组情况，进一步分解式（5.2），得到具体的教育基尼系数的计算公式，如式（5.3）所示：

$$\begin{aligned} E_L = (1/\mu)[&p_2(y_2-y_1)p_1 + p_3(y_3-y_1)p_1 + p_3(y_3-y_2)p_2 \\ &+ p_4(y_4-y_1)p_1 + p_4(y_4-y_2)p_2 + p_4(y_4-y_3)p_3 \\ &+ p_5(y_5-y_1)p_1 + p_5(y_5-y_2)p_2 + p_5(y_5-y_3)p_3 \\ &+ p_5(y_5-y_4)p_4] \end{aligned} \tag{5.3}$$

---

[1] 中国官方公布的教育分布的统计方法和收入的统计方法不一样，公开的数据没有教育分布的家户/人口资料，但是收入分布是按照家户/人口资料公布的，而这正好满足了收入基尼系数的公式。

[2] 温娇秀、王延军：《我国教育不平等与收入分配差距扩大的动态研究——一项基于各地区教育基尼系数的实证》，《成都理工大学学报》2011 年第 1 期。

其中：p_1是不识字或识字很少的人口的比例；p_2是拥有小学文化程度的人口比例；p_3是拥有初中文化程度的人口比例；p_4是拥有高中文化程度的人口比例；p_5是拥有大学文化程度的人口比例；y_1、y_2、y_3、y_4和y_5分别设定为1、6、9、12与16年[1]。

利用式(5.3)，我们计算了2001—2017年的教育基尼系数(见表5.22)，从表5.22中可以看出，我国教育基尼系数都超过了0.2，并且在经过了一段时间的下降之后，我国教育基尼系数在2014年后又有所上升。

表5.22 教育基尼系数

年份	2001年	2002年	2003年	2004年	2005年	2006年
教育基尼系数	0.230	0.230	0.230	0.226	0.234	0.225
年份	2007年	2008年	2009年	2010年	2011年	2012年
教育基尼系数	0.219	0.215	0.213	0.204	0.208	0.208
年份	2013年	2014年	2015年	2016年	2017年	
教育基尼系数	0.207	0.211	0.219	0.217	0.216	

注：表中数据依据历年《中国人口和就业统计年鉴》中数据计算得到。

---

[1] 温娇秀、王延军：《我国教育不平等与收入分配差距扩大的动态研究——一项基于各地区教育基尼系数的实证》，《成都理工大学学报》2011年第1期。

第六章
为什么教育公平未能实现:教育制度和政策偏向

第一节 义务教育机会分配不公平的制度与政策原因

根据前文理论分析的基本框架,我们从义务教育招生规定、收费政策以及义务教育资源配置三个方面具体阐述我国义务教育机会分配不公平的制度原因。

一、义务教育入学规定与教育机会分配不公平

(一)"就近入学"规定下义务教育机会的分配

"就近入学"是现代许多国家在义务教育阶段推行的基本入学政策,其目的在于方便适龄儿童入学。伴随着"文化大革命"的结束和改革开放的开始,我国义务教育入学也逐步实行了就近入学政策。1983年8月,《教育部关于进一步提高普通中学教育质量的几点意见》发布,其中指出:"初中已经普及和基本普及的地区,要逐步实行初中不进行招生考试,只进行小学毕业考试。初中招生原则上采取划片就近入学的办法,以利于把小学生从过重的负担和压力下解放出来。"此后,1986年,《国家教育委员会关于在普及初中的地方改革初中招生办法的通知》指出:"积极而稳妥地取消初中招生考试,并按学籍管理规定,凡准予毕业的小学生就近直接升入初中学习。"此后不久,我国颁布了《中华人民共和国义

务教育法》(以下简称《义务教育法》)[1],根据其中第9条"地方各级人民政府应当合理设置小学、初级中等学校,使儿童、少年就近入学"的规定[2],实施了就近入学原则。在实践中为了贯彻就近入学原则,教育行政部门划定了"学区",实行了学区制,规定学生不得跨学区选择学校,学校也不得选择学生,一切适龄儿童、少年就近入学。2006年对《义务教育法》进行了修订,其中第12条重申了义务教育就近入学这一政策。

义务教育就近入学的规定,从形式上保证了义务教育机会分配的公平。据统计,1990—2017年我国义务教育小学、初中的入学率分别从97.8%和73.5%提高到99.91%和98.8%。这说明我国广大适龄儿童、少年在就近入学原则下接受义务教育的机会不断上升,义务教育基本层次上的平等已经基本实现[3]。但是,在实践中这种义务教育机会平等的"质"却是有重大差别的。这一点集中体现在我国城乡间、不同区域间及区域内的学校教育质量的差异上。从前文分析可以看出,我国城乡间、地区间在义务教育过程和结果上存在着十分明显的差别。不同地区以及不同学校的教育质量的差异,使得就近入学政策下的教育机会在实质上存在极大的差异,目前,愈演愈烈的中小学"择校热"也反映了这一点。

(二) 义务教育"择校热"与教育机会分配不公平

我国义务教育的择校问题开始于20世纪80年代并在90年代逐渐成为大中城市的普遍现象。文东茅(2006)基于2004年13个省(区、市)的调查结果发现20%左右的学生有过公立学校择校行为;迟长伍和王世君(2014)基于某省(区、市)35所中小学的2 309份问卷发现43%的学生有过择校行为,其中某初中在2012年招生中还从教育局下达的14个就近入学址级名额中挪出6个班的招生指标给了择校生。根据21世纪教育研究院2011年对我国35个主要城市社会公众对义务教育满意度的调查,认为本地中小学择校问题"非常严重"或"比较严重"的被调查者占88.6%,其中北京市认为择校问题严重的被调查者更是接

---

[1] 《中华人民共和国义务教育法》已于2006年6月29日修订通过,并经2015年、2018年两次修正,此处的规定引用的是1986年颁布的《中华人民共和国义务教育法》中的条款。
[2] 此处的规定也引用的是1986年颁布的《中华人民共和国义务教育法》中的条款。
[3] 张淑锵、程宏宇:《就近入学与择校现象:教育机会均等问题浅析》,《教育理论与实践》2001年第1期。

近100%。由此可见,择校行为在城市中小学入学中已经非常普遍。

我国目前义务教育择校类型大致可以分为四种:第一种是"以分择校",中小学根据学生的升学考试成绩或其他综合能力表现择优选择学生;第二种是"以钱择校",中小学根据学生家长提供的多种多样的择校费或赞助费决定学生能否进入该校入读;第三种是"以权择校",中小学根据学生家庭的社会关系强弱决定学生是否享有入读好学校的机会;第四种是"片区划分、就近入学"政策下产生的"以房择校",学生能否进入好学校取决于其家庭能否买得起昂贵的学区房。

1. "以分择校"下义务教育机会的分配

"以分择校"是20世纪50年代重点学校建设时期的产物。为尽快给新中国建设和改革开放事业培养优秀人才,国家在财政力量薄弱的情况下选择性地重点办好一些中小学,在资源配置方面给予重点学校特殊照顾。重点学校选拔学生的方式便是根据入学考试成绩高低录取学生,"以分择校"由此产生。"以分择校"政策在应试能力面前人人平等,分数高的学生能够进入重点学校享受优质教育而分数低的学生只能进入教学资源薄弱的普通学校,因考试成绩相对客观公正而被认为是一种相对公平的择校方式。不过,重点学校或示范性学校的"以分择校"也造成了学生能力培养方面的马太效应,应试能力强的学生在接受优质教育后能力得到了更大提升,应试能力相对较弱的学生则因能力得不到充分开发而与重点学校学生的差距进一步拉大。另外,"以分择校"还造成了义务教育阶段的应试教育问题,中小学生疲于应付升学考试而忽略了综合素质的全面提高,这与"提高全民族素质"的教育目的背道而驰。

在1993年禁止义务教育阶段升学(主要是"小升初")考试后,传统的"以分择校"逐渐转变成了"以竞赛择校"或"以证书择校"。虽然名义上的升学考试被教育部门严令禁止,但是中小学生想要获取重点学校或示范性学校的入学资格仍不得不在各种证明自身能力的竞赛中或才艺证书上花费大量的时间与精力。由于参加竞赛培训或才艺培训的成本很高,"以竞赛择校"或"以证书择校"很可能沦为高收入家庭间的财富竞争。高收入家庭子女在接受培训后各方面能力表现突出,在义务教育升学方面拥有更多机会,从而在事实上造成了义务教育机会分配的不公平。为维护学生平等入学权利,教育部2017年正式印发实施的《义务教育学校管理标准》强调义务教育学校不得举办任何形式的入学或升学考试,不以各类竞赛、考级、奖励证书作为学生入学或升学的依据。

2."以钱择校"与教育机会分配不公平

自从1995年义务教育择校问题开始进入国家政策议程以来,教育部几乎每年颁布的治理政策都与禁止中小学乱收费有关[1],这说明"以钱择校"一直是影响义务教育机会公平分配的痼疾。21世纪教育研究院2011年对35个城市所做的一项调查显示:家长在孩子"小升初"择校阶段的花费平均为4.4万元,而北京市的家长该花费更是高达8.7万元[2]。昂贵的择校费使很多普通家庭子女对入学择校望而却步,进入"名校"成了一些高收入阶层子女的特权,"以钱择校"明显带来了义务教育机会分配的不公平。

3."以权择校"下的教育机会不公平

公共部门的工作人员利用自身的政治资本将自己子女或亲属子女安排到重点学校或示范性学校就读,便产生了"以权择校"问题。"条子生"和"共建生"是"以权择校"的两种典型形式,两者都是凭借政治权力优先攫取优质教育资源,严重破坏了义务教育入学机会公平。以权择校生和普通学生的差异不仅体现在是否拥有选择学校的机会方面,还体现在择校成本方面。父母的干部身份在显著提高子女择校概率的同时还在一定程度上降低了子女择校费用。与"以分择校"和"以钱择校"相比,"以权择校"因其充满各种权力寻租而被认为是最不公平的入学方式,它严重侵蚀了义务教育机会分配的公平性。

4."以房择校"与教育机会分配不公平

在"片区划分、就近入学"政策下,由于各个片区教育资源分布极不均衡,有些片区有不少重点小学和重点中学,而有的片区几乎没有很好的学校。在"推优

---

[1] 如1995年国家教委《关于贯彻执行〈关于治理中小学乱收费工作的实施意见〉的通知》;1996年国家教委、国家计委、财政部、国务院纠风办《关于1996年在全国开展治理中小学乱收费工作的实施意见》;1997年国家教委《关于治理中小学乱收费的意见》;2000年教育部《关于全国中小学收费专项治理工作实施意见》;2001年《国务院纠风办、教育部关于进一步做好治理教育乱收费工作的意见》;2004—2006年教育部等部门每年都出台相应的《关于200×年治理教育乱收费工作的实施意见》;2007—2009年教育部等部门每年都出台相应的《关于20××年规范教育收费进一步治理教育乱收费工作的实施意见》;2010—2012年每年都出台相应的《关于20××年治理教育乱收费规范教育收费工作的实施意见》;此后2013—2016年每年都出台《关于20××年规范教育收费治理教育乱收费工作的实施意见》。此外,针对义务教育,2010年教育部制定了《教育部关于治理义务教育阶段择校乱收费问题的指导意见》;2012年教育部等部门印发了《治理义务教育阶段择校乱收费的八条措施》等。

[2] 21世纪教育研究院:《北京市"小升初"择校热的治理:路在何方?》,《中国青年报》2001年8月29日。

生""条子生""共建生"等破坏义务教育入学公平的现象被遏制的情况下,希望把孩子送进重点学校的家长把目光转移到了购买"学区房"上。在房价资本化作用机制下,房价高低反映着优质教育资源供求关系情况。"片区划分、就近入学"政策导致的结果是高收入者通过在重点学校或示范性学校附近买房的方式让子女获得享受优质义务教育资源的机会,而低收入家庭的子女依然没有公平入学的机会。由此可以认为就近入学政策下的"以房择校"只是"以钱择校"的转化形式,两者都是凭着家长的经济实力来决定孩子能否接受优质教育。"以房择校"将原本由学校和教育部门获得的择校费收益转变成了房地产商的卖房收益或地方政府的土地出让金收益,这对解决义务教育入学机会的公平问题没有太大的帮助。

(三)"摇号"免试入学与义务教育机会分配

面对着愈演愈烈的"择校热",各地政府为遏制这一现象,纷纷进一步制定完善免试就近入学方案,其中一项重要的政策便是以随机派位的方式,即"摇号"确定入学学生。以天津市为例,2015年3月,天津市小升初由考试改为划分学区片摇号入学,学生进入重点初中的方式由考试变为依靠运气。学区片分为单校学区片和多校学区片:单校划片的初中学校采取小学毕业生以校为单位,整体升入对口初中学校的直升方式招生;多校划片的初中学校采取学生填报志愿和随机派位相结合的方式招生,先征求小学毕业生的入学志愿,对于报名人数少于招生人数的初中,学生直接入学,对于报名人数超过招生人数的初中,以随机派位的方式,即"摇号"确定入学学生,不得组织选拔性考试[1]。此后,2019年,《中共中央 国务院关于深化教育教学改革全面提高义务教育质量的意见》中也提到了这项政策:"推进义务教育学校免试就近入学全覆盖……严禁以各类考试、竞赛、培训成绩或证书证明等作为招生依据,不得以面试、评测等名义选拔学生。民办义务教育学校招生纳入审批地统一管理,与公办学校同步招生;对报名人数超过招生计划的,实行电脑随机录取。"

小升初划片就近、"摇号"免试入学对义务教育公平到底有何影响?我们认为:一方面,这一原则对每个孩子都是公平的,不论孩子的成绩怎样,他们都有选择就读优质初中的机会;但另一方面,"摇号"入学的随机性使得成绩好的学生可

---

[1] 孙玉婷:《基于教育公平视角看天津市小升初"摇号"政策》,《现代教育科学》2016年第8期。需要指出的是,各地"摇号"入学政策的一些具体做法和细节略有差异。

能失去上名校的机会,他们能否入学现在全凭运气,从而可能对他们的受教育机会产生负面影响。在实践中,若条件优渥的家长仍能够规避摇号结果,通过其他途径将子女送入"名校",而家庭条件不具备相对优势的家庭,即使孩子的学习能力很出众,也只能根据"摇号"结果将孩子送入随机的学校,而不论学校教学质量的高低,那这一政策可能会变异为有优势阶层的孩子享受优质教育资源的机会,与政策本身背道而驰。另外,"摇号"入学忽略了因材施教这个教育基本点。由于学生的天赋和能力差异,其学业基础、学习能力和动机等方面均有所区别,"摇号"政策强制性地使得能力差别很大的学生融入同一集体,可能造成能力出众的学生"吃不饱",却为资质一般的学生提供了超出其能力的资源,从而可能会"削峰填谷",降低教育质量。

二、义务教育收费与教育机会分配不公平

(一) 我国义务教育收费的历史

自新中国成立至今,我国义务教育经历了免费到收费再到免费三个阶段。

1. 第一阶段:免费的义务教育(1949—1984 年)

1949 年新中国成立之后,我国开始发展教育事业。1956 年 1 月,教育部印发的《十二年教育事业规划纲要》提出,"7 年内在全国基本上普及义务教育"。当年中共八大,这一目标又有提高,发展到"普及义务教育",并且时间由 7 年延长至 12 年。1964 年,毛泽东对农村教育没有受到足够重视提出批评,此后农村教育迅速发展,当时在全国形成了大队办小学、公社办初中、区委办高中的新格局。那时候,义务教育对于广大居民基本上是免费的。1979 年以后,随着人民公社的解体,国家投入严重不足的义务教育陷入困境,有的地方已经开始对学生进行少量收费,有的学生因为贫困而辍学。但在这一阶段,国家财政基本上是义务教育的唯一投入者,国家财政用于教育的支出全部来源于国家预算内。

2. 第二阶段:从免费到收费(1985—2007 年)

随着经济体制与财政体制改革的逐步深入,我国义务教育的公共投入体制自 20 世纪 80 年代后期开始也相应地发生了变化。1985 年,《中共中央关于教育体制改革的决定》中要求"把发展基础教育的责任交给地方",同时规定了实施

义务教育所需的事业费和基本建设投资由国务院和地方各级政府负责筹措;地方各级人民政府按国务院规定,在城乡征收教育费附加,主要用于实施义务教育。义务教育所需的基本建设投资,采取地方拨款、群众捐资相结合的办法筹集。其中,农村中小学的校舍投资以乡、村自筹为主,中央只负责对经济困难的地区予以补助等,并且还允许中小学收取一定的学杂费[1]。1986年版《义务教育法》第10条规定:"国家对接受义务教育的学生免收学费。"在此基础上,《中华人民共和国义务教育法实施细则》(1992年公布,后被2006年修订的《义务教育法》代替)第17条又规定,"实施义务教育的学校可收取杂费",义务教育阶段除收取杂费、借读费之外,未经财政部、国家计委、国家教委联合批准或省级人民政府批准,不得再向学生收取任何费用[2]。

20世纪90年代开始,我国对义务教育投入的比例不仅没有提高反而持续下降。此时,县乡基层政府成为义务教育经费负担的主体,财力薄弱的县乡政府要承担义务教育学生人数2/3以上的农村义务教育投入,不堪重负。在此背景下,国家又从法律上对收费进行了规定。地方政府将越来越多的收费项目纳入"杂费",收费价格越来越高,义务教育终于演变为"收费义务教育"。20世纪90年代中后期的"教育产业化"风潮,更是推动"收费义务教育"升级为轰轰烈烈的教育乱收费。针对这一现象,1996年,国家教委、国家计委、财政部等部门发布了4个教育收费管理暂行办法,进一步强调接受义务教育的学生免收学费,只缴纳杂费,并对杂费的审批权限、收取和使用等相关问题做出了规定。2004年,又下发了《教育部、国家发展改革委、财政部关于在全国义务教育阶段学校推行"一费制"收费办法的意见》,要求从2004年秋季新学年开始,全国义务教育阶段学校推行"一费制"收费办法[3]。

3. 第三阶段:回归免费(2008年至今)

2000年,税费改革使农村义务教育愈发艰难。2005年,教育部终于公开表明态度坚决反对教育产业化,政府逐渐意识到在义务教育上的缺位。2005年3月5日,温家宝总理在政府工作报告中承诺,从2006年起,免除国家扶贫开发工

---

[1] 范先佐:《我国基础教育财政体制改革的回顾与反思》,《华中师范大学学报(人文社会科学版)》2003年第5期。

[2] 呼中陶、李季、龚界文:《教育收费的国家政策分析及建议》,《中国教育学刊》2005年第4期。

[3] 呼中陶、李季、龚界文:《教育收费的国家政策分析及建议》,《中国教育学刊》2005年第4期。

作重点县农村贫困家庭学生在义务教育阶段的书本费、杂费,并补助寄宿学生生活费[1]。之后8月29日,教育部宣布"十一五"期间,全国农村义务教育将全面免费,此后2005年10月11日通过的《中共中央关于制定国民经济和社会发展第十一个五年规划的建议》也提出要"强化政府对义务教育的保障责任,普及和巩固义务教育"[2]。同年12月24日,国务院发布了《国务院关于深化农村义务教育经费保障机制改革的通知》,承诺确保从2006年起,西部地区农村义务教育阶段中小学生全部免除杂费;2007年,这一免费政策扩展到中部和东部地区,同时继续为贫困家庭学生免费提供课本和补助寄宿生生活费,"收费义务教育"也逐步向免费义务教育转变[3]。2006年1月4日,国务院常务会议讨论并原则通过了修订后的《义务教育法》,其中一个重大的历史性转变就是从"义务教育人民办"转变为"义务教育政府办"。义务教育体制由"地方负责、以县为主"改为"经费由省级政府统筹、管理以县为主"。2006年9月,随着修订后《义务教育法》的实施,我国用法律的形式保证了义务教育的免费性质。此后,2008年8月12日,发布了《国务院关于做好免除城市义务教育阶段学生学杂费工作的通知》,要求从2008年秋季学期开始,全部免除城市义务教育阶段公办学校学生学杂费。这样,我国义务教育采取首先从农村做起、从中西部地区做起的方式,在原来免除学费的基础上再免除杂费,使义务教育逐步成为名副其实的免费义务教育。

(二)义务教育收费对教育机会分配的影响

在义务教育免费的第一阶段,由于政策的扶持,我国广大居民获得了接受义务教育的机会。在这一时期,小学学龄儿童入学率和小学毕业升学率大幅攀升,前者从1962年的56.1%上升到1975年的96.8%,后者则由45.3%上升到90.6%[4]。改革开放以后,由于国家经济和财力的增强,教育事业得到快速发展。为贯彻落实《义务教育法》的规定,我国政府提出在全国基本普及九年义务教育,即到2000年,普及九年义务教育地区人口覆盖率达到85%,初中阶段入学率达到85%左右。我国政府和广大人民群众为基本普及九年义务教育进行

---

[1] 傅光明:《论农村义务收费教育制度的历史终结及其意义》,《财政发展》2006年第5期。
[2] 傅光明:《论农村义务收费教育制度的历史终结及其意义》,《财政发展》2006年第5期。
[3] 韩述娟:《新时期我国农村义务教育的发展和对策》,南京师范大学硕士学位论文,2006年,第14—15页。
[4] 数据来源于《新中国五十年统计资料汇编》,中国统计出版社1999年版,第100页。

了不懈的努力,顺利地实现了预定目标——基本普及了九年义务教育和基本扫除了青壮年文盲。截至 2000 年年底,全国普及九年义务教育地区人口覆盖率达到 85% 以上,初中入学率达到 88.6%[1],全国青壮年非文盲率为 93.18%,文盲率为 6.72%[2]。

但义务教育收费对一部分居民特别是弱势群体居民的教育机会产生了负面影响。由于义务教育阶段杂费概念不明确,尽管 1992 年的《中华人民共和国义务教育法实施细则》规定了义务教育阶段可收取杂费,但国家的相关法规和文件并没有对"学费"与"杂费"做出明确区分,也没有在杂费的收取幅度上提出明确要求,只是在个别地方笼统指出:"杂费应根据学生在校学习期间必需开支的公用经费中公务费、业务费的一定比例确定。费额要小,要有最高限额。"[3]这种"模糊性规定"对收费产生了一定消极影响,它为某些乱收费行为的实施提供了便利,特别是某些地方和单位对其进行扩大解释,以此为他们的乱收费行为提供"政策依据"或"政策掩护"[4]。

义务教育学校乱收费最直接的危害就是加重了学生家庭的经济负担,尤其是加重了贫困家庭的经济负担。乱收费金额多则达数万元,已使得多数学生家庭不能承受。义务教育乱收费对部分学生家庭特别是贫困学生家庭的受教育机会产生了负面影响,他们无法获得优质的教育机会,甚至无法获得教育机会,部分确实拿不出钱读书的学生只能辍学在家,从而被拒绝在义务教育的大门之外。

义务教育收费特别给我国农村居民的受教育机会带来了负面影响。在义务教育公共产品的提供方式上,我国对城市采取的是公共教育模式,而对农村采取的则是人民教育模式。后者是 20 世纪 50 年代提出的"人民教育人民办,办好教育为人民;有钱出钱,有力出力"模式。借助这一模式,通过政府补贴、集体和家庭共同分担的方式,我国发展了世界上规模最大的农村义务教育事业[5]。但

---

[1] 数据来源于中华人民共和国教育部发展规划司:《中国教育事业统计年鉴 2000》,人民教育出版社,2001 年版,第 17 页。

[2] 数据来源于中华人民共和国国家统计局:《中国统计年鉴—2001》,中国统计出版社 2002 年版,第 93 页。

[3] 《国家教育委员会、国家计划委员会、财政部关于颁发义务教育等四个教育收费管理暂行办法的通知》(教财〔1996〕101 号)。

[4] 呼中陶、李季、龚界文:《教育收费的国家政策分析及建议》,《中国教育学刊》2005 年第 4 期。

[5] 傅光明:《论农村义务收费教育制度的历史终结及其意义》,《财政发展》2006 年第 5 期。

我国农村居民一直负担着义务教育的学杂费,据统计,1997—2001年,农村教育各项经费来源所占的比例中,学杂费稳定在10%左右,这给本来收入就不高的农村居民增加了负担[1]。虽然农村税费改革后农民负担大幅度减轻,但农村义务教育阶段学生仍然缴费上学。义务教育收费抑制了农民子女上学读书的需求,农村的辍学率更高和升学率更低便是佐证,由此可见,义务教育收费带来了城乡义务教育机会不公平。

义务教育收费与否,实质上是一个资金筹集和负担方式的问题。在不减少义务教育投入和受教育人数不变的条件下,如果义务教育不收费,那么个人不缴纳的那部分经费就必须由政府通过增加税收来筹集。在累进税制下,税收增加,富裕阶层负担得相对较多,而贫困阶层负担得则相对较少。因此,义务教育不收费,相当于将一部分收入从富裕阶层中转移过来,有利于贫困阶层[2]。

三、义务教育资源配置对教育机会分配不公平的影响

(一) 我国现行义务教育财政体制的形成

改革开放以后,我国教育进入了一个新的历史发展时期,党的十二大更是明确提出要把教育摆在优先发展的战略地位[3]。在此背景下,对计划经济体制下的教育财政体制进行改革是历史的必然,而改革的关键就是打破决策高度集中、僵化的义务教育财政管理体制,实施分权化。

1980年3月,《国务院关于实行"划分收支、分级包干"的财政管理体制的通知》和《国务院关于实行"划分税种、核定收支、分级包干"财政管理体制的规定的通知》发布,实行划分收支、分级包干(亦称"分灶吃饭")的财政管理体制。这是我国财政体制的一次重大改革,其特点主要在于一级政府、一级预算、自求平衡[4]。1985年,中共中央颁布了《中共中央关于教育体制改革的决定》,确定了"低重心"的教育发展战略,特别是对基础教育开始实行"分级办学,分级管理",

---

[1] 根据相关年份《中国教育经费统计年鉴》计算得到。
[2] 张丕芳:《我国新时期义务教育学校乱收费治理研究》,西南师范大学硕士学位论文,2005年,第40页。
[3] 范先佐:《我国基础教育财政体制改革的回顾与反思》,《华中师范大学学报(人文社会科学版)》2003年第5期。
[4] 张学敏:《我国义务教育经费投入体制的变迁》,《教育科学》2003年第4期。

地方各级政府成为筹措基础教育经费的直接责任者[1]。此后,《义务教育法》和《中国教育改革和发展纲要》等都重申和强调了这一低重心体制。

1994年,国务院决定实行分税制财政体制改革,这次财政体制改革并没有影响到教育经费的管理体制,特别是财政拨款体制,教育财政拨款仍然按学校的行政隶属关系由中央和地方两级财政分别划拨。同年,中共中央、国务院在全国教育工作会议上正式提出要实行"教育经费预算单列",教育经费预算应由各级教育部门提出,由各级政府列入预算,批准执行。1995年颁布的《中华人民共和国教育法》第55条作出专门规定:"各级人民政府的教育经费支出,按照事权与财权相统一的原则,在财政预算中单独列项。"这项规定应该说从制度上保证了政府内部教育经费投入,特别是对义务教育的经费投入具有深刻影响[2]。

20世纪90年代中期开始,随着"分税制"和农村"税费改革"的推行,"三级办学,两级管理"的体制重心偏低引发的问题日益凸显:许多地方乡镇财力有限,难以支撑义务教育维持与发展;向农民征收的"教育费附加"不规范,致使农民负担过重;教师工资拖欠,学校房舍维修不及时;等等。在这种背景下,2001年5月29日,《国务院关于基础教育改革与发展的决定》提出,农村义务教育管理体制,实行在国务院领导下,由地方政府负责、分级管理、以县为主的体制。该体制可简称为"以县为主"的管理体制,即除了国家、省、地(市)对农村义务教育应尽的责任和义务外,县级人民政府对本地农村义务教育负有主要责任,要抓好中小学的规划、布局调整、建设和管理,统一发放教职工工资,负责中小学校长、教师的管理,指导学校教育教学工作[3]。应该说,"以县为主"的农村义务教育管理体制,为农村义务教育进一步发展奠定了基础。2003年9月19日,《国务院关于进一步加强农村教育工作的决定》重申要落实这一体制。

"以县为主"的义务教育财政体制在一定程度上解决了教师工资、办学经费等财力投入问题,但它仍然存在很多问题。首先,教育经费由县级政府负责只不过是把乡镇政府乃至村的教育投入责任上移至县级政府,对中央和省级政府的责任只是做出了加大转移支付力度的原则性规定,并没有提出其义务教育经费

---

[1] 张学敏:《我国义务教育经费投入体制的变迁》,《教育科学》2003年第4期。
[2] 张学敏:《我国义务教育经费投入体制的变迁》,《教育科学》2003年第4期。
[3] 张锐:《中国义务教育投入制度研究》,西南交通大学硕士学位论文,2005年,第54页。

负担的具体责任。此外,上级政府的转移支付方式比较明确的是各种专项投入,对于一般转移支付则没有明确的比例规定。其次,没有改变政府与个人之间的负担责任关系,2005年以前,从体制上看,构成义务教育经费来源主体的是政府财政拨款和家庭负担的学杂费。从人员公费支出来看,财政负担了财政性工资部分,其他工资补助由学校自筹;从公用经费支出来看,政府给予少量的补助,在落后地区,政府财政基本上没有补助。这样,以前的诸多问题在2001年后继续延伸,并且越来越突出,这直接促成了2005年的义务教育财政改革。

2005年12月24日,国务院发布了《国务院关于深化农村义务教育经费保障机制改革的通知》(以下简称"新机制")。"新机制"建立了中央和地方分项目、按比例分担的农村义务教育经费保障机制,逐步将农村义务教育全面纳入了公共财政保障范围。中央重点支持中西部地区,适当兼顾东部部分困难地区。具体内容包括:①全部免除农村义务教育阶段学生学杂费,对贫困家庭学生免费提供教科书并补助寄宿生生活费。②提高农村义务教育阶段中小学公用经费保障水平。在免除学杂费的同时,先落实制定本省(区、市)农村中小学预算内生均公用经费拨款标准,所需资金由中央和地方按照免学杂费资金的分担比例共同承担。③建立农村义务教育阶段中小学校舍维修改造长效机制。对中西部地区维修改造所需资金,由中央和地方按照5∶5比例共同承担,东部地区所需资金主要由地方自行承担。④巩固和完善农村中小学教师工资保障机制。中央继续按照现行体制,对中西部及东部部分地区农村中小学教师工资经费给予支持。义务教育经费保障新机制的实施是中国农村义务教育发展的里程碑。它明确了各级政府举办义务教育的责任,将义务教育所需经费全面纳入财政保障范围,实现了农村地区"人民教育政府办"的重大转变。

2006年6月29日,第十届全国人民代表大会常务委员会对《义务教育法》进行了修订,修订后的《义务教育法》规定了"义务教育经费投入实行国务院和地方各级人民政府根据职责共同负担,省、自治区、直辖市人民政府负责统筹落实"的体制,管理以县级人民政府为主。

此后,为进一步提高各级政府提供基本公共服务的能力和水平,推进基本公共服务均等化,2018年1月,国务院办公厅印发了《基本公共服务领域中央与地方共同财政事权和支出责任划分改革方案》,其中明确了八大类18项基本公共服务中央与地方共同财政事权范围和支出责任分担方式,有关义务教育的具体包括公用经费保障、家庭经济困难学生生活补助、免费提供教科书、贫困地区学生营养膳食补助4项。各项支出责任的分担方式具体如下：义务教育公用经费保障，由中央与地方按比例分担支出责任，第一档为8∶2，第二档为6∶4，其他为5∶5[1]；家庭经济困难学生生活补助，由中央与地方按比例分担支出责任，各地区均为5∶5，对人口较少民族寄宿生增加安排生活补助所需经费，由中央财政承担；在免费提供教科书方面，免费提供国家规定课程教科书和免费为小学一年级新生提供正版学生字典所需经费，由中央财政承担，免费提供地方课程教科书所需经费，由地方财政承担；在贫困地区学生营养膳食补助方面，国家试点所需经费由中央财政承担，地方试点所需经费由地方财政统筹安排，中央财政给予生均定额奖补。

（二）义务教育财政体制的城市和发达地区取向对教育机会分配不公平的影响

长期以来，在城乡二元结构体制下，我国形成了一种忽视地区差别和城乡差别的价值取向，在这一价值取向的指引下，国家的公共政策优先满足发达地区以及城市居民的利益，教育政策的制定无视或忽视城市和农村、发达地区和贫困地区在教育环境和资源上的巨大区别，这是导致我国教育机会分配不公平的重要原因。

农村教育事业费附加自1984年开始实施征收[2]，而城市教育费附加自1986年开始征收，并且两者的征收办法不同。城镇教育费附加按增值税、营业税和消费税的3%征收；农民按人均纯收入的1.5%~2%征收教育费附加，具体比例由各地方从当地实际出发做出规定。从中可以看出，城市的教育费附加在企业的三税中征收，并不需要城市居民直接负担，而农村人口都要依法缴纳教育费附加，是由农村居民直接负担的，这种征收办法体现了明显的城乡差别，自此之后，农村地区及农村居民的教育压力逐步显现出来。

另外，农村居民还有筹措教育经费的义务。1992年的《中华人民共和国义务教育法实施细则》第30条规定："实施义务教育的学校新建、改建、扩建所需资

---

[1] 第一档包括内蒙古、广西、重庆、四川、贵州、云南、西藏、陕西、甘肃、青海、宁夏、新疆12个省（区、市），第二档包括河北、山西、吉林、黑龙江、安徽、江西、河南、湖北、湖南、海南10个省，第三档包括辽宁、福建、山东3个省，第四档包括天津、江苏、浙江、广东4个省（市）和大连、宁波、厦门、青岛、深圳5个计划单列市。

[2] 农村教育事业费附加于2006年随着农业税的取消而终止。

金,在城镇由当地人民政府负责列入基本建设投资计划,或者通过其他渠道筹措;在农村由乡、村负责筹措,县级人民政府对有困难的乡、村可酌情予以补助。"这一条将城乡居民区别对待,城镇建校由政府出资,农村由农民出资。此后,1995年出台的《教育法》第59条也做出了类似规定[1],这些条款均规定了农村居民所承担的筹集教育经费的义务[2]。

因此,城市居民除了负担子女的杂费和其他学校收费外,不直接负担教育费附加,也没有教育集资的义务。但农村居民除了负担子女的杂费和其他学校收费,还要以农村教育费附加和教育集资的方式负担部分义务教育基建费和部分事业费。这些规定因此成为城乡义务教育发展差距的重要的制度原因。

《中共中央关于教育体制改革的决定》则更加明确地从体制上向发达地区与城市地区倾斜,其中指出:"实行九年制义务教育,实行基础教育由地方负责、分级管理的原则。"这一教育体制改变了过去教育由国家统包统管的局面,明确了各级政府特别是县镇两级政府的办学责任。此后,《中华人民共和国义务教育法实施细则》第28条规定,"地方各级人民政府设置的实施义务教育学校的事业费和基本建设投资,由地方各级人民政府负责筹措……中央和地方财政视具体情况,对经济困难地区和少数民族聚居地区实施义务教育给予适当补助。"因此,基础教育的投资责任由中央、省政府、地方财政共同承担,以地方政府为主,中央和省级政府通过转移专项基金形式进行补助。至此,普及九年制义务教育的主要责任由县、镇两级地方政府承担[3]。

义务教育公共投资的责任绝大部分由县级及其以下基层地方政府承担,这种体制决定了义务教育的普及与发展水平在很大程度上依赖地方的经济发展水平。经济发展不平衡是我国经济发展的一个典型特征,不同县域之间的经济发展差距非常悬殊。县域间经济发展极不平衡,反映在财力上也是如此,甚至比经济差异还要大。财力雄厚的县,财政收入可达几个亿甚至上百亿,无论是发展经济还是发展教育,都有很强的后劲;而财力匮乏的县,财政收入寥寥,连基本的"吃饭"也保证不了,根本无后续财源可言。由此可见,我国义务教育财政体制的发达地区取向造成了我国不同地区之间义务教育阶段的巨大差距。

---

[1] 2015年第二次修正后的《教育法》中已无此条规定。
[2] 田芬:《基础教育均衡发展研究》,苏州大学博士学位论文,2004年,第60页。
[3] 田芬:《基础教育均衡发展研究》,苏州大学博士学位论文,2004年,第61页。

应该说,"新机制"的实施、2006年修订后《义务教育法》的规定以及《基本公共服务领域中央与地方共同财政事权和支出责任划分改革方案》中有关义务教育支出责任的划分在一定程度上缩小了义务教育机会分配的不平等,但由于还存在中央和省级政府在义务教育经费投入中的具体责任不明确、投入比例不确定以及转移支付规模仍难以满足需求等问题,所以其平衡效应有限,从而仍然未能从根本上改变教育资源配置向经济发达地区以及城市倾斜的政策导向[1]。

(三) 重点学校制度对教育机会分配不公平的影响

学校办学水平差距悬殊是我国教育发展不平衡的一个重要表现。同一阶段不同学校之间之所以会出现办学水平差距悬殊的局面,与我国层层设置的重点学校制度密切相关。重点学校垄断了较多的优质教育资源,它加剧了教育领域内部资源配置的失衡,造成了一大批基础薄弱的"差校",导致学校之间差距不断拉大。

与20世纪五六十年代兴办重点学校的做法一样,在"文化大革命"结束之后,我国又兴起了举办重点中小学的高潮。1978年1月,经国务院批准,教育部颁发了《关于办好一批重点中小学的试行方案》,其中指出"全国重点中小学形成'小金字塔'结构,并在经费投入、办学条件、师资队伍、学生来源等方面向重点学校倾斜,由此形成国家级、省级、地级、县级的重点学校'层层重点'的格局"。1983年8月,《教育部关于进一步提高普通中学教育质量的几点意见》重申了办好重点中学的必要性,并提出"重点中学应逐步成为本地区中学开展教育、教育研究活动的中心"[2]。

20世纪90年代,重点中学建设取得了明显的成就。1995年7月,《国家教育委员会关于评估验收1 000所左右示范性普通高级中学的通知》,决定在2000年以前分期分批验收1 000所左右示范性普通高级中学(示范性高中)。原国家教委同时制定了《示范性普通高级中学评估验收标准(试行)》,作为引导各地加强示范性高中建设的指导性意见和评估验收示范性高中的基本依据[3]。

重点学校政策对我国居民的受教育机会产生了深刻的影响。重点学校绝大多数设在城镇,从而更有利于城镇学生的升学,造成了我国教育机会城乡分配的

---

[1] 邬志辉、于胜刚以吉林省和云南省为例也说明了这一观点,具体参见邬志辉主编、于胜刚副主编的《农村义务教育经费保障新机制》,北京大学出版社2008年版,第42—43页。
[2] 袁振国:《论中国教育政策的转变》,广东教育出版社1999年版,第36页。
[3] 田芬:《基础教育均衡发展研究》,苏州大学博士学位论文,2004年,第63页。

不平等。另外,重点学校在教育经费、师资配备、办学条件等方面远比一般学校优越,因而一些经济实力雄厚、社会地位显赫的家庭的子女通过采用各种手段获取优质教育资源,优先占据重点学校入学名额,这样使一些无法通过金钱和权力等择校的弱势阶层面临相当不利的处境,从而导致教育机会阶层分配的不平等。

20世纪90年代中期,原国家教委明确取消了义务教育的重点学校制度,同时叫停了评选,即要求暂停1 000所示范性高中、2 000所重点职业学校的达标评定活动,"促进地方把更多的投入用于薄弱学校的建设"[1]。此外,《义务教育法》第3章第22条明确规定:"县级以上人民政府及其教育行政部门应当促进学校均衡发展,缩小学校之间办学条件的差距,不得将学校分为重点学校和非重点学校,学校不得分设重点班和非重点班。"但在现实中,重点学校与非重点学校仍然普遍存在,它作为分化不同居民教育机会的机制还在不断发展。

第二节 高等教育机会分配不公平的制度和政策性原因

与义务教育一样,我们仍然从高等教育招生规定、收费政策以及高等教育资源配置三个方面来分析我国高等教育机会分配不公平的制度性原因。

一、高等教育招生规定与教育机会分配不公平

"文化大革命"结束以后,我国恢复了统一的高考制度,按照分数标准确定高等教育机会的分配,但20世纪90年代中期以来,实际招生工作中出现了"分数+金钱+权力"的入学标准,而2001年后高等教育招生又出现了自主招生制度,这些不同招生的规定使得高等教育机会的分配存在着显著的差异。

(一) 分数面前高等教育权利的平等

"文化大革命"结束以后,否定了"左"的错误路线,重新确立了尊重知识、尊重人才的社会价值,重新建立起以考试制度为核心、以学习能力为标准的公平竞争的制度环境。

---

[1] 朱开轩:《对当前若干教育热点问题的认识》,《中国教育报》1997年5月15日。

在20世纪70年代末,对中国教育产生最重大、最深刻影响的拨乱反正是恢复已经中断了10年的高等学校统一考试招生制度。1977年8月,教育部开会形成了《关于1977年高等学校招生工作的意见》,规定1977年高等学校招生采取各省、自治区、直辖市统一考试、择优录取的办法,工人、农民、上山下乡和回乡知识青年、复员军人、干部和高中毕业生都可以报考,年龄限制放宽到30岁,从应届高中毕业生中招收的人数占总数的20%~30%。1977年高等学校的招生考试于11月、12月在各地举行,全国共有570万人报考,录取21.7万人。[1] 1978年,高校招生40.02万人。1979年,招生27万名,其中应届高中毕业生占60%以上,研究生教育也开始恢复。1978年,全国210所高等学校、162所研究机构共招收研究生10 708人[2]。高考制度的恢复抛弃了基于政治面貌、家庭出身的政治歧视,通过分数面前的平等,重新恢复了全体公民平等的教育权利。

(二)"分数+金钱+权力"的入学标准与高等教育机会分配差异

自20世纪90年代中期以来,中国的社会变革和教育改革进入了一个崭新的发展阶段。由于市场经济和教育市场化的发展,单一公立学校的格局被打破,很多高校分别增设录取分数更低、收费更高的独立学院与中外合作班等,入学机会的单一分数标准也被打破,以金钱、权力换取入学名额被大规模地合法化,特别是在高校扩招以后,高等教育机会在城乡之间、地区之间分配的不平等程度不仅没有降低,反而还有升高的趋势。农村居民、欠发达地区居民在高等教育机会的获得方面存在明显的劣势。与此同时,高等学校学生中的阶层差距日益显现,阶层差距成为突出问题。接受高等教育、享受优质教育越来越成为家长社会经济地位的竞争,教育作为社会分层的工具,呈现出凝固和制造社会差距的功能。

除"分数+金钱+权力"的入学标准外,高校分省招生的招生政策也是造成我国高等教育机会分配不公平的另一重要原因。中国高校招生以分省定额计划为基础,分省定额计划是指1977年以来实行的招生计划名额以省(区、市)为单位进行分配和录取操作的招生办法,2001年以后,高校招生自主权有所扩大,高

---

[1] 中央教育科学研究所:《中华人民共和国教育大事记(1949—1982)》,教育科学出版社1983年版,第499页。

[2] 中央教育科学研究所:《中华人民共和国教育大事记(1949—1982)》,教育科学出版社1983年版,第507页。

校可以自行采取自主招生等不同的招生方式[1],按省(区、市)分配招生计划。由于高校地域分布并不均衡,属地招生计划多的分省招生政策是造成高等教育机会分配不公平的主要原因。

(三) 高等教育自主招生制度下的教育机会分配[2]

1. 高等教育自主招生制度的产生与发展

1998年《中华人民共和国高等教育法》将自主招生权作为37项高校办学自主权中的一项,这为高等院校展开自主招生工作奠定了法律基础。为更好地完善高等教育入学录取制度,落实高校招生自主权,推进义务教育从应试教育向素质教育转变,根据1999年《教育部关于进一步深化普通高等学校招生考试制度改革的意见》的精神,教育部在2001年批准东南大学、南京航空航天大学、南京理工大学三所部属高校先行在江苏省内进行小范围的自主招生试点改革。2002年,南京大学、中国药科大学和河海大学也加入江苏省内自主招生试点改革的行列。在总结江苏省高校自主招生试点改革经验的基础上,2003年,教育部发布了《教育部办公厅关于做好高等学校自主选拔录取改革试点工作的通知》,进行自主选拔录取改革试点的高校范围从江苏省的三所部属院校拓展到全国22所重点普通高校,由此真正拉开了中国普通高等院校自主招生制度改革的序幕[3]。2004年,自主招生试点改革范围继续扩大,东北大学、大连理工大学、武汉大学、华中师范大学、华南理工大学和西安交通大学等6所高校也开始走上自主招生之路。之后,教育部每年都以"通知"形式对自主招生试点高校、招考形式的调整进行说明。2015年,进行自主招生试点改革的部属高校从2014年的74所进一步增加到90所,其中面向全国各省(区、市)开展自主招生

---

[1] 有关自主招生方式对高等教育机会分配的影响详见下文。
[2] 直觉上来说,自主招生制度也更有利于高收入阶层,从而加剧教育机会分配的阶层不公平,但由于缺乏相关资料数据,故未深入阐述;另外,需要注意的是,教育部宣布,从2020年起,不再组织开展高校自主招生工作。
[3] 根据《教育部办公厅关于做好高等学校自主选拔录取改革试点工作的通知》,首批全国范围内进行自主招生改革试点22所高校是5所北京市的高校(北京大学、清华大学、中国人民大学、北京师范大学和中国政法大学)、5所上海市的高校(复旦大学、同济大学、上海交通大学、华东理工大学和华东师范大学)、7所江苏省的高校(南京大学、东南大学、南京航空航天大学、南京理工大学、河海大学、中国药科大学和南京农业大学)、1所浙江省的高校(浙江大学)、1所安徽省的高校(中国科学技术大学)、1所湖北省的高校(华中科技大学)、1所广东省的高校(中山大学)、1所重庆市的高校(重庆大学)。

的高校 77 所,只面向本省(区、市)开展自主招生的高校 13 所(具体见表 6.1)。

表 6.1 2015 年具有自主招生资格的试点部属高校名单

省(区、市)	面向全国	面向本省(区、市)
北京(19+1 所)	北京大学(2003)、清华大学(2003)、中国人民大学(2003)、北京师范大学(2003)、中国政法大学(2003)、北京邮电大学(2005)、北京交通大学(2005)、北京科技大学(2005)、北京林业大学(2005)、北京化工大学(2006)、北京中医药大学(2006)、中央财经大学(2007)、北京理工大学(2007)、华北电力大学(2008)、中国石油大学(北京)(2008)、北京航空航天大学(2008)、北京语言大学(2009)、中国传媒大学(2009)、对外经济贸易大学(2009)	北京工业大学
江苏(10+1 所)	南京大学(2003)、东南大学(2003)、河海大学(2003)、南京航空航天大学(2003)、南京理工大学(2003)、中国药科大学(2003)、江南大学(2006)、中国矿业大学(2006)、苏州大学(2009)、南京农业大学	南京师范大学
上海(8+1 所)	复旦大学(2003)、上海交通大学(2003)、同济大学(2003)、华东师范大学(2003)、华东理工大学(2003)、上海财经大学(2006)、上海外国语大学(2008)、东华大学(2008)	上海大学
湖北(7 所)	华中科技大学(2003)、武汉大学(2004)、华中师范大学(2004)、中国地质大学(武汉)(2006)、武汉理工大学(2006)、中南财经政法大学(2006)、华中农业大学(2008)	
陕西(6+1 所)	西安交通大学(2004)、西安电子科技大学(2005)、西北农林科技大学(2006)、西北工业大学(2007)、长安大学(2008)、陕西师范大学	西北大学
四川(4+1 所)	四川大学(2005)、电子科技大学(2005)、西南交通大学(2006)、西南财经大学(2008)	四川农业大学
山东(3 所)	山东大学(2005)、中国海洋大学(2006)、中国石油大学(华东)(2009)	
辽宁(3 所)	东北大学(2004)、大连理工大学(2004)、大连海事大学(2007)	
黑龙江(2+1 所)	哈尔滨工业大学(2007)、哈尔滨工程大学(2009)、东北林业大学(2015)	黑龙江大学
重庆(2+1 所)	重庆大学(2003)、西南大学(2008)	西南政法大学
湖南(2+1 所)	湖南大学(2005)、中南大学(2005)	湖南师范大学
安徽(2 所)	中国科学技术大学(2003)、合肥工业大学(2009)	
吉林(2 所)	东北师范大学(2005)、吉林大学(2009)	
天津(2 所)	南开大学(2005)、天津大学(2005)	

(续表)

省(区、市)	面向全国	面向本省(区、市)
广东(2所)	中山大学(2003)、华南理工大学(2004)	
福建(1+1所)	厦门大学(2005)	福州大学
浙江(1所)	浙江大学(2003)	
甘肃(1所)	兰州大学(2007)	
河南(1所)	—	郑州大学
广西(1所)	—	广西大学
贵州(1所)	—	贵州大学
云南(1所)	—	云南大学

资料来源:"阳光高考"网,http://gaokao.chsi.com.cn/gkzt/zzzs2015。

2. 自主招生制度的"本地化"倾向强化了高等教育机会分配的地区不公平

根据2015年具有高校自主选拔录取资格考生名单的不完全统计,我们发现获得重点高校录取资格的考生具有明显的"本地化"特征。从北京大学等11所"985工程"高校自主招生录取的学生数量位列前三位与后三位的省(区、市)的数据来看(见表6.2),北京大学的前三位分别是江苏、安徽和湖南,而后三位分别是贵州、西藏和宁夏;吉林大学的前三位分别是吉林、山东和黑龙江,而上海、广东和宁夏等11个省(区、市)并列最后;复旦大学的前三位分别是上海、江苏和浙江,而海南、云南、西藏等5个省(区、市)并列最后;南京大学的前三位分别是江苏、山东和辽宁,而内蒙古、海南、青海等6个省(区、市)并列最后;浙江大学的前三位分别是浙江、江苏和吉林,而后三位分别是云南、上海和青海;中国科技大学的前三位分别是安徽、河北、辽宁和河南(辽宁、河南并列第三),而后三位分别是云南、西藏和青海;厦门大学的前三位分别是山东、辽宁和安徽,而后三位分别是贵州、西藏和青海;山东大学的前三位分别是山东、河北和安徽,而西藏、青海和宁夏等10个省(区、市)并列最后;武汉大学的前三位分别是湖北、河南和安徽,而西藏和青海并列最后;中山大学的前三位分别广东、湖南和江苏,而后三位分别是西藏、青海和海南;四川大学的前三位分别是四川、山东和河北,而广西、海南等4个省(区、市)并列最后。

表 6.2 北京大学等 11 所"985 工程"高校自主招生生源地招生数量统计　单位：人

	北京大学	吉林大学	复旦大学	南京大学	浙江大学	中科大	厦门大学	山东大学	武汉大学	中山大学	四川大学
北京	56	1	3	2	4	3	8	3	5	6	11
天津	14	2	9	1	13	8	5	2	6	8	3
河北	37	12	6	4	27	20	20	27	18	20	37
山西	13	4	7	7	18	6	18	9	10	14	16
内蒙古	3	1	2	0	7	2	9	1	4	8	3
辽宁	19	26	4	13	24	15	36	9	13	25	27
吉林	21	52	6	2	31	4	21	3	3	23	1
黑龙江	9	28	8	1	16	6	12	2	4	8	1
上海	31	0	29	2	3	1	2	0	1	3	2
江苏	84	8	17	113	33	12	20	15	16	47	10
浙江	84	4	15	10	81	4	19	3	9	15	6
安徽	10	2	10	8	17	20	31	18	27	20	14
福建	6	1	5	5	10	11	28	2	7	11	1
江西	20	1	2	9	23	10	24	3	8	15	3
山东	28	47	5	19	23	11	36	333	21	40	38
河南	21	5	6	4	15	15	14	9	32	29	22
湖北	48	2	2	1	21	4	7	3	193	28	16
湖南	65	2	7	4	22	3	9	2	20	48	16
广东	23	0	12	4	18	6	5	0	13	161	6
广西	4	0	2	2	7	1	6	0	2	35	0
海南	4	0	0	0	4	1	2	0	1	0	0
重庆	18	0	4	3	10	3	14	0	8	15	35
四川	23	1	12	7	27	11	15	1	15	36	406
贵州	1	0	1	2	8	3	0	0	1	7	4
云南	2	0	0	4	3	0	5	0	2	6	7
西藏	0	0	0	0	4	0	0	0	0	1	0
陕西	19	1	0	4	25	3	4	4	11	13	6

(续表)

	北京大学	吉林大学	复旦大学	南京大学	浙江大学	中科大	厦门大学	山东大学	武汉大学	中山大学	四川大学
甘肃	5	0	1	4	5	5	8	2	4	9	4
青海	3	0	0	0	2	0	0	0	0	1	0
宁夏	0	0	2	0	4	1	2	0	1	2	1
新疆	6	1	1	0	13	1	10	1	3	6	2

资料来源:"阳光高考"网,http://gaokao.chsi.com.cn/gkzt/zzzs2015。

在上述11所高校中,自主招生本地化倾向最明显的是山东大学,2015年,在451名获得山东大学自主招生资格的考生中有333名考生来自山东省,本地生源比重高达73.84%;其次是四川大学和南京大学,两所高校自主招生本地生源比例分别达到了58.17%和48.09%;本地化倾向最弱的是北京大学和厦门大学,在677名获得北京大学自主招生录取资格的考生中只有8.27%的考生来自北京市,在390名获得厦门大学自主招生录取资格的考生中只有7.18%的考生来自福建省(见图6.1)。自主招生本地化特征明显,部分是由考生对省(区、市)内高校的偏好造成的,但可能更多的是当地政府行政干预的结果,由于在自主招生环节多招收当地考生是增加省(区、市)内生源接受优质教育机会的一个途径,重点院校特别是一些曾经省部共建或部分经费来自当地政府拨款的高校会受当地人民政府要求加大招收本地考生力度的影响而产生自主招生本地化的现象。

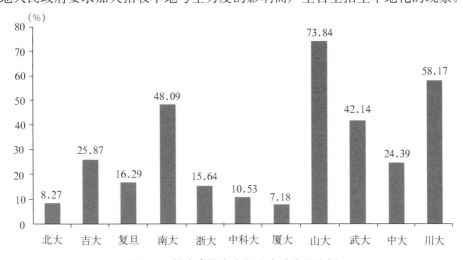

图6.1 样本高校自主招生本地生源比例

有本地化倾向的自主招生制度强化了高等教育入学机会分配的区域不公平。从表6.1可知,试点自主招生的部属高校主要集中在经济发达和高等院校集中的东部省(区、市)或个别中部省(区、市),中西部地区进行自主招生试点的院校则相对较少。在自主招生生源主要来自本省(区、市)的情况下,自主招生制度有利于北京、上海、江苏、湖北等重点高等院校密集地区的考生获得更多的接受优质高等教育的机会,而河南、贵州、云南等省(区、市)由于没有或者只有很少"985工程"高校或"211工程"高校,辖区内的考生面临着优质高等教育机会被自主招生挤占的风险。以2015年自主招生的初选为例,通过北京大学初选的1 900名考生中北京考生占231人(占12.2%),通过中国人民大学初选的637名考生中北京考生占113人(占17.7%),通过吉林大学初选的432人名考生中吉林考生占112人(占25.9%),通过兰州大学初选的1 065名考生中甘肃考生占198人(占18.6%),这说明部属重点高校的自主招生机会大部分被高校所在地的考生占据了[1]。在部属重点高校教育经费来自中央财政拨款的教育财政体制下,有本地化倾向的自主招生政策进一步加剧了高等教育机会特别是优质高等教育机会区域分配不公平的倾向。

3. 自主招生制度的城市倾向强化了高等教育机会分配的城乡不公平

此外,我们还发现自主招生制度的城市倾向也十分明显。以2015年自主招生为例:河北省37名获得北京大学自主招生录取资格的考生中有17名来自省会城市石家庄、18名来自地级市的中学、2名来自县城中学;浙江省81名获得浙江大学自主招生录取资格的考生中有27名来自省会城市杭州(其中4名来自非市中心的高中)、32名来自地级市的中学,而只有22名来自县城中学;江苏省113名获得南京大学自主招生录取资格的考生中有22名来自省会城市的2所重点高中,其中南京师范大学附属中学18名、金陵中学4名;农村户籍考生获得自主招生资格的机会微乎其微。自主招生中的城市倾向与其选拔方式与标准密切相关。无论是在信息获取与资格审查方面还是在面试内容(如语言表达能力和文学、艺术特长等)等方面,自主招生都具有明显的城市倾向,农村考生处于明显不利的地位。

有城市倾向的自主招生制度加剧了高等教育机会分配的城乡不公平。厦门

---

[1] 陈斌:《两种规则公平要哪一种》,《南方周末》2015年5月8日。

大学高等教育研究中心曾对全国 11 个省(区、市)2 465 位 2009 级大学新生做了全面调查,结果显示农村学生只占自主招生新生的 7.91%,而在统一招生中农村户籍考生的比例占到 36.87%(荀振芳、汪庆华,2011)。黄晓婷和卢晓东(2015)的个案分析也表明,K 校自主招生录取的学生中农村学生的比例远低于统一招生中农村学生的比例,2005—2009 年,该校统一招生中城镇学生与农村学生的录取比例为 83.6∶16.4,而自主招生中城镇学生与农村学生的录取比例则高达 94.6∶5.4。上述研究均表明,与统一招生相比,城镇考生特别是大中城市考生在自主招生制度下在高等教育入学方面拥有更多的信息优势、成本优势、社会资本优势和知识结构优势,是自主招生的竞争主体。在高校招生规模给定的条件下,自主招生规模的扩大会使城镇考生挤占农村考生获得高等教育的入学机会,从而加剧高等教育机会城乡分配的不公平。

二、高等教育收费下教育机会的分配

(一) 我国高等教育收费制度的演进

1. 免费教育到收费教育的过渡时期

从新中国建立至改革开放的头几年,我国高等教育招生培养制度实行的是"统包、统分、免费入学、毕业分配",学生上学无须交纳学杂费用。随着改革的深化,"统包、统分"的办学模式越来越与社会经济发展不相适应,它限制了学校的办学自主权,使高等学校缺乏适应社会经济发展的活力。与此同时,高等教育事业的较快发展又使国家财政难以支撑。在这一背景下,让学生及其家庭承担高等教育成本已成为一个重要趋势。

1989 年原国家教委、物价局和财政部联合颁布文件,对按国家计划招生的学生(除师范生外)收取学杂费和住宿费。尽管当时规定的每年收取学杂费的标准仅为象征性的 100 元,广东、上海略高,不超过 200 元,住宿费每学年也仅收取 20 元[1],但这一举措却表明我国高等教育放弃了新中国成立后长期沿用的"免费上大学"政策,开始了一个新时期。

---

[1] 资料来源于 1989 年 8 月 22 日发布的《国家教委、国家物价局、财政部关于普通高等学校收取学杂费和住宿费的规定》。

事实上从20世纪80年代中期开始,我国就在高等学校中逐步推行了委培生、代培生和自费生制度。其缴费标准是"不高于国家任务招生培养同类学生所需的实际经常费用,也不低于国家任务招生培养同类学生所需实际经常费用的80%"。当然,这种国家任务招生、委托培养招生和自费生招生多种形式并存的新体制,对人才选拔标准、招生录取和教学管理等都带来了一些不便和弊端,因而它只是从免费教育到收费教育的一种过渡形式[1]。

2. 收费标准地方化时期

1992年以后,随着市场经济体制改革的进一步深化,大学生学费制度也发生较多变革。1992年6月,《国家教委、财政部和国家物价局关于进一步改革和完善普通高等学校收费制度的通知》提出,高校收费标准不再由中央统一制定,而是交由各级教育行政主管部门根据当地情况自行制定。在这一精神的指引下,各省、自治区、直辖市对管辖下的各高等学校的收费标准做了规定,部委院校的收费标准也尽量向地方靠拢。此次改革的结果是学杂费标准普遍提高,当年全国大学生的平均学杂费交纳金额为208元,而到1993年这一指标上升到610元。学杂费占高等教育成本的比例大幅上升,由1992年的4.34%跃升为12.12%[2]。

3. 进入高收费时期

1993年,原国家教委决定在全国部分高等学校进行全部学生交纳部分培养费的试点,其收费标准为生均350元/年。1994年,国家教委所属的37所高等学校及一批地方高等学校取消了国家任务计划招生和自费招生的双轨制,将国家计划生与委培生、自费生的招生计划、录取标准和收费标准三统一。此后,国家教委要求到1997年,我国所有普通高等学校,除师范、农林水利、地矿等特殊行业的院校、专业外,都要并轨招生,新生都要交纳一定比例的培养费。1995年,实行并轨招生的高校增加到246所,1996年则增加到600多所,并轨之后,高校收费标准进一步提高。以1996年为例,最低不低于1 200元,最高则在3 000~5 000元,美术、广告、设计、表演等艺术院校的收费则在4 000~6 000元[3]。此后,中国高等教育学费的年均增长率保持在25%左右(扣除物价因

---

[1] 朱旭:《我国高校学费制度探讨》,四川师范大学硕士学位论文,2006年,第19—20页。
[2] 《1989年:中国高校收费改革元年》,搜狐新闻,2007年,http://news.sohu.com/20070703/n261109745.shtml。
[3] 朱旭:《我国高校学费制度探讨》,四川师范大学硕士学位论文,2006年,第20页。

素),其中1998—1999年的学费增长率更是高达44%,而同期居民收入水平的增长速度远低于这一水平[1],这无疑给居民家庭带来了巨大的支付压力。

针对这一现象,教育部、财政部和国家发改委在2001—2006年每年都专门下发通知,强调"高校的学费和住宿费的标准要稳定在2000年的水平上,不得提高"。经历了几年的稳定期后,2007年,有不少省(区、市)开始酝酿调整高校学费,但当年5月,又颁布了《国务院关于建立健全普通本科高校高等职业学校和中等职业学校家庭经济困难学生资助政策体系的意见》,要求"今后五年各级各类学校的学费、住宿费标准不得高于2006年秋季相关标准"。因此,高校学费调整工作又停滞了五六年[2]。

2013年开始,高等学校收费经历了新一轮的"涨价潮"。福建成为这一轮学费涨价潮中首个省(区、市),2013年4月,该省下发通知,从当年秋季学期起,提高部分福建本科高校学费标准,最高上浮30%。此后,广西、山东、湖北、湖南、天津等多个省(区、市)陆续跟进,启动本省(区、市)学费上涨程序。进入2014年,江苏、贵州和宁夏等省(区、市)亦相继公布了2014年秋季普通高校学费新的执行标准,江苏省公办高校学费平均涨幅为16.4%,而贵州和宁夏的平均涨幅则分别高达34.6%和49.7%[3]。

应该说,高等教育收费符合理论的要求,并且从历史发展趋势看,是必然要进行的。但在实践中,由于其收费标准较高,同时又缺乏完善的配套措施,故而对高等教育机会分配产生了一些影响。

(二) 高等教育收费对教育机会分配的影响

在高等教育"免费入学加人民助学金"时期,接受高等教育的人数非常有限,1950—1960年的11年中,有7年高中毕业人数少于高等学校招生人数,而且每年招生人数少则五六万,最多也只有二三十万,居民接受高等教育的机会整体匮乏。但是,免费入学加助学金的推行,有利于保障工农群众的受教育权利,使高等教育不再是富有阶级的特权,这一政策的推行使我国工农群众获得了更多的

---

[1] 数据来源于刘民权、俞建拖、李鹏飞:《学费上涨与高等教育机会公平问题分析》,《北京大学教育评论》2006年第2期。
[2] 宋伟涛、沈大雷:《高校学费调整难题求解》,《中国教育报》2014年7月14日。
[3] 《大学学费迎"涨价潮" 少则涨一成 多则翻番》,人民网,2014年,http://edu.people.com.cn/n/2014/0818/c1053-25482335.html。

高等教育机会[1]。

但是,完全免费的高等教育意味着少数接受高等教育的人占用了大量的公共高等教育经费,这明显是不公平的;特别是在20世纪80年代,我国是以牺牲初等教育为代价发展高等教育的,教育投资明显向高等教育倾斜,这更不公平。政府高等教育经费支出越多,不公平的情形就越显著。高等教育实行收费政策后,国家可以在不增加高等教育公共投资的情况下使高等教育招生名额扩大,从而使更多的人能够获得高等教育机会。统计表明,1989年高校开始收费后,每年招生人数都有大幅度的增加,到了1993年,高校招生总数达98万[2]。特别是在高等教育并轨完成进入高收费阶段后,随着高校的扩招,高等教育的在校生人数迅速增加到2013年的2 468.07万人[3],人们接受高等教育的机会增加了,从而有利于高等教育机会分配的公平[4]。

但是也应看到,高等教育收费使一部分居民的教育机会受到影响。目前,我国城乡之间、各地区之间的收入水平差距很大,致使城乡家庭以及不同地区的家庭面对支付高等教育统一的高额学费时面临着不同的选择,过重的经济压力使一部分学生不得不放弃入学,或者选择收费相对较低的学校或专业就读,从而导致入学机会的差异。总体来看,高等教育收费影响了弱势家庭子女的教育机会,我们认为这与高等教育收费标准过高有较大关系。据统计,我国高校生均学费已经从1995年的800元左右上涨到了2004年的5 000元左右,短短十年间,大学学费飞涨750%。2013年之后,伴随着新一轮的学费上涨,按上涨幅度27.5%计算[5],包含住宿、吃饭、穿衣等费用在内,平均每个大学生每年的费用上涨至2万左右,4年大学需要8万元左右。即使以最新的2019年居民人均可支配收入数据计算[6],供养一个大学生,也需要花费一个城镇居民2年左右的可支配收入,更需要一个农民5年左右的可支配收入。此外,自2009年以来,全日制专业硕士发展迅速,招生比例和招生专业都有大幅度的增加,但专业型硕士收费普

---

[1] 朱旭:《我国高校学费制度探讨》,四川师范大学硕士学位论文,2006年,第19页。
[2] 《1977—2014历年全国高考人数和录取统计》,新浪教育,2015年,http://edu.sina.com.cn/gaokao/2015-06-18/1435473862.shtml。
[3] 数据来源于2013年《中国教育统计年鉴》。
[4] 孟瑜:《高等教育收费制度与教育公平》,《教育与经济》2003年第1期。
[5] 据教育部统计,此次学费调整幅度多在20%～35%,取平均值27.5%计算。
[6] 我国城镇和农村居民人均可支配收入分别为42 358.8元和16 020.67元。

遍比学术型硕士和大学阶段的收费高出很多[1]。高额的学费给许多家庭带来了沉重的经济负担,他们没有能力供养自己的子女接受高等教育。另外,我国目前居民收入水平存在着巨大差距,居民收入分配的基尼系数已高达 0.51,超过了国际上公认的警戒线水平。巨大的收入差距使不同居民在高额的学费面前做出不同的选择,导致接受高等教育机会的差异。可见,实行高等教育收费政策以后,社会经济地位较低的家庭及其学生面临着更大的压力,由于缺乏有效的助学措施来支持社会经济地位较低的学生,这些学生因付费能力不足而失学,因而对社会经济地位较低的学生的受教育机会产生了负面影响,也因此引发了新的高等教育机会分配不公平的问题。

三、高等教育资源配置与教育机会分配的差异

有限的教育资源在初等、中等和高等三级教育之间如何配置,对教育机会的分配会产生重要的影响。

长期以来,我国政府在教育资源上的配置形成了"重高轻基"的格局。从 20 世纪 50 年代开始,我国教育发展的重心就逐渐上移到了高等教育,20 世纪 80 年代之后,伴随着基础教育的管理权限进一步下放到地方,中央政府的教育投入更多地投向了高等教育,高等教育经费所占比例已超过 30%。1987 年,我国大学生生均经费高达 2 314.7 元,而小学和中学的仅为 59.9 元与 141.15 元,大学的生均经费是小学和中学的 38.6 倍和 16.4 倍。三级教育经费的比重如此失调,是世界各国少有的[2]。

20 世纪 90 年代以来,这种"重高轻基"的资源配置失衡仍然明显存在。高等教育经费总量中的 80% 来自政府,而义务教育经费中却只有 60% 来自政府拨款。"九五"期间,国家预算内教育经费对普通高校的拨款大幅度增加,它从 1995 年的 197 亿元增至 2000 年的 504 亿元,增幅为 155.8%;同期对普通高中的拨款增幅为 123.9%;而对义务教育的拨款增幅仅为 98%,大大低于普通

---

[1] 例如,上海某高校本科大部分专业的收费为 5 000 元/年,学术型硕士学位研究生基本为 8 000 元/年,但专业型学位研究生的收费最少的为 40 000 元/学制,最高的达到 428 000/学制,很多全日制专业型学位研究生的收费都在十几万到几十万。

[2] 《三级教育的结构》,人民网,http://theory.people.com.cn/。

高校[1]。1998年之后,由于高等教育的加速发展,这种倾斜还有所扩大。如表6.3所示:1998—2003年,高等教育经费所占比重连年上升,到2003年达到22.77%,此后略有下降,但2008年又大幅上升,所占比重为30.31%,2013—2017年,高等教育支出所占的比重基本在25%左右;初等教育经费所占比例在2011年之前基本呈逐年下降趋势,只是自2012年以来有所提高;而中等教育经费所占比例则基本呈逐年下降趋势。

表6.3 教育经费在各级教育中的比重　　　　　　单位:%

	初等教育	中等教育	高等教育	其他教育
1998年	36.03	40.07	18.88	5.02
1999年	35.28	39.37	20.67	4.68
2000年	34.72	38.65	21.99	4.64
2001年	35.06	37.96	21.78	5.20
2002年	34.91	37.42	22.56	5.11
2003年	34.53	37.76	22.77	4.94
2004年	34.51	37.59	22.61	5.29
2005年	34.03	37.81	21.87	6.29
2006年	32.99	36.68	20.52	9.81
2007年	33.89	36.81	19.91	9.39
2008年	26.95	36.55	30.31	6.19
2009年	28.18	37.04	29.22	5.56
2010年	30.04	35.60	28.40	5.95
2011年	30.40	35.10	28.82	5.68
2012年	30.90	35.40	26.69	7.02
2013年	32.16	35.43	25.48	6.94
2014年	34.52	33.71	25.88	5.90
2015年	35.46	33.73	25.63	5.18
2016年	36.73	33.66	25.10	4.51
2017年	36.95	33.64	25.39	4.03

注:资料根据1999—2008年《中国统计年鉴》和2009—2018年《中国教育经费统计年鉴》计算得到。

---

[1]《三级教育的结构》,人民网,http://theory.people.com.cn/。

世界银行经济学家萨卡罗普洛斯曾对不同地区、不同类型国家的教育收益率进行测算,他研究发现:在发展中国家,高等教育的个人收益率远远高于初等教育的个人收益率[1],换言之,初等教育的社会收益率远远高于高等教育的社会收益率(见表6.4),这说明有限的教育资源过多地向高等教育配置是有失公平的。

表6.4 世界若干地区的教育收益率　　　　　　　　　　单位:%

	社会收益率			个人收益率		
	初等教育	中等教育	高等教育	初等教育	中等教育	高等教育
非洲	28	17	13	45	26	32
亚洲	27	15	13	31	15	18
拉丁美洲	26	18	16	32	23	23

资料来源:杨东平:《中国教育公平的理想与现实》,北京大学出版社2006年版,第86页。

不仅如此,高等教育资源内部配置的不均衡对居民的教育机会也有着重要的影响。高等教育资源内部配置的不均衡一般有三个层次的表现,即地区间的不均衡、学校间的不均衡以及学科间的不均衡,其中以学校间的不均衡最为明显,主要表现为重点院校与非重点院校之间的不均衡。

20世纪90年代以来,我国高等教育资源的分配更加倾向于少数高等学校。例如:1999—2002年,在"985工程"高校中,清华大学、北京大学分别获得中央经费资助18亿元;浙江大学、复旦大学、南京大学等高校分别获得6~7亿元;另外,地方财政又对上述重点大学进行了同比例的支持,从而导致这些重点高校的生均公共经费远远高于一般院校。2015年,在实施"211工程""985工程"等重点建设的基础上,国务院印发了《统筹推进世界一流大学和一流学科建设总体方案》。此后,我国积极统筹推进"双一流"建设,共确定了一流大学建设高校42所,一流学科建设高校95所,并由中央和地方对其进行资金等方面的支持。从整体上看,尽管各重点高校或各重点建设项目所获资金数额有差异,但被列为重点建设的学校所获经费远远超过一般院校,从而使我国公共高等教育资源非均衡配置的特点在20世纪90年代后半期表现得更为明显[2]。公共高等教育

---

[1]《三级教育的结构》,人民网,http://theory.people.com.cn/。
[2] 刘东浩:《我国高等教育财政的困境分析与对策研究》,南昌大学硕士学位论文,2006年。

资源校际的非均衡配置造成了不同学校间学生受教育机会的悬殊差距。

另外,高等院校在地域之间的分布也是极不平衡的,这也成为各地录取率差别极大的重要原因。

第三节 教育机会分配不公平制度影响因素的定量分析

以上内容定性分析了影响我国教育机会分配不公平的制度和政策性原因,为验证上述结论,我们试图对此进行定量分析。考虑到定量分析的可行性,我们主要验证了义务教育财政体制改革对义务教育机会分配不公平的影响以及教育财政制度安排对总体教育不平等的影响。

一、义务教育财政体制改革对教育机会分配不公平的影响

自 21 世纪开始,我国义务教育财政体制主要经历了两次重大的变革:一是 2001 年农村义务教育经费供给由"乡村自供"向"以县为主"转变;二是 2006 年开始实施的农村义务教育经费保障新机制(简称"新机制")。这两次重要的变革对城乡之间以及地区之间的教育机会分配产生了重要的影响,在此,我们以义务教育经费作为因变量的测度指标,检验了两次改革对城乡之间和地区之间义务教育不平等的影响。

(一)义务教育财政体制改革对城乡间义务教育不平等的影响

1. 计量模型建立

参照宗晓华等(2013)、赵海丽(2015)等文献,并结合本书的研究重点,我们建立了如下计量模型:

$$\ln Gap_{it} = \alpha + \beta_1 YXWZ_{it} + \beta_2 XJZ_{it} + \sum_j \rho_j \ln X_{jit} + \xi_{it} \qquad (6.1)$$

其中:Gap 代表城乡预算内生均义务教育经费支出之比;$YXWZ$ 表示"以县为主"改革的虚拟变量,因为 2001 年我国农村义务教育开始实行"以县为主"的管理体制,所以该变量在 2001 年之前设置为 0,2001 年及之后设置为 1;XJZ 表示"新机制"改革的虚拟变量。考虑到新机制最早于 2006 年在西部地区开始实

施,2007年才在中部和东部地区实施,因此,设置"新机制"虚拟变量时:西部省(区、市)2005年及之前赋值为0,2006年及之后赋值为1;中部和东部省(区、市)在2006年及之前赋值为0,2007年及之后赋值为1。α为回归方程的截距项,β_1、β_2为对应变量的回归系数,ξ表示误差项。$\sum X$为控制变量,根据卢珂(2014)、成刚等(2015)的研究,我们在实证分析中纳入了以下变量。

(1) 人均GDP($PGDP$),用以反映地区经济发展水平。随着地区经济的发展,相较于城镇,农村义务教育支出的增长速度会较快,从而有利于城乡预算内生均义务教育经费支出之比的缩小。在此我们使用以1995年为基期的人均实际GDP数据。

(2) 财政支出规模(FE)。随着财政支出规模的扩大,偏向城市的教育支出倾向有所改善,从而对城乡义务教育经费差异起到收敛的作用。该变量使用地区财政支出占地区GDP的比重进行测度。

(3) 财政分权水平(FD),它反映了地方政府财力自主度,财政分权水平越高的地区,地方政府将有更多的资金自由支配。相对于中央政府,地方政府对义务教育经费的需求状况更加了解,在农村义务教育投入相对不足的情况下,分权程度的提高意味着地方政府可能会增加对农村义务教育的投入,从而缩小城乡差距。财政分权水平(FD)使用地方财政收入与财政支出的比重测度。

(4) 城市化水平($Urban$),用以反映地区的城乡人口相对规模。随着城市化水平的逐渐提高,中小学生不断涌入城市,这可能会引起城镇生均教育经费的下降和农村生均教育经费的提高,进而缩小城乡义务教育经费差距。城市化水平($Urban$)用城镇人口与农村人口之比表示。

模型中样本数据来源于相关年份《中国统计年鉴》《中国人口和就业统计年鉴》《中国教育统计年鉴》《中国教育经费统计年鉴》和《中国财政年鉴》。我们使用的数据包括1997—2011年31个省(区、市)共465个观察值,为面板数据结构。各变量的描述性统计如表6.5所示。

2. 回归结果

由于各地区存在地理、人文等方面的差异,可能影响城乡义务教育经费的需求和供给,为了消除各省(区、市)的异质性对城乡义务教育经费的影响,本文将分别使用固定效应模型和随机效应模型进行回归,结果如表6.6所示。

表 6.5 各变量描述性统计

变量名	观察值	平均值	标准差	最小值	最大值
生均义务教育经费(PF)(千元)	465	2.24	2.50	0.20	19.42
义务教育经费城乡差距(Gap)	465	0.79	0.42	0.02	2.20
"以县为主"改革虚拟变量($YXWZ$)	465	0.75	0.43	0.00	1.00
"新机制"改革虚拟变量(XJZ)	465	0.38	0.48	0.00	1.00
人均GDP($PGDP$)(千元)	465	1.34	1.01	0.21	5.18
财政支出规模(FE)	465	0.19	0.14	0.05	1.29
财政分权(FD)	465	0.52	0.20	0.05	0.95
城市化($Urban$)	465	0.42	0.16	0.13	0.89

表 6.6 义务教育财政改革对义务教育经费城乡差距的影响

各地区城乡生均义务教育经费比	模型(1) 固定效应	模型(2) 随机效应
"以县为主"改革($YXWZ$)	−0.185**	−0.188**
	(0.0875)	(0.0817)
"新机制"改革(XJZ)	−0.119*	−0.144*
	(0.0582)	(0.0834)
人均GDP($PGDP$)	−0.539***	−0.447***
	(0.134)	(0.102)
财政支出规模(FE)	−0.164	−0.298
	(0.270)	(0.209)
财政分权(FD)	−0.532*	−0.481*
	(0.272)	(0.251)
城市化($Urban$)	−0.0864	−0.0505
	(0.0979)	(0.0954)
常数项	0.122	0.407
	(0.704)	(0.431)

(续表)

各地区城乡生均义务教育经费比	模型(1) 固定效应	模型(2) 随机效应
观察值	464	464
R^2	0.524	
豪斯曼检验-p	0.404	

注：括号中为标准误差；*** $p<0.01$，** $p<0.05$，* $p<0.1$。

首先进行豪斯曼检验，以判断固定效应模型和随机效应模型哪一个更加有效。豪斯曼检验结果接受原假设，认为固定效应模型和随机效应模型的结果并无明显区别。由表6.6可知，各变量在固定效应和随机效应模型中的结果基本一致，在此我们根据随机效应回归结果进行解释说明。

"以县为主"改革（YXWZ）的回归系数在5%的水平上显著为负，说明"以县为主"改革缩小了城乡之间生均义务教育经费差异，具体来说，改革之后较改革之前，城乡生均义务教育经费之比下降了0.188个百分点。"新机制"改革（XJZ）的回归系数在10%的显著性水平上显著为负，说明"新机制"改革（XJZ）也缩小了城乡之间生均义务教育经费差异，改革之后较改革之前，城乡生均义务教育经费之比下降了0.144个百分点。两次投资主体上升的义务教育财政改革对城乡之间义务教育经费差异均产生了收敛作用，这一结果再次说明，我国义务教育的城乡差距在很大程度上是由义务教育投资主体过低造成的，要缩小这一差距，应进一步提升义务教育的公共投资主体。

人均GDP（PGDP）变量的回归系数在1%的显著性水平上显著为负，表示随着经济的不断增长，城乡之间生均义务教育经费差异不断缩小，这与之前的预测一致，说明经济增长对城乡之间的教育资源差距起到了收敛的作用。财政分权（FD）变量的回归系数在10%的水平上显著为负，说明中央对地方的财政放权更加利于农村教育经费的增长，从而缩小了城乡生均义务教育经费差距。财政支出规模（FE）和城市化（Urban）系数均为负，但是不显著，不能说明其对缩小城乡生均义务教育经费差距有影响。

（二）义务教育财政体制改革对地区间教育差距的影响

接下来我们将分析"以县为主"改革和"新机制"改革对地区之间生均义务教育经费差异的影响。为便于分析，我们将全国31个省（区、市）分为东、中、西三部分,通过分别考察两次改革对各地区生均义务教育经费的影响,进而得出义务教育财政改革对地区间教育经费差距的影响。

1. 计量模型建立

为考察义务教育财政改革对地区间义务教育经费的影响,参照相关文献,我们建立了如下计量模型:

$$\ln PE_{it} = \alpha + \beta_1 YXWZ_{it} + \beta_2 XJZ_{it} + \sum \rho_j \ln X_{jit} + \xi_{it} \qquad (6.2)$$

其中:PE_{it}代表第i个省(区、市)在第t年的生均义务教育经费支出;$YXWZ$和XJZ分别表示"以县为主"改革和"新机制"的虚拟变量,虚拟变量的设置与前文相同;α为回归方程的截距项;β_1、β_2仍为对应变量的回归系数;ξ表示误差项;$\sum X$为控制变量,所纳入的变量与前文相同,包括人均GDP($PGDP$)、财政支出规模(FE)、财政分权(FD)和城市化($Urban$)。与前面一样,我们所使用的样本数据包括1997—2011年共465个观察值的面板数据,所用数据的描述性统计仍然如表6.5所示。

2. 回归结果

在此,我们选用固定效应模型进行回归,先在全国层面考察"以县为主"改革和"新机制"改革对生均义务教育经费的影响,然后分东、中、西部分别考察两次改革影响的地区异质性,从而分析两次改革对缩小地区间教育经费差异的影响,回归结果如表6.7所示。

表6.7 义务教育财政改革对义务教育经费地区间差异的影响

各地区生均义务教育经费	模型(3)	模型(4)	模型(5)	模型(6)
	全国	东部	中部	西部
"以县为主"改革($YXWZ$)	0.163***	0.0730**	0.201***	0.0911**
	(0.0254)	(0.0335)	(0.0554)	(0.0442)
"新机制"改革(XJZ)	0.287***	0.199***	0.276***	0.287***
	(0.0269)	(0.0357)	(0.0545)	(0.0426)
人均GDP($PGDP$)	1.278***	1.535***	1.366***	1.213***
	(0.0414)	(0.0660)	(0.0967)	(0.0584)

(续表)

各地区生均义务教育经费	模型(3) 全国	模型(4) 东部	模型(5) 中部	模型(6) 西部
财政支出规模(FE)	0.603***	0.786***	0.279	0.622***
	(0.0736)	(0.0986)	(0.187)	(0.110)
财政分权(FD)	0.131*	−0.113	−0.267	0.0752
	(0.0732)	(0.110)	(0.185)	(0.126)
城市化(Urban)	−0.0124	−0.0595*	−0.0232	−0.0537
	(0.0296)	(0.0347)	(0.0740)	(0.0539)
常数项	−1.408***	−2.023***	−0.782	−1.186***
	(0.188)	(0.235)	(0.509)	(0.285)
观察值	465	165	120	180
R^2	0.977	0.984	0.980	0.980

注：括号中为标准误差；*** $p<0.01$，** $p<0.05$，* $p<0.1$。

从回归结果可知，"以县为主"改革(YXWZ)和"新机制"改革(XJZ)在4个模型中都显著为正数，这说明不管是从全国来看还是分地区来看，两次义务教育财政改革都促进了地区生均义务教育经费的上升，具体分析如下。

首先分析"以县为主"改革(YXWZ)，从全国来看，"以县为主"改革使得地区生均义务教育经费上升了0.163%；分地区来看，该项改革使东部地区生均义务教育经费上升了0.073%，使中部地区生均义务教育经费上升了0.201%，使西部地区生均义务教育经费上升了0.0911%。综合来看，"以县为主"改革对中部地区生均义务教育经费的提升作用最大，西部其次，而东部最小，由此可知，此次教育财政改革对东部地区与中西部地区的义务教育经费差距起到了显著的收敛作用。

从全国来看，"新机制"改革使得地区生均义务教育经费上升了0.287%；分地区来看，这一改革使东部地区生均义务教育经费上升了0.199%，使中部地区生均义务教育经费上升了0.276%，使西部地区生均义务教育经费上升了0.287%。综合可知，"新机制"改革对西部地区生均义务教育经费的提升作用最大，中部其次，而东部最小，由此可知，此次义务教育财政改革对东部地区与中西部地区的经费差距也起到了显著的收敛作用。

综合上述分析可知,"以县为主"和"新机制"的义务教育财政改革都缩小了地区间生均义务教育经费的差距,因此,为进一步缩小地区间义务教育差距,还应进一步提升义务教育的公共投资主体,具体来说,应进一步增强中央政府和省级政府在义务教育公共投资中的责任。

其他控制变量的分析如下。

从全国和分地区结果来看,$PGDP$ 的回归系数均在 1% 水平上显著为正,人均 GDP 上升 1%,将引起全国生均义务教育经费支出上升 1.278%,使得东部、中部、西部地区生均义务教育经费支出分别上升 1.535%、1.366% 和 1.213%。通过对比可知,人均 GDP 对教育经费的提升作用,在东部地区最佳,中部其次而西部最低。

财政支出规模(FE)的回归系数均为正,从全国来看,财政支出规模增加 1%,引起生均义务教育经费增加 0.603%,引起东部和西部地区生均义务教育经费支出显著增加 0.786% 和 0.622%。从回归结果来看,财政支出规模(FE)对中部地区义务教育经费的影响并不显著。

从全国整体来看,FD 的系数为正,而且在 10% 的水平上显著,说明财政分权促进了义务教育经费的增加。但是分地区来看,FD 对义务教育经费的影响并不显著。从 4 个模型的回归系数来看,城市化($Urban$)对地区义务教育经费起到了负向作用,城市化越高,地区生均义务教育经费支出越低。但是这一结果只在东部地区具有显著性。

二、总体教育不平等影响因素的定量分析

本部分将选用平均受教育年限来反映总体教育水平,对城乡间总体教育不平等与地区间总体教育不平等的影响因素进行定量分析,其中重点考察了相关教育财政制度安排的影响。参照卢珂(2014)、宗晓华等(2013)文献,我们考察的变量主要分为以下四类。

(1) 地区经济发展水平变量。这类变量能够在一定程度上反映居民收入水平,收入水平较高的居民,可以为子女教育提供足够的资金支撑;同时,经济发展程度越高的地区,对于劳动者学历的要求往往更高,因而能够从需求的角度对平

均受教育年限产生影响。这些变量包括地区人均GDP（PGDP）、产业结构（IS）等。

（2）地方政府对教育的投入努力程度。这类变量在一定程度上反映了地方政府对地方教育发展的经费支持程度。在经济发展状况一定的情况下，地方政府的教育财政支出越多，意味着更多的教育资源被提供，从而可以影响当地的平均受教育年限。一般地，这类变量主要包括预算内教育经费支出占GDP的比重、预算内教育经费支出占地方财政总支出的比重等。本文采用预算内教育经费占财政支出的比重来反映地方政府的教育投入努力程度，用 $EDUE$ 表示。

（3）财政分权程度。一方面，由于地方政府相较于中央政府对于当地居民的公共服务偏好有更好的了解，在其他情况不变的条件下，财政分权程度越高，地方政府越可以更好地提供教育等公共服务，改善教育条件，促进教育的发展。但另一方面，在地方政府间财税竞争和官员晋升竞争下，地方政府会努力发展当地经济，从而更多地将资源投入非教育的其他领域，因而对缩小教育差距产生不利的影响。在此，用当地政府的自主收入与财政支出之比来反映财政分权程度，用 FD 表示。

（4）人口因素。我们将从人口规模和人口分布两个方面考察人口因素对教育不平等和教育发展的影响。人口规模越大，在教育机会和教育资源一定的情况下，将会使得接受高层次教育的人口比例越小，从而导致平均受教育年限越低。人口规模用当地的人口密度反映，以 $Density$ 表示。人口分布主要是从城乡人口结构角度出发进行考察的，随着城市化的不断推进，越来越多的农村居民涌入城市，导致城市教育资源相对不足，这将缩小城乡间的教育差距；但与此同时，城市化使得农村居民中具有较高学历的人口涌入城市，导致城市人口的平均受教育年限相对农村增长更快，从而拉大了城乡之间的教育差距。从地区整体来看，城市化进程对高学历人才产生了很大的需求，从而引起平均受教育年限的上升。在此，使用城镇人口占比来测度城市化，用 $Urban$ 来表示。

样本数据来源于相关年份《中国统计年鉴》《中国人口和就业统计年鉴》《中国教育统计年鉴》《中国教育经费统计年鉴》和《中国财政年鉴》，样本包括1997—2012年31个省（区、市）共496个观察值，为面板数据结构，各变量的描述性统计如表6.8所示。

表 6.8 各变量描述性统计

变量名	观察值	平均值	标准差	最小值	最大值
教育年限(EDUT)(年)	496	7.60	2.21	0.21	11.57
教育年限城乡比(EDUTR)	496	1.36	0.39	0.83	6.06
人均GDP(PGDP)(千元)	496	1.34	1.01	0.21	5.18
教育支出规模(EDUE)	496	0.16	0.03	0.09	0.24
财政分权(FD)	496	0.52	0.20	0.05	0.95
产业结构(IS)	496	0.85	0.07	0.62	0.99
城市化(Urban)	496	0.42	0.16	0.13	0.89
人口密度(Density)(km²/万人)	496	3.86	5.20	0.02	37.54

(一) 城乡教育不平等的影响因素分析

为了考察城乡教育不平等的影响因素,我们建立了如下计量模型:

$$\ln EDUTR_{it} = \alpha_0 + \sum_j \beta_j \ln X_{jit} + \xi_{it} \tag{6.3}$$

其中:$EDUTR$ 表示城乡平均受教育年限之比;α_0 表示截距项;β_j 表示变量 j 的回归系数;ξ 为误差项;$\sum X$ 包含了我们要考察的影响教育不平等的因素,主要包括人均GDP($PGDP$)、教育支出规模($EDUE$)、财政分权程度(FD)、产业结构(IS)、城市化水平($Urban$)以及人口密度($Density$)。

我国疆域辽阔,各省(区、市)之间资源禀赋、地理人文、政策方针等都存在着较大差异,这些难以测度的客观因素对教育不平等产生了不同程度的影响。为了控制不同省(区、市)特征因素带来的影响,本部分采用固定效应模型进行计量回归。特别地,我们还使用了随机效用模型,并进行豪斯曼检验以判断固定效应模型和随机效应模型的效果,回归结果如表 6.9 所示。

表 6.9 城乡间教育不平等的影响因素

城乡受教育年限比	模型(1) 固定效应	模型(2) 随机效应
人均GDP(PGDP)	−0.0933***	−0.0298
	(0.0305)	(0.0217)

(续表)

城乡受教育年限比	模型(1) 固定效应	模型(2) 随机效应
教育支出规模(EDUE)	−0.0417	−0.0966*
	(0.0650)	(0.0518)
财政分权(FD)	0.163***	−0.0161
	(0.0578)	(0.0336)
产业结构(IS)	1.283***	0.513***
	(0.269)	(0.157)
城市化(Urban)	−0.0966***	−0.0993***
	(0.0299)	(0.0277)
人口密度(Density)	0.134	−0.0328***
	(0.112)	(0.0121)
常数项	−5.088***	−1.794***
	(1.165)	(0.679)
观察值	496	496
R^2	0.080	
豪斯曼检验-p	0.000	

注:括号中为标准误差;*** $p<0.01$,** $p<0.05$,* $p<0.1$。

豪斯曼检验结果支持使用固定效应模型,因而我们的分析主要以固定效应模型的结果为主。从中可以看出,人均 GDP($PGDP$)的系数在 1% 的水平上为负,表示随着人均 GDP 的上升,城乡之间的教育年限差距有所下降,具体地,人均 GDP 上升 1%,将引起城乡教育年限差距下降 0.0988%。这说明随着经济的增长,农村居民整体教育水平得到相对较快的提升,与城镇的教育差距有所缩小。

教育支出规模($EDUE$)是影响教育水平的重要因素。教育支出规模($EDUE$)的系数在固定效应模型中为负数,但并不显著,在随机效应模型中显著为负。实证结果在一定程度上说明教育支出规模($EDUE$)对缩小城乡教育年限差距起到了积极的作用。随着财政教育支出规模的扩大,投向农村的教育经费比例有所上升,这为农村教育的发展提供了物质基础和资金保障,从而有利于缩小城乡之间的教育不平等。

财政分权水平(FD)的系数在1%的水平上显著为正,说明财政分权程度越高,城乡之间的受教育年限差距越大。具体地,财政分权水平提高1%,将引起城乡受教育年限差距扩大0.163%。这主要是因为,在地方政府间财税竞争和官员晋升竞争下,地方政府会努力发展当地经济,以求在竞争中胜出。在这种约束下,地方政府将会选择将有限的资源投入生产率较高的工业和服务业,而轻视对农业领域的投入,这将导致财政资源越来越多地流向工业和服务业比较密集的城市地区,促进城市地区的经济发展。一方面,快速的城市发展产生了对高层次人才的需求,从而使得越来越多的高学历人才集聚城市;另一方面,财政资源流向城市带来了城市更高水平的公共服务,这对具有较高流动性的高学历人才也更加具有吸引力,高学历人才在城市集聚导致了城乡受教育年限的扩大。

产业结构(IS)的回归系数在1%的水平上显著为正,说明产业结构升级将扩大城乡之间的受教育年限差距。具体地,产业结构变动1%,将引起城乡教育年限差距变动1.283%。产业结构升级意味着第二、第三产业产值在整个国民经济中所占的比例不断扩大,对高层次人才的需求更大,而第二、第三产业主要集中在城镇而非农村,这将引起城镇劳动力的整体教育水平上升,从而拉大城乡之间的受教育年限差距。

城市化($Urban$)的回归系数在1%的显著性水平上显著为负,说明城市化的推进有利于城乡间受教育差距的缩小。具体地,城市化水平上升1%,将引起城乡之间受教育年限差距缩小0.0966%。随着城市化的不断推进,大批的农村居民融入城镇地区来分享城镇地区有限的教育资源,这将引起城镇教育资源相对不足,进而缩小城乡之间的教育差距。

人口密度($Density$)的回归系数在固定效应模型中为正,但是不显著,在随机效应模型中显著为负。因为豪斯曼检验结果支持固定效应模型,而随机效应模型和固定效应模型的结果并不一致,所以我们不能得出人口密度对城乡之间受教育年限差距的影响。

(二)地区间教育不平等的影响因素分析

为考察地区间教育不平等的影响因素,我们建立了如下计量模型:

$$\ln EDUT_{it} = \alpha_1 + \sum_j \rho_j \ln Z_{jit} + \lambda_{it} \tag{6.4}$$

其中：$EDUT$ 表示地区平均受教育年限；α_1 表示截距项；ρ_j 表示变量 j 的回归系数；λ 为误差项；$\sum Z$ 包含了我们要考察的影响教育不平等的因素，主要包括人均 GDP（$PGDP$）、教育支出规模（$EDUE$）、财政分权程度（FD）、产业结构（IS）、城市化水平（$Urban$）以及人口密度（$Density$）。为了消除地区异质性，我们依旧选用固定效应和随机效应模型进行回归，回归结果如表 6.10 所示。

表 6.10 地区间平均受教育年限的影响因素

各地区受教育年限	模型(3) 固定效应	模型(4) 随机效应
人均 GDP（$PGDP$）	0.200	0.258***
	(0.174)	(0.0996)
教育支出规模（$EDUE$）	0.742**	0.743***
	(0.371)	(0.237)
财政分权（FD）	−0.914***	−0.515***
	(0.330)	(0.142)
产业结构（IS）	0.363	−0.437
	(1.535)	(0.627)
城市化（$Urban$）	0.442***	0.545***
	(0.171)	(0.139)
人口密度（$Density$）	1.521**	0.0941**
	(0.636)	(0.0470)
常数项	−1.671	2.716
	(6.647)	(2.735)
观察值	496	496
R^2	0.171	
豪斯曼检验-p	0.003	

注：括号中为标准误差；*** $p<0.01$，** $p<0.05$，* $p<0.1$。

豪斯曼检验结果支持固定效应模型，因而下面的分析主要以固定效应模型的结果为参考。人均 GDP（$PGDP$）的回归系数在固定效应模型和随机效应模型中为正，但是在固定效应模型中不显著。正向的系数表明，随着经济的增长，地区受教育年限将会上升,这与我们的现实情况相符。经济增长可以为当地政府提供更多的财政收入,从而可以提供更多的教育经费,促进教育的发展;与此同时,经济增长意味着居民收入水平的普遍提升,家庭将有更多的资金支持子女读书,并为其提供更加优质的学习条件,这对地区教育的发展也起到了积极的作用;再者,经济发展越好的地区,对高学历人才具有越大的吸引力,从而提高了当地居民的平均受教育年限。长期以来,我国中西部地区的受教育年限相对东部沿海省(区、市)要低,造成这一现象的原因之一就是经济发展不平衡,东部地区经济的高速增长为当地的教育发展提供了更多的物质基础,而中西部地区由于发展滞后,教育资源相对有限。因此,大力发展中西部地区的经济,将是缩小地区间教育差距的重要手段。

教育支出规模($EDUE$)的回归系数在1%的水平上显著为正,意味着教育支出规模越大,地区受教育年限将越高。具体地,教育支出规模提高1%,将引起地区受教育年限上升0.742%。教育作为一种准公共品,其发展需要政府提供资金支持,政府教育支出越多,地区教育将有更多的财力建设校区、引进优质教师、购买教育设备。因此,随着教育经费的上升,地区教育也将发展得更好,从而地区受教育年限也会更高。我国各地区的教育支出规模各异,是导致教育发展差异的重要因素之一。东部地区由于财力充裕,对教育的资金支持力度更大,地区教育发展得更好;而中西部地区由于经费相对不足,教育条件较差,教育事业发展相对滞后。为此,可以采取转移支付的方式,加大对中西部地区的教育经费支持,促进中西部落后地区的教育发展。

财政分权(FD)的回归结果在1%的水平上显著为负,说明财政分权程度越高,地区受教育年限将会越低,具体地,财政分权程度上升1%,将引起受教育年限下降0.914%。这一结果也不难解释,在地方政府间存在的财税竞争压力或官员晋升竞争压力下,地方政府为了在短期内发展当地经济,会将有限的资源投入基础建设领域,而忽视教育等民生领域,从而阻碍教育的发展。因此可以得出结论,各地的分权程度不同也将引起教育发展上的差异。

固定效应模型和随机效应模型的结果均显示,产业结构(IS)变量系数不显著,因而不能说明产业结构的变动对当地平均受教育年限有影响,从而也不能推断出产业结构对地区间教育差距的作用。

城市化($Urban$)系数在1%的显著性水平上显著为正,说明城市化进程的推进能够增加当地平均受教育年限,具体地,城市化水平提高1%,将引起平均受教育年限上升0.442%。城市化进程的推进意味着对高技能劳动者的需求更大,一方面将吸引外地高素质劳动力流入本地,另一方面也从需求的角度促进了当地教育的发展。我国东部省(区、市)的城市化水平较高,而中西部地区的城市化水平较低,根据实证结论可知,这也是东部省(区、市)与中西部省(区、市)教育发展差异的重要原因之一。这意味着,推进中西部地区的城市化进程,也有助于缩小地区之间的教育发展差异。

人口密度(Density)的回归系数在5%的水平上显著为正,说明人口密度的增加将提高地区平均受教育年限,具体地,人口密度提高1%,将引起地区平均受教育年限提高1.521%。这可能是因为,人口密度越高的地区,劳动市场的就业竞争往往越激烈,从而对教育的重视程度也就越高。随着经济的不断发展,东部沿海地区的人口增长率较中西部地区更高,人口密度也更大,导致其就业竞争程度更大,使其教育程度相应提升,进而拉大了东部地区与中西部地区的教育程度差异。

第七章

为实现教育公平而努力:教育制度和政策的完善

前述研究的结论表明,我国教育机会在城乡间、地区间以及阶层间的分配仍是不公平的,造成这一现象的重要原因是我国现行一些教育制度和政策的不合理或偏向。如前所述,教育制度与政策通过硬性约束机制为教育机会分配的行为设置了边界,为教育公平分配提供了可能的空间,要使教育利益的分配更加公平,教育权利的获得更加平等,教育制度与政策就需要对教育利益诉求中的矛盾冲突做调整和规范,对教育制度和政策的偏向或不合理之处进行调整和变革,从而对教育现实中的不公平现象加以修复。由此,为促进我国教育公平,必须改革和完善我国现存的一些教育制度和政策。下面,本章将分别提出促进我国义务教育机会和高等教育机会公平分配的教育制度和政策完善建议。

第一节 促进义务教育机会公平分配的政策建议

前文分析指出,重点学校或示范学校制度所导致的校际巨大差距、义务教育财政投资主体过低所导致的城市偏向与发达地区偏向以及义务教育转移支付制度的不完善等是我国义务教育机会分配不公平的重要原因。为促进义务教育机会的公平分配,应从推进义务教育学校标准化建设、改造和扶持薄弱学校,加强并明确中央和省级政府对义务教育公共投资的责任,以及完善义务教育转移支付制度等方面入手。

一、推进义务教育学校标准化建设、改造和扶持薄弱学校

(一) 推进义务教育学校标准化建设

如前所述,义务教育机会公平在实践中首先要求政府为每一位适龄儿童提供与其个人发展相符合的最基本水平的教育,在此基础上尽可能地缩小教育差距。优质教育资源稀缺、教育资源配置不均衡是我国义务教育阶段择校问题产生并导致教育机会分配不公平的重要原因,强制性地推行"片区划分、就近入学"政策并不能保证入学机会的公平。当然,全面禁止择校的一个潜在后果是产生帕累托效率损失,弱势群体无法享受优质教育入学机会而"权贵们"又被剥夺了自主选择权。我们认为,治理因择校问题而加剧的义务教育入学机会不公平需要大力推进义务教育学校标准化建设,在缩小区域内校际差异的过程中避免优质教育资源成为权贵们的"私人订制"。在义务教育学校标准化体系下,区域内任何一所公立学校在教师资源配置、授课内容以及办学条件等方面都应基本一致,其师资水平、办学条件等指标必须达到义务教育学校办学标准,这样,家长和学生们也就不必疲于择校,"就近入学"自然会成为广大受教育者的选择。

早在1998年,教育部就印发过《关于加强大中城市薄弱学校建设,办好义务教育每一所学校的若干意见》,但由于缺乏义务教育学校标准化体系的支撑而效果甚微。为此,2005年出台了《教育部关于进一步推进义务教育均衡发展的若干意见》,其中要求"坚持义务教育阶段公办学校免试就近入学,并采取切实措施加快推进义务教育均衡发展,加强依法治教力度,进一步规范办学行为,有效遏制义务教育阶段择校之风蔓延的势头"。此后2012年,教育部进一步印发了《县域义务教育均衡发展督导评估暂行办法》,利用"一个门槛、两项内容、一个参考"[1]的评估体系来检查县级政府推进义务教育均衡发展工作,通过"以评促建、以评促改、以评促管"来缩小薄弱学校与原重点学校或示范性学校的差距。

---

[1] "一个门槛"要求对县级政府所辖义务教育阶段学校达到所在省(区、市)基本办学标准;"两项内容"包括对县域义务教育校际差距的评估和对县级政府推进义务教育均衡发展工作的评估这两个方面,其中校际差距评估以生均教学及辅助用房面积、生均体育运动场馆面积、生均教学仪器设备值、每百名学生拥有计算机台数、生均图书册数、师生比、生均高于规定学历教师数、生均中级及以上专业技术职务教师数等8项指标来分别衡量中小学的校际差异,对县级政府推进义务教育均衡发展工作的评估则主要通过入学机会、保障机制、教师队伍、质量与管理4个方面的17项指标来进行;"一个参考"是指参考社会公众对本县义务教育均衡发展状况的满意度。

2015年,《国家标准化体系建设发展规划(2016—2020年)》将公共教育纳入社会领域标准化的重点,强调要"加快城乡义务教育公办学校标准化建设"。2019年,国务院颁布了《中国教育现代化2035》,要求建立以师资配备、生均拨款、教学设施设备等资源要素为核心的标准体系和办学条件标准动态调整机制,实现基本教育公共服务均等化。

根据《义务教育法》"义务教育实行国务院领导,省、自治区、直辖市人民政府统筹规划实施,县级人民政府管理为主的体制"的规定,义务教育校际均衡发展需要省级政府和县级政府的共同努力。为此,各个省级政府的教育部门陆续出台了义务教育学校办学基本标准,如河北省教育厅印发了《河北省义务教育学校办学基本标准(试行)》(冀教基〔2011〕32号),河北省教育厅印发了《山西省义务教育学校办学基本标准(试行)》(晋教基〔2013〕33号),吉林省教育厅印发了《吉林省义务教育学校办学标准》(吉教办字〔2013〕112号),江苏省人民政府办公厅印发了《江苏省义务教育学校办学标准(试行)》(苏政办发〔2015〕45号)、浙江省教育厅印发了《浙江省义务教育标准化学校基准标准》(浙教办〔2011〕63号),安徽省教育厅印发了《安徽省义务教育阶段学校办学基本标准(试行)》(教基〔2007〕15号),河南省教育厅联合河南省发改委、住房和城乡建设厅印发了《河南省义务教育学校办学条件基本标准(试行)》(豫教基〔2011〕162号),湖南省教育厅印发了《湖南省义务教育学校办学标准(试行)》(湘教发〔2008〕20号),贵州省教育厅印发了《贵州省义务教育阶段学校基本办学标准》(黔教基发〔2010〕193号),陕西省教育厅印发了《陕西省义务教育阶段学校基本办学标准(试行)》(陕教发〔2011〕39号)等。不过,在上述出台义务教育办学标准的省份中,一些地方只注重教学硬件设施配置的标准化而没有关注教学软环境建设,各个省份在标准化建设内容方面也有所差异。

为此,我们建议教育部在总结上述省份试点经验的基础上就义务教育办学的软硬设施配置制定全国性标准[1],各个省级教育部门则应结合省情负责确定省(区、市)内义务教育办学条件要达到的目标值并督促实施。具体来说,义务教育标准化建设的指标体系应包括学校设置标准、教育经费标准、办学条件标准、师资队伍建设标准与教学管理标准等。学校设置标准具体包括中小学网点

---

[1] 2017年,教育部印发了《义务教育学校管理标准》,其中有部分内容与此相关。

布局、校园周边环境、班级数量与规模等规定;经费标准包括生均教师工资福利支出、生均学生直接资助、生均公务与业务支出、生均小额设备添置和修缮支出与生均其他公用经费支出等规定;办学条件标准包括生均学校占地面积、生均校舍建筑面积、学校建筑质量、生均教学及辅助用房面积、生均行政办公用房面积、生均生活用房面积、生均体育运动场馆面积、生均图书藏量、生均计算机、生均仪器设备值等方面的规定;师资队伍建设标准包括生师比、教师学历合格率、学科教师专业合格率与专业课开设达标率等规定;教学管理标准包括课程与课时设置、教材选用与授课内容等方面的规定。

应该说,义务教育学校标准化建设是一个动态治理过程,它不仅仅在于硬件条件和管理层面等的标准化,而且还应对标准化建设推进过程中社会现实问题作出不断回应。

(二) 改造和扶持薄弱学校

促进义务教育公平同样离不开改造和扶持薄弱学校。我国政府一直以来都非常重视薄弱学校的改进问题,早在2005年,《教育部关于进一步推进义务教育均衡发展的若干意见》就指出,"各县(市、区)对本地办学条件低于基本要求的薄弱学校,要制定限期改造计划,集中力量加快薄弱学校改造进程,尽快使辖区内薄弱学校逐年减少"。此后2006年修订后的《义务教育法》规定:"缩小学校之间办学条件的差距,不得将学校分为重点学校和非重点学校。学校不得分设重点班和非重点班。"这意味着改造薄弱学校的一项重要的制度性障碍被清除。2007年,国家发展改革委、教育部印发了《中西部农村初中校舍改造工程总体方案》,其中提出重点加强中西部地区农村薄弱初中学生生活设施建设,改善食宿条件,提高农村初中巩固率和寄宿率。2011年,《财政部、教育部关于实施农村义务教育薄弱学校改造计划的通知》提出集中力量解决"教学装备短缺、县镇学校太挤、农村学校太弱"等突出问题。2013年,《教育部、国家发展改革委、财政部关于全面改善贫困地区义务教育薄弱学校基本办学条件的意见》坚持"覆盖贫困地区,聚焦薄弱学校"的实施原则,以中西部农村贫困地区、集中连片特困地区为主,加大投入,全面改善这些贫困地区薄弱学校的基本办学条件。2015年1月,财政部、教育部印发了《农村义务教育薄弱学校改造补助资金管理办法》[1]。同年5

---

[1] 该办法于2016年修订,后于2020年失效。

月,颁布了《教育部关于进一步做好全面改善贫困地区义务教育薄弱学校基本办学条件有关工作的通知》。此后12月,国务院教育督导委员会办公室印发《全面改善贫困地区义务教育薄弱学校基本办学条件工作专项督导办法》,对有关省(区、市)的"改薄"工作进行督导评估,2017年,又颁布了《教育部、财政部关于进一步加强全面改善贫困地区义务教育薄弱学校基本办学条件中期有关工作的通知》,以持续加大行政推进力度,确保如期实现全面"改薄"任务目标,2018年,下发《国务院办公厅关于全面加强乡村小规模学校和乡镇寄宿制学校建设的指导意见》,要求解决"两类学校"的发展滞后问题。

应该说,在政府的不断努力下,对薄弱学校的改造在一定程度上提高了办学条件,促进了教育质量的提升,我们认为,未来对薄弱学校的改造应将重点放在加强薄弱学校师资队伍建设、促进优秀师资合理流动等方面。

师资队伍建设是改造薄弱学校的核心环节。各级教育行政部门核定教师编制时应优先考虑薄弱学校,新增教师要优先满足薄弱学校的需求,同时还应重视薄弱学校骨干教师的培训工作,加大对薄弱学校教师的培训力度,从而切实解决薄弱学校教师不足及整体水平不高的问题。

此外,促进优秀教师合理流动对扶持薄弱学校、推进义务教育公平有着深远的意义。《国务院关于深入推进义务教育均衡发展的意见》指出,要"实行县域内公办学校校长、教师交流制度……建立和完善鼓励城镇学校校长、教师到薄弱学校任职任教机制,完善促进县域内校长、教师交流的政策措施";此后颁布的《教育部、财政部、人力资源和社会保障部关于推进县(区)域内义务教育学校校长教师交流轮岗的意见》(2014年)、《乡村教师支持计划(2015—2020年)》等文件也对优秀教师合理流动工作做出了部署。

为更好地促进优秀教师合理流动,我们认为应该注意做好以下三个方面的工作。

第一,加快推进"县管校聘"教师人事管理制度的改革,消除教师合理流动的制度性障碍,使教师由"学校人"变为"系统人"。地方教育行政部门可以对区域内教师资源进行统一管理,根据各个学校的实际需求和教师的自身条件对教师资源进行优化配置。可将教师的流动经历与高级职称评定相结合,教师评聘高级职称需要有1年以上在薄弱学校的任教经历,从而促使教师资源真正流动起来。

第二,完善教师流动的利益补偿机制。经济待遇是影响教师群体流动的一个重要因素。除了保证教师的薪酬收入以外,国家应该对主动流向薄弱学校的教师予以一定的补偿,从而提高优秀教师流动的积极性。各地区还应妥善解决好流动教师的住房、子女教育和医疗等问题,使教师们无后顾之忧地服务于薄弱学校教育。另外,针对教师服务薄弱学校带来的生活和工作环境质量的下降,国家应针对性地制定部分倾斜政策,为服务于薄弱学校的教师提供特殊补贴,如贫困地区补贴、交通补贴和校际差异补贴。

第三,确立中小学教师作为国家公职人员特殊的法律地位,明确中小学教师职业除了专业性外还有公务性,并强化教师承担国家使命和公共教育服务的职责[1],从而引导教师特别是优秀教师积极参与流动。

在实践层面,全国绝大多数省(区、市)出台了校长教师交流轮岗相关政策,并进行了改革试点,其中沈阳市的探索较早。它对区域内校长和教师的交流做出了一些规定:"各区、县(市)教育行政部门所属的中小学校,校长和教师都要分批进行校际交流。凡男50周岁、女45周岁以下,在同一所学校工作时间满6年的校长和教师,都要进行交流……优质学校向薄弱学校交流的教师,要在交流学校任教3年以上……从2007年起,凡申报小学高级和中学高级职称的教师,必须具备交流任教一年以上的经历……鼓励优秀教师向薄弱、偏远学校交流,区教育局在其晋级、评先中予以适当倾斜,并给予一定补贴。"

二、增加义务教育经费投入总量,提高义务教育经费支出比重

改革开放以来,伴随着经济的快速发展和财政收入的不断增加,我国对义务教育的财政投入也不断加大,但义务教育财政投入依然不足。目前,尽管我国财政性教育经费支出占国内生产总值(GDP)比例已经超过了4%,但与发达国家相比仍然存在一定差距。在此背景下,义务教育的财政经费投入必然受到制约,从而使区域之间、城乡之间义务教育财政投入的公平性受到影响。因此,在逐步提高财政性教育经费占GDP比重的同时,应进一步加大对义务教育的财政投入,具体来说,各级政府应严格按照《义务教育法》的要求,保障教育财政拨款的增长高于同级财政经常性收入的增长比例,保证按照在校学生人均义务教育经

---

[1] 罗正鹏:《新时代中小学教师流动的困境及其应对》,《当代教育与文化》2019年第6期。

费逐步增长,保证教职工工资和学生人均公用经费逐步增长。义务教育新增经费应重点投向农村地区和中西部地区,优先支持上述地区义务教育发展,从而促进义务教育机会的公平分配。此外,还应不断加强制度建设,切实将义务教育全面纳入财政保障范围,保证义务教育的财政投入随着经济的增长而同步增长。

在保持义务教育财政投入总量增长的同时,还应增加义务教育经费支出比重。如前所述,义务教育属于纯公共产品,不能由市场来有效提供,需要由政府来提供,义务教育应该成为政府财政资源供给的主体。为此,应不断优化教育财政资金的分配结构,逐步增加义务教育经费支出的比重,从而保证广大适龄儿童能够享受到最基本的教育服务。目前,我国义务教育经费在财政性教育经费中所占比例偏低,而且与1998年相比,2017年初等教育经费支出的比重仍然没有明显提高,因此,应适当调整义务教育与非义务教育的投入比例,适当减少用于高等教育的财政经费,减少的部分则相应地增加到义务教育中[1],从而逐步提高义务教育经费支出的比重,最终促进义务教育机会的公平分配。

三、增强并明确中央和省级政府对义务教育公共投资的责任

前文的理论和实证分析表明,投资主体过低的义务教育财政体制所导致的城市倾向和发达地区倾向是我国义务教育机会分配不公的重要原因,"以县为主"和"新机制"的义务教育财政改革即投资主体的上升有助于缓解义务教育机会分配的不平等。因此,要缩小义务教育发展差距,促进义务教育机会的公平分配,就必须提升义务教育的投资主体,增强中央和省级政府对义务教育公共投资的责任。

分税制改革后,中央政府和省级政府特别是中央政府的财政收入在国家财政收入中的比例大增,财政实力不断增强,但中央政府和省级政府对义务教育拨款的增加却非常少。整个20世纪90年代,中央政府对义务教育的拨款都没有超过1%。这显然十分不利于义务教育的均衡发展。

2001年,我国农村义务教育实行了"以县为主"的管理体制,农村教育经费的支出责任主体由乡镇上调到县,这是对原来"乡办初中、村办小学"的重大突破。但由于我国各地区之间、城乡之间经济发展很不平衡,特别是中西部地区有

---

[1] 冯学军:《中国义务教育财政投入不均衡问题研究》,辽宁大学博士学位论文,2013年,第135页。

很多县的财政实力薄弱,无法承担起义务教育的财政责任,这种"以县为主"的义务教育财政体制导致我国义务教育资源在地区之间和城乡之间的分配十分不均衡,从而造成义务教育阶段财政投入的不平等,并进而造成了义务教育机会分配的不公平。

现实中的一系列问题引发了2006年开始实施的农村义务教育经费保障机制改革(简称"新机制"),改革要求中央和地方政府依据不同项目,按比例分担农村义务教育经费,并对农村义务教育阶段学生资助的保障机制、农村中小学公用经费的保障机制、农村中小学校舍维修改造的长效机制以及农村中小学教师工资的保障机制等做出了具体规定。此外,"新机制"还明确规定了所需资金由中央政府和省级政府分担的比例。应该说,"新机制"的实施增强了中央与省级政府对义务教育公共投资的责任,对缩小义务教育差距有着非常积极的作用,这一点可以从前文的实证分析中得到证明。但是,"新机制"的实施并没有从根本上改变我国义务教育经费投入中中央和省级政府投入过低的状况,此外,"新机制"中也没有明确规定省级政府的筹资责任。此后2015年印发的《国务院关于进一步完善城乡义务教育经费保障机制的通知》、2019年出台的《教育领域中央与地方财政事权和支出责任划分改革方案》明确了中央和地方对公用经费保障、家庭经济困难学生生活补助、贫困地区学生营养膳食补助以及校舍安全保障等方面的支出责任,这在一定程度上进一步增强了中央与省级政府对义务教育公共投资的责任,但与其财力相比,我国中央政府与省级政府所负担的义务教育财政性经费的比例仍然偏低[1]。从我国各级政府的财力来看,中央政府的最强,省级政府仅次于中央政府,其财政收入比重也一直处于较高的水平。因此,为缩小我国义务教育的差距,促进义务教育公平,在财政投入体制已上升为"以省统筹"的背景下[2],我们认为,应进一步增强并明确中央和省级政府在义务教育投资中的责任。

---

[1] 在新西兰、葡萄牙和土耳其等国,联邦或者中央政府对义务教育的支出比例达到100%;在法国、意大利、韩国和荷兰等国,联邦或者中央政府在义务教育上的支出比例在政府之间财政转移支付之前就已经达到了53%甚至更高;在美国、加拿大、德国、比利时、印度等国,义务教育经费保障的责任主体是州、省、联邦等高层地方政府,这些国家高层地方政府在义务教育上的支出比例均在40%以上。

[2] 李振宇(2019)的研究指出,"省级统筹"背景下不同经费项目在省级以下各级政府间确定的经费分担并未改变以区县为主的教育支出模式。

具体来说,中央政府应加大对中西部不发达地区及农村贫困地区的义务教育财政投入,特别还需要注意对中部地区的投入,警惕义务教育经费支出呈现"中部塌陷"现象。此外,在中央政府投入比例上升的同时,应避免对地方政府产生"挤出效应"。通过这一方式,矫正义务教育财政投入在地区间和城乡间的非平衡性,进而促进义务教育机会的公平分配。

在"省级统筹"的基础上,通过进一步增强和明确省级政府对义务教育的筹资责任,使义务教育经费向经济欠发达的区县重点倾斜,进一步缩小省(区、市)内义务教育投入的地区差距和城乡差距,这对于实现省(区、市)内义务教育均衡发展的作用更直接,效果也更明显。另外,对于全国各省(区、市)而言,省际财政投入标准更容易参照比较,可以促使投入水平较低的省(区、市)制定目标计划,并采取相关保障措施,加大本省(区、市)义务教育的财政投入,以缩小与先进省(区、市)的投入差距,从而有利于在全国更大范围内实现义务教育的均衡发展[1]。

按照目前的义务教育支出预算分类,义务教育筹资责任大致可以分为以下四类:一是教师和职工的工资与福利,又称人员经费;二是公用经费,包括公务费等;三是基本建设费,主要包括校舍等新建费用;四是助学经费,包括对少数民族、困难家庭和残疾儿童的书本费、生活费等。对中央、省级等各级政府所应承担的上述筹资责任,我们的具体建议如下。

对于教师工资和福利等人员经费,我们建议:中西部地区的这部分支出由中央政府承担,东部地区的该部分支出则由中央政府和省级政府共同承担。之所以这样安排,主要是因为教师工资和福利等人员支出是义务教育经费支出的主要部分,保障教师工资和福利等支出能在很大程度上保证义务教育师资队伍的水平,但在实际中,我国很多县级财政难以承担本地区教师工资支出的责任,并且由省级财政负责全省(区、市)的义务教育工资支出,在中西部地区也难以做到,因此,我们建议这部分经费在中西部地区由中央财政直接负责,在东部地区则由中央财政和省级财政共同负责。

对于公用经费和助学经费等支出,我们建议由省级政府承担,从而可以在较大程度上保障义务教育学校办学条件的省(区、市)内均衡;而对于基本建设费支

---

[1] 冯学军:《中国义务教育财政投入不均衡问题研究》,辽宁大学博士学位论文,2013年,第124页。

出,我们建议由县级财政来承担。通过上述安排,可以增强中央和省级政府对义务教育公共投资的责任,从而保障义务教育的均衡发展,进而促进义务教育机会的公平分配。

最后,考虑到《义务教育法》中也没有明确规定中央政府和省级政府所承担的义务教育投资具体比例,我们还建议由国务院明确对此进行规定,从而使其筹资责任具有硬性约束。

四、建立科学规范的义务教育转移支付制度

义务教育财政转移支付是实现教育财政公平目标最直接的形式。科学规范的义务教育转移支付制度能够化解由于分权而产生的消极作用,以确保地区间义务教育经费的充足合理,并且保证义务教育机会分配的公平。20世纪90年代以来,我国在义务教育转移支付方面已实施了不少重大工程,例如,1995—2005年,总共投入了约172.5亿元实施国家贫困地区义务教育工程(一期和二期);2001-2005年,共投入约222亿元实施全国中小学危房改造工程(一期和二期);自2004年以来实施"两免一补"工程;2004年,投入了100亿元实施贫困地区农村寄宿学校建设工程;2006—2010年,共投入2652亿元实施农村义务教育经费保障机制;2011年以来,实施农村义务教育和贫困地区义务教育薄弱学校改造计划,以及自2016年起进一步完善城乡义务教育经费保障机制等。

应该说,义务教育转移支付的实施使农村以及落后地区义务教育经费的压力有所缓解,但由于其规模仍然较小并且转移支付的形式不合理,其平衡效应有限。目前,中央对地方的转移支付主要有一般性转移支付和专项转移支付两种。一般性转移支付可以平衡地区之间的财政资源,从而有利于缩小地区间义务教育经费的差距。专项转移支付主要是为实现某一特定目标,中央对承担共同事务的地方政府在财政上给予的资金补助或奖励,这些资金补助(或奖励)具有指定用途。目前,我国义务教育一般性转移支付资金比重仍然不高,从而其在缩小地区间、城乡间义务教育经费差距上的作用有限。此外,我国义务教育专项转移支付项目较多,其资金投入相对分散,对平衡地区间财力差异的作用也有限。因此,在逐步提高义务教育转移支付资金的同时,应适当调整一般转移支付和专项转移支付的比例,增加一般性转移支付的经费数量,适当减少专项转移支付的资

金数额,从而使义务教育转移支付的均衡作用更加明显。

需要说明的是,在各级政府义务教育筹资责任明确的条件下,中央政府义务教育转移支付的主要目的是缩小区域间的差距,省级政府义务教育转移支付的目的则主要是缩小省(区、市)内教育差距。我们认为,中央政府的这一目的可以通过一般性转移支付平衡各省(区、市)的财力来实现,而省级政府的这一目的则可通过义务教育维持性支出专项转移支付方案来进行。

由于一般性转移支付的计算方法已经有很多学者进行过研究,在此我们无须赘述。我们重点说明省(区、市)对县义务教育维持性支出专项转移支付的具体方案。

(一) 转移支付的基本模型

省(区、市)对县义务教育维持性支出专项转移支付的基本模型如下:

$$G_i = [EXP_i(1+C_i) - INCOME_i \times R_i] \times (1+\beta) \quad [1] \quad (7.1)$$

其中:G_i 为 i 县应得到的省(区、市)义务教育维持性专项转移支付额;EXP_i 为 i 县义务教育的标准维持性财政支出;C_i 为 i 县义务教育的成本指数;$INCOME_i$ 为 i 县标准可支配收入;R_i 为 i 县当年标准可支配财政收入中必须予以保证的义务教育财政支出的比例,或为接受补助的必要条件,又称县财政非最大化努力程度;$INCOME_i \times R_i$ 为 i 县标准义务教育财政收入;β 为激励系数。

通过公式计算出的 G_i 为负的县,将得到省(区、市)义务教育的专项转移支付,而且可支配的财政能力越低,得到的专项转移支付越多;计算出的 G_i 为正的县,将得不到省(区、市)义务教育的专项转移支付。公式还体现出,接受义务教育转移支付的县,其义务教育财政支出的努力程度若超过了省(区、市)内各县的平均努力程度或省(区、市)规定的义务教育财政支出的比例,在保证县按 R_i 计算应得到的补助额不变的情况下,还将得到省(区、市)义务教育转移支付的奖励。当然,若县可支配财政收入中用于义务教育的比例还达不到规定的比例,应取消补助资格。

(二) 县义务教育维持性标准支出测算

县义务教育维持性标准支出由小学教育维持性标准支出加上初中教育维持

---

[1] 公式中所用财政收支和教育经费指标均指公共财政预算。

性标准支出乘以成本指数构成,用公式表示如下:

$$EXP_i(1+C_i) = \left(\begin{array}{c}\text{该县小学教育} \\ \text{维持性标准支出}\end{array} + \begin{array}{c}\text{该县初中教育} \\ \text{维持性标准支出}\end{array}\right) \times (1+C_i) \quad (7.2)$$

其中:
$$\begin{array}{c}\text{小学教育维持} \\ \text{性标准支出}\end{array} = \begin{array}{c}\text{小学人员} \\ \text{标准支出}\end{array} + \begin{array}{c}\text{小学公用经} \\ \text{费标准支出}\end{array} \quad (7.3)$$

$$\begin{array}{c}\text{小学人员} \\ \text{标准支出}\end{array} = \begin{array}{c}\text{小学适龄} \\ \text{儿童数}\end{array} \times \begin{array}{c}\text{省、自治区、直辖市(或全国)} \\ \text{确定的教职工与小学生之比}\end{array} \times \begin{array}{c}\text{单位人员} \\ \text{标准支出}\end{array} \quad (7.4)$$

$$\begin{array}{c}\text{小学公用经} \\ \text{费标准支出}\end{array} = \begin{array}{c}\text{小学适龄} \\ \text{儿童数}\end{array} \times \begin{array}{c}\text{省、自治区、直辖市规定的} \\ \text{小学生均公用经费拨款标准}\end{array} \quad (7.5)$$

成本指数 C_i 可以根据海拔、地貌、人口密度、物价指数等客观因素,采用数学模型计算确定。一般来说,C_i 与海拔高度和物价指数成正比,与人口密度成反比。

$$\begin{array}{c}\text{初中教育维持} \\ \text{性标准支出}\end{array} = \begin{array}{c}\text{初中人员} \\ \text{标准支出}\end{array} + \begin{array}{c}\text{初中公用经} \\ \text{费标准支出}\end{array} \quad (7.6)$$

初中各项标准支出的计算公式及其方法与小学相同。

(三)县义务教育标准财政收入测算

县义务教育标准可支配财政收入可用以下公式计算得出:

$$\begin{array}{c}\text{县标准义务} \\ \text{教育财政收入}\end{array} = \begin{array}{c}\text{县本级可支配标准} \\ \text{财政收入}(INCOME_i)\end{array} \times \begin{array}{c}\text{县可支配标准财政收入用于义务} \\ \text{教育的非最大化标准比例}(R_i)\end{array}$$

$$(7.7)$$

$$\begin{array}{c}\text{县本级可支配标准} \\ \text{财政收入}(INCOME_i)\end{array} = \begin{array}{c}\text{县本级自有财政收入} \\ \text{(含属于本级税收和收费)}\end{array} + \begin{array}{c}\text{上级转移给县且县能自} \\ \text{由支配的各种转移支付}\end{array}$$

$$(7.8)$$

其中:本级自有财政收入可根据县本级财政收入构成情况分别计算;税收标准收入按税基乘以税率计算,某些税种测算比较困难,可暂以实际收入计入各县标准收入,对于非公共财政预算收入也应按一定比例纳入县本级标准财政收入。

县标准财政收入中用于义务教育支出的非最大化标准比例(R_i)是各县稍加努力就能够达到的支出比例,而且这一比例并未封顶,若县级政府愿意付出更大努力,还可以追加。从现实情况来看,各省(区、市)一般均规定县公共财政预算财政支出中用于义务教育的比例不低于30%,目前全国县级公共财政预算支出中用于义务教育支出比例的平均数是25%左右[1]。在本方案中,由于支出比例不是按县财政总收入而是按可支配财政收入测算的,加上长期以来各县均存在义务教育财政支出努力程度偏低的状况,县可支配标准财政收入中用于义务教育支出的非最大化比例,确定在35%比较合理。

在测算出县本级可支配的标准财政收入($INCOME_i$)和县非最大化义务教育财政支出比例(R_i)后,可用公式直接计算县标准的义务教育财政收入,即为 $INCOME_i \times R_i$。

(四) 激励系数 β 的确定

上述省(区、市)对县的义务教育维持性专项转移支付的拨款公式中,若不考虑激励系数,其目标是满足县义务教育正常运转的最低支出需求。只要县可支配标准财政收入中用于义务教育的比例达到35%,就可以得到这个基本补助额,即使超出35%的比例,基本补助额也不会减少。之所以加上激励系数β,主要是为了通过价格效应,鼓励地方政府增加对义务教育这种有益产品的财政支出。β被确定为在规定县本级可支配财政收入中用于义务教育35%支出比例的基础上,县政府每增加一个百分点省(区、市)政府配套或奖励的比例。其计算公式如下:

$$\beta = M / 县可支配财政收入实际用于义务教育财政支出的比例 - 省(区、市)规定的县可支配财政收入中用于义务教育财政支出的非最大化比例35\% \quad (7.9)$$

其中:β的取值范围为 $0<\beta<1$,β的具体数值视省(区、市)财政能力而定,一般不能太小,否则将失去激励作用;M为实际给予奖励。

需要指出的是,我国目前义务教育转移支付资金缺乏有效约束和监督,在预算上缺乏足够的公开性和透明性,并且在资金使用方面也具有较大的随意性。因此,要通过立法手段来保障义务教育转移支付资金的合理规范使用,促进义务教育资金的分配更加公平高效。具体来说,需要对义务教育转移支付的标准、分

---

[1] 数据转引自李祥云:《我国财政体制变迁中的义务教育财政制度改革》,北京大学出版社2008年版,第190页。

配方式、拨付程序及违法惩治措施进行明确,同时,把法定职责具体落实到相关的职能部门,使各职能部门职责明确、依法司职,以此保证义务教育财政转移支付资金的落实。此外,还应对义务教育转移支付资金在使用和管理等各个环节进行监督,重点对用于农村贫困地区的经费进行监督,确保义务教育的资金使用能够达到预期目标[1]。

第二节 促进高等教育机会公平分配的主要措施

前文分析也指出,高等教育招生制度的不完善、收费政策的不合理以及高等教育资源配置的内部失衡是我国高等教育机会分配不公平的重要原因,因此,为追寻高等教育的公平,应改革我国具有偏向的相关制度和政策,即完善高考招生录取制度、调整高等教育收费政策、完善贫困生资助机制与完善高等教育财政体制等。

一、改革并完善高考招生录取制度,保障不同学生的入学机会

我国现行的统一高考制度具备了形式上的公平——分数面前人人平等。但由于实际录取学生采取分省定额划线录取的方法,各省(区、市)的录取定额并不是按照考生数量平均分布的[2],而是由教育部分配各地录取指标。由于录取指标分配的"本地化"和"城市化"现象十分严重,造成了不同学生在享受高等教育机会方面的巨大差距。要解决这一问题,必须合理分配各地的招生录取指标。

(一)调整高校招生名额的分配,提高中西部地区和人口大省高考录取率

从前文分析可知,我国高校招生名额的分配偏重京津沪及东部发达地区,无论部属大学还是地方院校大都如此。因此,为促进高等教育机会的公平分配,应将投放于京津沪等发达地区的部分招生名额逐步转移到中西部地区,提高中西部地区的高考录取率。根据高校经费来源的不同,分为两类具体分析。

---

[1] 冯学军:《中国义务教育财政投入不均衡问题研究》,辽宁大学博士学位论文,第128页。
[2] 叶曙平:《论促进教育公平的途径》,《湖北社会科学》2011年第3期。

1. 渐进地调整中央部属院校对各地区的招生比例

对这类高校来说,由于经费直接来源于中央财政,所以对各地区招生名额的分配应保持大致平衡的比例,特别是位于北京、上海等地的高校,应根据各地的报考人数将名额逐步向中西部地区转移。按照比例平等的分配原则,作为全国财政支持的重点大学应该综合各方面的情况,使各省(区、市)招生比例的差异保持在合理的区间范围。有反对者认为,精英型高等教育和大众型高等教育应分类发展,前者应更重视考试公平,注重严格的学术标准,后者则同时关注考试公平和区域公平,一般设有基本的入学标准[1]。的确,精英型的清华大学和北京大学等无疑应该选择一流的生源,这是迈向世界一流大学的基础条件之一。但也应看到,欧美的精英型大学大多为私立高校,它们注重严格的学术标准和追求考试公平的精神在经费来源上有相当的内在合理性。我国的重点大学与其并不相同,其经费主要来自国家财政,因而追求区域间的相对公平也就成为必然的选择。

改革的整体方向是将原来过于集中在京津沪等地的招生名额部分地转移至西部地区和中部湖北、河南等高考大省。具体而言,可留出10%的名额用于全国统一录取(可将各地区的高考分数做等值处理),20%的名额依照各地报考人数投放,剩下的70%按照往常的惯例投放。这样一来,既照顾到公平选才的需要,又考虑到了特殊人才的选拔规律,既反映了地区间入学机会公平的需求,又在很大程度上尊重了历史因素及现存体制的合理之处。但对于这一改革,也可能有反对者认为,在教育部、省、市三级联合共建的情况下,重点大学将招生名额更多地投向所在地是合情合理的。诚然,在重点大学与地方联合共建以及实施"211工程"和"985工程"的过程中,在征地、拆迁、学校周边环境的整治、有关税费的减免方面,得到了当地政府资金和政策方面的大力支持,学校出于回报的心愿将名额向所在地倾斜有一定的合理性,但这并不能成为高校招生倾斜的正当理由。高校在发展过程中,通过为本地培养各类人才、横向的校企合作、带动相关产业的发展以及提升城市文化水准,已经为所在地做出了相当大的贡献,故而当地政府的资金投入和政策倾斜已经得到了上述诸方面的回报,所以当地政府对高校的资金投入并不能成为对其招生倾斜的完全正当理由。

---

[1] 刘清华:《发达国家高校招生考试与学校教育关系的共同特征》,《考试研究》2004年第2期。

2. 原则上划定地方高校对外省(区、市)招生的比例,供不同地区高校参考使用

对地方院校而言,可分为全国招生和省(区、市)内招生两种,即便是全国招生的高校,外地生源数量也普遍较少。由于地方高校的经费主要来源于地方财政,此类高校招生计划的制定原则上不受教育部的限制,即使全部实行本省(区、市)招生也无可厚非。但从高校培养人才和教育教学的规律来看,单一地区的生源结构并不利于教学质量的提高和校园文化的建设。对于发达地区的地方高校来说,划定对外省(区、市)招生的基本比例,不仅有利于学校教学质量和办学效率的提高,同时也有助于实现招生地域间的相对公平。对中部地区高校来说,可将这一招生比例的原则规定作为参考标准来使用,由于这些院校相对有限的高教规模不能吸纳本地众多的考生,所以可以在短期之内允许实行全部省(区、市)内招生。但是,出于各地区协调发展的战略考虑,可以对这类高校招收西部落后省(区、市)的比例做一较低限度的要求。总之,教育管理部门应从分类指导的原则出发,划定地方院校招收外省(区、市)学生的最低比例,供各省(区、市)参考使用。在地方院校招生计划占整个招生计划的70%左右的情况下,规定地方院校招收外省(区、市)学生的最低比例,也会对高校招生公平的改进起到明显的效果。

需要指出的是,2014年9月颁布的《国务院关于深化考试招生制度改革的实施意见》对招生计划分配已经做出了一些规定:"提高中西部地区和人口大省高考录取率……继续实施支援中西部地区招生协作计划,在东部地区高校安排专门招生名额面向中西部地区招生。部属高校要公开招生名额分配原则和办法,合理确定分省招生计划,严格控制属地招生比例。""继续实施国家农村贫困地区定向招生专项计划,由重点高校面向贫困地区定向招生。部属高校、省属重点高校要安排一定比例的名额招收边远、贫困、民族地区优秀农村学生……形成保障农村学生上重点高校的长效机制。"目前,我国高等教育招生已经实施了国家专项计划、高校专项计划与地方专项计划,招收特定贫困地区学生或农村学生,这对于促进高等教育机会在地区间和城乡间的公平分配具有明显的积极意义。

(二)建立高等教育入学机会监测制度,加强对招生过程的监督和管理

制度的公平必须通过操作的公平来体现,高考招生制度在操作过程中的公

平同样是促进高等教育机会公平分配的重要因素。在高考和招生录取过程中,应革除那些已经成为腐败温床的制度和政策,如保送生、三好学生、优秀学生干部加分政策等,保证招生环节的公平性。对于如何减少和规范加分项目,《教育部、国家民族事务委员会、公安部、国家体育总局、中国科学技术协会进一步减少和规范高考加分项目和分值的意见》(以下简称《意见》)已经作出了一些规定:如取消部分全国性加分项目,包括取消体育特长生加分项目、中学生学科奥林匹克竞赛加分项目、科技类竞赛加分项目、省级优秀学生加分项目和思想政治品德有突出事迹加分项目;另外,《意见》还规定应大幅减少地方性加分项目,从2015年1月1日起,取消地方性体育、艺术、科技、三好学生、优秀学生干部等加分项目,相关政策按照上述取消部分全国性加分项目的规定执行。应该说,上述规定对降低高等教育机会分配的不平等具有明显积极作用,未来须严格执行这些规定并进一步清理和规范类似有碍高等教育机会公平分配的制度与政策。

此外,高考招生工作必须实现操作公平、公开和透明。值得欣喜的是,政府相关部门在招生录取公开、公平方面已经做了一些工作。早在2005年3月,就下发了《教育部关于高等学校招生工作实施阳光工程的通知》,在全国范围内高校招生开始实施"阳光工程"。"阳光工程"的核心是建立和完善以"六公开"为主要内容的信息公开制度,即各级教育行政部门、招生考试机构和高等学校要坚持招生政策公开、高校招生资格及有关考生资格公开、招生计划公开、录取信息公开、考生咨询及申诉渠道公开和重大违规事件及处理结果公开。2014年9月颁布的《国务院关于深化考试招生制度改革的实施意见》再次强调应深入实施该项工程。

"阳光工程"的实施使违规招生录取现象大幅减少,在一定程度保障了落后地区学生、农村学生以及低收入阶层居民子女等弱势群体竞争获取高等教育的机会。为此,应进一步深入实施高校招生"阳光工程",继续严格执行"六公开"的要求,做好高等教育招生各个阶段的信息公开工作,建立公开透明的招生工作机制和体系,确保有效防范和杜绝体制外招生,从而保障高等教育入学机会的公平分配。

二、调整高等教育收费政策,促进高等教育机会公平分配

从长远来看,我国高等教育实行收费政策缓解了政府财政对于发展高等教育的压力,能使更多的居民享有接受高等教育的机会。但从短期来看,由于我国

现行高等教育收费制度的不合理,一部分居民特别是低收入阶层的高等教育机会难以保障。因此,必须调整现行高等教育收费政策,以促进高等教育机会的公平分配。

(一) 完善差额收费制度

高等教育成本分担需要遵循一个非常重要的原则:受益原则。它是一种市场效率原则,依据受益的大小确定成本分担:谁受益,谁承担;受益少,少承担;受益多,多承担。随着我国市场经济体制的不断健全和劳动力市场的不断完善,不同培养层次、不同学校、不同学科或专业大学生预期收益的差距越来越大,这主要体现在以下三个方面:一是不同培养层次的毕业生的预期收益差距较大,我国目前高等教育的培养层次包括专科、本科、硕士和博士四个层次,平均来看,该四个层次毕业生的预期收益依次增强;二是重点高校毕业生与非重点高校毕业生预期收益的差距非常大,重点院校特别是"985工程"和"211工程"高校毕业生的预期收益比一般院校毕业生的预期收益高许多,他们不仅收入高,而且资源配置能力也更强;三是专业预期收益的差距很大,热门专业毕业生的预期收益比冷门专业毕业生的预期收益高很多,前者往往是毕业生选择市场、选择工作,而后者往往是人才过剩、求职困难。

因此,应依据受益原则进一步完善我国高等教育的差额收费制度,尽管目前我国不同培养层次、不同高校与不同专业的收费有些差别,但这种差别很小,还不足以反映其预期收益的巨大差距,未来应充分考虑受教育者的预期收益,根据培养层次、学校、专业与学科的不同情况适当拉开收费差距。

具体来说,按不同培养层次、不同学校和不同专业实行差额收费主要表现在以下方面:首先是专业收费差距。如前所述,与冷门专业相比,热门专业的毕业生就业相对容易,预期收益也更高,而目前不同专业之间收费的差别不大,还未能充分反映专业间预期收益的差别,因而应根据其预期收益的大小进一步拉开专业收费的差距,适当提高热门专业的收费,使其能充分反映预期收益。其次是学校收费差距。如前所述,"985工程"高校、"211工程"高校等重点高校毕业生的预期收益要明显高于非重点院校,但目前我国不同高校间的收费差距较小,也不能完全反映校际预期收益的差别,因而应适当拉大不同高校间收费的差距,使不同高校的收费能充分地反映预期收益。再次是培养层次收费差距。平均来看,培养层次越高的毕业生,其预期收益也越高。因此,在完善差额收费制度时,还应区别不同的培养层次。最后是学科成本差距。在我国高校各学科中,理工科、医科等学科的办学成本要比文科的高许多,有国外学者评估得出,培养一个文科学生所需花费的成本仅为理工科学生的四分之一,而目前的收费政策只是略有差距,因此,若在全国范围内按成本的25%收费,就有可能出现理工科学生所收取的费用仅占成本的10%~15%,而文科学生费用的占比则高达30%~40%,甚至还可能更高,这种状况是不合理的,应有所调整。

总之,在目前我国高等教育机会特别是优质高等教育机会更多地由优势阶层所享有的背景下,进一步适当拉大不同培养层次、不同学校和不同学科或专业间的收费差距,使其能更多地承担相应的代价,对保证不同家庭子女的高等教育机会,维护高等教育机会的公平分配具有明显的积极意义。

(二) 确定合理收费标准

高等教育收费标准的确定是高等教育收费制度的核心,如何收费或者说依据什么标准收费是一个直接关系到我国收费政策是否科学与合理的问题,同时也是广大居民所关心的重点问题。在我国,高等教育收费标准的不合理已经对我国居民特别是低收入居民的受教育机会产生了负面影响。

高等教育收费标准的制定依据主要有高等教育成本、居民收入水平与高等教育收益率等,在实践中,制定高等教育收费标准主要考虑的是成本状况和居民的收入水平。

在我国高等收费标准的制定过程中,我们较多地考虑了高等教育本身发展和经费投入不足的问题,却忽视了居民家庭的经济承受能力问题,因而在制定收费标准时主要以成本为依据。具体来说,我国在确定高校收费标准时参照了国际上部分国家实行的高等教育收费标准占全部教育成本的25%的做法,教育部于2000年规定"高等学校的学费占其年平均日常运行费用的比例按25%掌握,未达到25%的可以提高到25%"。但是,国际上其他国家在确定这一收费标准时有一个重要前提,即大多数家庭的生活不会因为有人接受高等教育而受到影响。事实上,它们也的确是这样实行的:美国公立大学的收费仅占年人均收入的1/5左右,而英国则更低,其大学学费仅占年人均收入的1/10左右,它们的收费水平是受到严格限制的。但我国在制定高等教育收费标准时却恰恰忽视了这一重要前提,前文已经指出,高等学校的收费特别是近些年专业硕士不断攀升的收费已经构成了广大居民家庭的重要负担。另外,需要指出的是,以成本的25%

作为收费标准在世界上是属于较高的标准,并且,在我国高校目前还没有实行严格、完善的成本核算的情况下,以成本比例作为收费依据还可能导致人为夸大教育成本的现象。

基于此,我们认为,在我国目前居民收入尤其是农村居民人均收入较低而高等教育成本又相对较高的情况下,我国高等教育收费标准的确定应优先考虑居民的收入水平,以居民收入水平作为确定收费标准的主要依据。具体来说,可以在分析居民家庭一般经济承受能力的基础上确定一个收费基准,然后再依据教育成本和收益状况进行适当的调整,使得收费标准符合大多数居民的承受能力,从而保障我国居民特别是低收入阶层居民的高等教育机会。

综合上述分析,我们认为,我国目前高等教育收费应主要遵循"受益原则"和"能力原则"。"受益原则"要求不断完善差额收费制度,即不同培养层次、不同高校和不同专业的预期收益能在收费中充分体现;"能力原则"则体现为应主要根据居民的实际收入水平来收费,目前我国居民的支付能力还较低,并且不同居民间支付能力的差距巨大。在此基础上,确定合理的收费标准还应适当考虑不同专业的成本与不同地区的经济发展水平。不同专业的培养成本不同,其收费应当有所不同。另外,我国地区间经济发展差距很大,这将使得不同地区间高校的办学成本和居民的支付能力呈现出很大的差距,因此,在确定学费标准时还应考虑我国的地区差异。根据以上阐述,本书提出了确定高校收费标准的基本模型,该模型针对不同生源地的学生分别提出了以下具体公式:

$$
\begin{aligned}
&\text{某高校某专业某层次来自某省(区、市)城镇学生学费标准} \\
&= \text{某培养层次调节系数} \times \text{高校办学质量调节系数} \times \text{某专业私人相对收益率} \\
&\quad \times \text{国际一般比例} \times \text{某专业相对成本系数} \times \text{我国城镇居民人均可支配收入} \\
&\quad \times \text{地区发展不均衡系数} \times \text{城镇相对发展不均衡系数} \quad (7.10)
\end{aligned}
$$

$$
\begin{aligned}
&\text{某高校某专业某层次来自某省(区、市)农村学生学费标准} \\
&= \text{某培养层次调节系数} \times \text{高校办学质量调节系数} \times \text{某专业私人相对收益率} \\
&\quad \times \text{国际一般比例} \times \text{某专业相对成本系数} \times \text{我国农村居民人均纯收入} \\
&\quad \times \text{地区发展不均衡系数} \times \text{农村相对发展不均衡系数} \quad (7.11)
\end{aligned}
$$

其中：地区发展不均衡系数为该省（区、市）人均 GDP 与全国人均 GDP 之比；城镇相对发展不均衡系数为某省（区、市）城镇人均 GDP 与该省（区、市）人均 GDP 之比；农村相对发展不均衡系数则为某省（区、市）农村人均 GDP 与该省（区、市）人均 GDP 之比。需要指出的是，式中培养层次调节系数、高校办学质量调节系数、专业私人相对收益率与专业相对成本系数等指标的基准或浮动区间需要政府部门根据相关信息通过科学、合理的计算确定，并且该系列指标的基准或浮动区间还应有明确的调整办法和机制。鉴于我国大多数本科院校采用的学制是四年，我们建议将调整周期设定为第五年，因为在一个四年的培养周期结束之后，相关各方面的信息基本上能在第五年反映出来。

不可否认的是，在上述收费制度下，也会有来自城市、发达地区省（区、市）的贫困学生，但这些贫困学生与当前的高校贫困生相比来讲要少得多，解决起来也相对会更容易一些。

（三）完善收费管理监督机制

如前所述，高等教育收费与居民生活密切相关，它是关系到社会万千家庭的大事。在完善差额收费制度与合理确定收费标准的基础上，必须进一步完善收费管理监督机制，从而尽量避免出现高等教育乱收费的现象，这主要可以从以下两个方面来着手。

1. 实行高校收费听证会制度

在政府相关部门主导制定收费标准的背景下，应采用高校收费听证会制度以保证收费政策的合理性和实施的可行性。高等教育收费听证会一般应由利益关联方（包括政府相关部门、高等学校以及学生家长代表）和利益无关方（包括专家、学者及媒体中介机构等）组成。在听证会召开之前，相关部门和单位应提供详细准确的经济发展水平、居民收入水平、不同培养层次、不同办学质量高校与不同专业的毕业生的预期收入以及高等教育成本等方面的信息，由专家或中介机构综合上述各方面的信息，依据收费标准基本模型，提出多个可供选择的方案，通过听证会上各方代表的充分讨论协调，达成共识或形成基本一致的意见，并最终报相关政府主管部门批准。应该说，高等教育收费听证会制度的实行能使各方意见得到表达，从而在一定程度上规范和约束高校收费行为，维护各方特别是处于弱势地位的学生及其家长的利益。

需要指出的是，高等教育收费听证会建议以省为单位进行，这主要是因为我国高等教育采用了中央和省级政府二级管理、以省级政府管理为主的体制,在这一管理体制下,以省(区、市)为单位实行高等教育收费听证制度有利于考察地区经济发展水平、居民收入水平的高低,同时也便于核算高等教育的成本。

2. 改善收费管理方式,建立收费审批和监督系统

目前,我国高等教育收费管理主要以教育主管部门为主,这一收费管理模式不利于控制收费的不合理上涨,从而造成教育收费的混乱,这主要是因为,财政性教育经费不足仍然是制约我国教育发展的一个重要因素,教育主管部门迫于自身经费压力,对高校的一些不正常、不合理的收费行为往往会倾向于采取容忍、默许的态度,从而导致通过收费听证会制定的收费标准失去意义。基于此,我们建议改变目前的高等教育收费管理模式,将其划分为"收费定价管理"和"资金使用管理"两个环节,分别以物价部门和教育主管部门为主进行管理,从而有利于二者相互协调和相互制约。具体来说:省级物价部门代表政府组织高等教育收费听证会,根据有关高等教育的收费方针政策,确定本地区高等教育收费的基准和浮动区间,制定本省(区、市)高校收费政策;教育主管部门则从资金使用上严格管理,保证高等教育收费资金支出的合理性,提高其使用效率。

在完善收费管理模式的基础上,建立严格的高校收费审批和监督机制是规范高等教育收费的重要保证。高校收费必须履行有关的审批手续,收费标准的调整或新增收费项目必须由学校向物价管理部门提出申请,物价管理部门在收到申请后根据有关法律以及中央和省级政府有关收费的政策、收费管理的办法对收费标准、收费对象及范围等方面进行审核,审核后再报请相关主管部门批准。此外,还应建立包括学生家长代表、中介机构以及媒体等在内的监督检查机构,将高等教育收费活动置于社会监督下。

三、完善贫困生资助机制,保障贫困子女的教育机会

我国高等教育实行收费政策后,用了十几年的时间就实现了高等教育大众化目标。但与此同时,高校贫困生问题也日益严重。不可否认,居民家庭收入的巨大差距和高等教育收费制度的不完善是导致出现大量贫困生的主要原因,但对贫困生采取的资助措施不到位、不完善也是一个重要因素。因此,在完善高等教育收费制度的同时还应建立一套完善的资助体系,为贫困学生所面临的经济

困难提供制度保障,从而保障他们的高等教育机会。

目前,我国高等教育学生资助体系的政策主要包括国家奖学金、国家励志奖学金、国家助学金、国家助学贷款、研究生学业奖学金、研究生助教、助研和助管岗位津贴、新生入学资助、"绿色通道"与毕业生基层就业学费补偿和贷款代偿等方式。应该说,这一学生资助体系取得了比较明显的效果,它给贫困学生群体带来了希望,但仍然存在一些方面需要完善。

(一) 实行以国家助学贷款为主的资助体系

从我国目前的学生资助体系来看,资助方式中除了国家助学贷款和研究生助教、助研和助管岗位津贴是有偿资助外(其中国家助学贷款需要学生将来偿还,而研究生助教、助研和助管岗位津贴则需要学生当期付出相应的劳动),其余资助方式都是无偿资助的,从而导致了各种资助方式比例的不合理。无偿资助的比例过高,导致资助经费的使用效率低下,每年都需要投入大量的资金,据统计,2019年,全国普通高校学生资助金额已经达到1 316.89亿元[1],并且随着贫困学生数量的不断增加,这一金额还将不断扩大,从而成为国家和学校的一个沉重负担。此外,过高比例的无偿资助还会在一定程度上助长非贫困学生申请贫困助学金的行为,在贫困生认定制度仍不健全的情况下有可能导致资金的错配。

因此,我们建议,在教育经费仍然不够充足的条件下,应该选择国家助学贷款作为学生资助的主要方式,同时在健全贫困生认定制度的前提下适度提高助学金的比例。首先,奖学金不宜作为主要的资助方式,尽管它有助于激励学生学习、提高公共教育资金的利用效率,但它却无法解决贫困学生的资助问题,因为获得奖学金的群体与贫困学生群体的对应性并不强。贫困学生往往由于各种主观或客观的压力,获得奖学金的机会相对较少,若以奖学金作为主要的资助方式,其受益对象的有限性将使之无法担当起资助贫困学生、保证教育机会公平分配的使命。其次,助学金也不宜作为主要的资助方式,尽管它是直接针对贫困学生的项目,公平性最强,但它对资助资金的要求比国家贷款要大得多,从而给财政带来的负担也重得多,同时由于其缺乏成本-收益的约束,在贫困生认定制度

---

[1] 数据来源于《2019年中国学生资助发展报告》,教育部全国学生资助管理中心网站,http://www.xszz.cee.edu.cn/。

不健全的条件下,更容易发生资金配置的偏差,并且也不利于提高资金使用效率。基于此,我们建议在认定制度健全的前提下,适度提高该种资助方式的比例,毕竟它最能直接解决在校贫困学生的困难。最后,以国家助学贷款作为学生资助的主要方式,不仅可以节省财政开支,实现资金回收和重复使用,从而使资助工作能够持续有效地开展,而且它还符合成本-收益原则,即学生需要用自己毕业后所能获得的收入来偿还上学期间的部分费用,与助学金等无偿资助形式相比,这能在一定程度上减少非经济困难学生申请国家贷款,从而降低资金错配的程度。另外,国家助学贷款资助方式也能提高资金的使用效率,增强学生的责任感。助学贷款将来必须偿还,因而受国家助学贷款资助的学生更容易提高助学资金的使用效率,同时也可能会更加努力学习,毕业后更加努力工作。

(二) 进一步完善国家助学贷款机制

首先,要增强政府的财政责任。国家助学贷款制度能否成为主要的资助方式在很大程度上与政府的参与度密切相关。根据国际经验,具有补贴性质的国家助学贷款往往需要政府承担更多的财政责任,这一财政责任可以用隐含补贴率来反映。一般来说,即使所有获得贷款的学生都及时、足额地偿还了贷款,还款额的现值仍然会小于贷款额的现值,这一差额就是隐含补贴。在此,我们定义还款额的现值与贷款额的现值的比率为贷款回收率,那么,隐含补贴率应等于1减去贷款回收率。目前,世界上大多数国家政府对助学贷款的隐含补贴率在40%~60%,而我国国家助学贷款的这一补贴率仅为20%[1]。较低的隐含补贴率使得国家助学贷款的管理运作成本、呆坏账损失更多地由银行自身来承担,这就从根本上限制了银行实施国家助学贷款的积极性。因此,为进一步完善国家助学贷款机制,使国家贷款成为支持贫困学生接受高等教育、促进高等教育机会公平分配的主要资助方式,必须增强政府在国家助学贷款中的财政责任,使之承担更多的成本和风险。

其次,要完善个人信用系统建设。个人信用系统建设的不完善所导致的国家助学贷款督促还款困难也是银行不愿意大量发放国家助学贷款的一个重要原因。为此,应进一步推进个人信用系统建设,逐步完善个人信用信息基础数据

---

[1] 数据转引自朱沙:《政府保障高等教育公平的财政政策研究:基于高等教育成本分担制度和学生资助制度的考察》,西南财经大学博士学位论文,第248页。

库。该数据库主要是在从商业银行等金融机构采集个人的基本信息、开立结算账户、借款、信用卡、担保等相关信息的基础上,经中国人民银行将信息整合后向商业银行提供实时查询服务。商业银行在受理个人贷款申请、贷记卡申请等业务时,在取得申请人的书面授权后,可以向个人信用信息基础数据库查询申请人的信用报告,并将其作为是否办理业务的重要参考。个人信用信息基础数据库的建立和完善,有利于约束贷款学生还款行为,从制度上解除贷款银行的后顾之忧。此外,不断推进个人信用系统建设、进一步完善个人信用信息基础数据库也有助于提高学生的信用意识,促使其养成及时还款的守信习惯,从而推动国家助学贷款政策的顺利实施。当然,个人信用体系的建设和良好信用观念的确立离不开相关的监督体系和法律制度的建立,这是实行以国家助学贷款为主要资助形式的制度的保证。

最后,要逐步完善国家助学贷款偿还机制。允许学生免还部分或者全部贷款是各国在实施助学贷款资助制度中的普遍做法。目前,我国政府在减免助学贷款方面也已经做出了有益的尝试,现有的毕业生基层就业学费补偿和贷款代偿就是其中之一,因此,我们建议可以进一步推进毕业生基层就业学费补偿和贷款代偿,扩大学生工作的行业和范围。另外,我国助学贷款偿还较少考虑学生毕业后的经济收入状况,这是影响他们申请贷款的重要因素。为此,我们建议针对毕业后不同的经济收入,我们可以实行不同的偿还政策。家庭经济特别困难,毕业后低于国家生活标准或处于贫困线以下的,可以不还款,或者免除偿还利息的义务,只偿还贷款的本金。对于毕业以后由于各种原因失去劳动能力的,特别是因维护公共利益而丧失劳动能力的,应该免除偿还贷款的义务。当然,在实施上述政策的同时,还可以考虑适当延长还款期限,目前,我国的还款期限相对来讲比较短。需要指出的是,上述政策实施过程中所产生的成本和损失应当由政府来承担,而不能由银行来承担。

(三) 完善助学金等辅助资助方式

在实行以国家助学贷款为主的资助体系、进一步完善国家助学贷款制度的同时,我们还有必要完善助学金等辅助性资助方式。具体来讲包括以下两个方面。

1. 适度提高助学金比例

如前所述,助学金与奖学金等其他"赠予性"资金不同,奖学金是用来奖励品学兼优或在某一方面取得突出成绩的学生的,它的获得有一定的条件或标准,与学生的家庭经济状况没有直接的联系,而设立助学金的目的是资助经济困难学生,使他们都有经济能力接受高等教育,完成大学学业,不至于因经济困难而失学。另外,助学金与国家助学贷款也不同,助学贷款在实质上还是受教育者本人承担了高等教育学费,只不过延期支付而已。相较于奖学金和助学贷款,对于经济困难学生而言,助学金显然是最为直接和公平的资助方式。因此,我们建议在现有资助体系中适当提高助学金的比例,这不仅能够有效地帮助在校的贫困学生完成学业,而且还能够吸引更多的贫困学生选择继续接受高等教育。当然,需要特别强调的是,各级政府和高校必须健全贫困学生的认定机制,增强认定的科学性,通过对学生进行家访或委托进行家庭情况调查等形式,了解学生真实家庭经济情况,并按照事先制定的标准对其贫困程度进行评定,建立贫困学生档案,从而使助学金能发放到家庭经济真正困难的学生手中。

2. 建立"资助包"混合资助模式

所谓"资助包",就是美国国会研究制定的将助学金、助学贷款等各种资助方式混合计算所形成的"一揽子"资助方案,该项政策在美国用来计算每个学生所应该获得的资助总额、各种形式资助比例和金额以及各种资助搭配的公式和标准,该项"资助包"政策通过准确、科学的计算,从而保障了其资助效果。而目前我国的贫困生资助体系尚未形成一套系统、细致的操作技术系统,更多的是处于应急状态,从而导致其资助效果还不甚理想。因此,我们建议借鉴"资助包"政策,对我国现有的资助方式进行优化组合,建立起多元混合的资助模式。借助这一模式,可以实现资金的合理规范配置,保证每个经济困难学生都能获得与其困难程度相对应的经济资助,从而使其教育机会不至于因经济困难而受到影响。具体来讲,我国"资助包"混合资助模式确立的基本思路包括:第一,计算贫困学生的"上学成本",其中主要包括学费、住宿费、杂费和生活费用等内容;第二,计算"家庭应做贡献",即家长应该为子女接受高等教育所承担的经济责任,它与家庭收入、家庭财产、家庭人口及其健康状况等因素密切相关,"家庭应做贡献"应等于家庭收入加上家庭财产减去家庭成员平均支出与家庭成员数量的乘积;第三,计算贫困学生的"应得资助额",它等于学生的"上学成本"减去其"家庭应做贡献"后的余额;最后,按照事先规定和公布的"一揽子资助"的基本配比标准,向学生提供混合资助。需要指出的是,"一揽子资助"方案的设计必须经过充分的研究和分析来制定。

四、完善高等教育投资体制,科学划分政府间高等教育投资责任

如前分析所述,高等教育资源在不同地区与不同高校之间配置的失衡是我国高等教育机会分配不公平的又一重要原因,为缩小不同高校之间投入的巨大差距,促进高等教育机会的公平分配,我们认为,应进一步完善高等教育投资体制,科学划分政府间高等教育投资责任。

(1) 保证公共教育经费投入、合理配置高等教育资源、完善相关政策以鼓励社会资本支持高等教育。前文分析指出,公共教育资源向高等教育阶段倾斜不利于教育机会分配的公平,目前,我国高等教育经费占公共教育支出的比例超过20%,这一比例即使与世界发达国家相比也并不低。但我国之所以出现部分地区、部分高校高等教育经费投入仍然不足的现象,我们认为,主要的原因是公共教育经费总体投入的不足与高等教育经费分配的不合理。因此,应进一步加大政府对整个公共教育的财政投入力度,同时合理配置高等教育资源。具体来说,中央财政应减少对部属院校中非公共财政教育经费收入较为充裕且运行良好院校的财政投入,将结余资金用于资助财政运行困难的非部属院校,同时加大对中西部地区省属院校的财政转移支付力度,使其经费投入水平提高,并逐步缩小与部属院校之间的差距。省级政府应统筹省属高校财政投入,缩小高校间财政投入的巨大差距,特别是应注意扶持基本运营困难的高校。市级政府也应对本市内省属院校承担相应的财政责任。此外,我们建议调整相关公共政策以鼓励社会资本支持高等教育,拓宽高等教育经费来源渠道。如调整民办高等教育税收政策,给予非营利性民办高等教育机构与公办高等教育机构同等的税收优惠待遇,同时尽可能创造民办高校与公办高校公平竞争的环境以鼓励民办高校的发展,这不仅可以有效地分担政府高等教育经费的投入,同时从长期来看还有利于我国整体高等教育水平的提高。另外,可通过完善捐赠相关政策如税收政策等,鼓励社会资本捐赠高等教育,从而缓解部分地区高等教育经费短缺的困难。

(2) 科学划分政府间高等教育投资责任。进一步科学合理划分政府间高等教育投资责任是实现不同地区间、不同高校间高等教育均衡发展并进而实现教育机会公平分配的保障。依据财政分权理论,地方政府更加接近当地居民,能更好地了解当地居民的偏好,因而能提供满足居民需要的公共产品和服务,提高公

共资源的配置效率。如前所述,高等教育属于典型的准公共产品,鉴于公共产品的外溢性会导致地方政府资源配置无法达到帕累托效率,因此也需要中央政府介入。按照英国财政学者巴斯特布尔关于中央与地方政府间支出责任划分的受益原则、行动原则和技术原则,我们认为,我国中央政府和地方政府对高等教育财政投资责任的划分,不应该完全按照目前学校行政所隶属的关系来划分,还需考虑到高等教育具体的事务特征。中央财政的承担范围应是"全国性事务"或受益范围遍及全国的公共产品。按照这一原则,中央政府应承担师范、农林、体育、外交、航天航海、军事类等具有"全国性事务"特征的高等教育的财政责任。而地方政府主要是省级政府则应该承担具有"地方性事务"特征的高等教育的财政责任,该类高等教育主要是服务于当地的发展。

附录 1
国内外研究综述

一、国外研究综述

(一) 国外对教育机会公平的理论研究

国外有关教育机会公平的理论,以美国学者科尔曼(Coleman)和瑞典学者托尔斯顿·胡森(Torsten Husen)的阐述最具有代表性。科尔曼提出了教育机会公平的四条标准,即进入教育系统的机会公平、参与教育的机会公平、教育结果公平和教育对生活前景机会的影响公平,反对平均主义的平等和对不同的人实行同等的制度,主张教育制度应当补偿个体在家庭、性别、种族、经济、社会地位等方面的差异,以免这些因素影响个体在以后的生活和工作机会,从而实现事实上的公平[1]。

胡森认为,教育机会公平包括三种含义:第一,每个人都有不受任何歧视地开始其学习生涯的机会;第二,每个人都在教育过程中受到平等的对待;第三,促使学生取得学业成就的机会公平。教育机会公平的实现又取决于学校内外部的各种因素,如学校的各种物质设施、家庭环境、学习环境以及以教学条件为指标的学习机会等[2]。

---

[1] 李德、李丰春:《反思、借鉴与探索——国外促进教育公平的实践对我国的启示》,《湖北社会科学》2009年第6期。
[2] 托尔斯顿·胡森:《平等——学校和社会政策的目标》,载张人杰主编《国外教育社会学基本文选》,华东师大出版社1989年版,第196—197页。

由此可见,国外学者对教育机会公平的理解已不仅局限于公平的入学机会,而是追求公平的教育结果。

(二)国外学者对教育机会分配状况的实证研究

国外学者对不同人群的受教育机会状况进行过一些调查研究。如 Coleman(1966),Hansen & Weisbord(1969),Stigler(1970),Pechman(1970),Castro-Leal(1996)和 Lee,Ram & Smith(1999)等。

科尔曼(Coleman,1966)收集了美国 4 000 所学校 60 万学生的数据进行分析后发现,教育机会更多地由白人学生所获得,黑人学生的文化教育水平与白人的差距越来越大,针对这一现象,他们从自我评估方面给了解释。有学者(Hansen & Weisbord,1969)的研究结果表明,在 20 世纪 60 年代美国加州公共资助的高等教育系统中,富人学生获得的高等教育机会更多,高等教育实际上是将穷人的收入转移给富人。其他研究也同样支持上述结论。将加州高校在校学生按家庭收入分为 4 000 美元及以下、大于 4 000 不超过 8 000 美元、大于 8 000 不超过 14 000 美元和大于14 000 美元四个组,分析高等教育利益在不同收入家庭中的分布,结果(Stigler,1970)发现:来自大于 8 000 不超过 14 000 美元这一中高等收入分组家庭的子女占加州大学学生总数的 38%、其他州立院校的 48%;来自大于 4 000 不超过 8 000 美元收入分组家庭的子女数量占加州大学学生总数的 19%、其他州立院校的 27%;最高两个收入分组的子女数量占加州大学学生总数的 77%、其他州立院校的 69%。高等教育机会明显向中、高收入家庭倾斜。

但是,也有学者的研究得出了相反的结论。在比较加州和其他地方政府用于支持公立高等教育系统的税收和公立高等教育系统的收益在不同收入水平家庭之间的分配之后,研究(Pechman,1970)发现高等教育资源更多地分配给了低收入水平家庭。对美国伊利诺伊州公立大学和社区学院的研究(Lee,Ram & Smith,1999)同样表明,现有高等教育的公共资助有利于低收入和中等收入水平家庭的学生。

还有研究不同意以上两种看法,就非洲国家马拉维的教育改革对贫困人口的影响的实证结果(Castro-Leal,1996)表明:20%的最低收入群体占有的公共教育资源从 10%增加到 16%,其中高等教育从 3%下降到 1%;而 20%的最高收入群体占有的公共教育资源由 38%下降到 25%,其中高等教育也从 61%下降到 58%。也就是说,高等教育机会的受益者为中等收入阶层。

二、国内研究现状

国内学者对教育公平的关注在 20 世纪 90 年代中期凸显,此后越来越成为学者关注的焦点。综合国内学者对这一问题的研究,其研究内容可以概括为以下三个方面。

(一)对教育机会公平内涵的理解

谈松华(1994)指出,教育机会公平在不同发展阶段有不同的内涵,一般来说:在尚未实现教育普及时,教育公平是指人人都应享有教育机会;已经实现了教育普及时,教育公平则指人人都应享受到较高质量的教育,没有基本的质量保证,入学机会的公平只能是表面的、暂时的。袁振国(1998)认为教育机会公平主要包括三个层面上的内涵:一是起点上的公平,即入学机会上的公平,是指每个人都不受性别、种族、经济地位等任何歧视,开始其学习生涯;二是过程的公平,即以公平方式对待每一个人的教育活动;三是教育效果的公平,即保证不同个体学业成功的机会公平。杨帆(1999)指出,教育公平范围包括立宪意义上的个体平等的受教育权利、制度建设意义上的教育机会均等、资源分配意义上的反向歧视、微观教育活动意义上的教育过程均等。阮艺华、唐斌(1999)着重从教育经济学资源配置的角度分析教育公平,认为教育机会公平就是教育资源的分配和享用公平。郭元祥(2000)赞同从教育机会层面上考察教育公平问题,但指出绝不可忽视教育活动内部的公平问题,更应从教育本体的角度来理解教育公平,也即在教育活动中对待每个教育对象的公平和对教育对象评价的公平。褚宏启、杨海燕(2008)指出,教育结果平等是不可能实现的,因而不应当把教育结果平等列入教育公平的范围。他们把教育公平界定为教育起点平等和教育过程平等,实质上是指获取教育资源的机会的平等,而教育资源配置的公平则应体现平等原则、差异原则和补偿原则。此外,杨东平(2006)和李海涛(2008)等提出,教育机会公平应包括入学机会公平、教育过程公平以及教育结果公平。柏豪(2018)将罗尔斯的公平原则推及教育公平发展,将对教育公平内涵的解读分成三个层次,即人人都有接受教育的权利、向受教育者提供相对平等的受教育的机会与条件,以及通过各种保障条件保障教育成功机会和教育效果的相对均等。余秀兰(2019)认为,当前对教育公平的关注应转向教育获得的质量,以追求平等的教育结果。郝文武(2019)则认为教育机会公平、教育过程公平和教育结果公平这三个"公平"的含义不尽相同。

综合上述文献可以看出,学者对教育机会公平内涵的解释主要可以分为两类:一类是二维的,即认为教育机会公平应包括入学机会公平和教育过程的公平;另一类是三维的,即认为教育机会公平应同时包括入学机会、教育过程和教育结果的公平。

(二) 对我国教育机会分配状况的研究

国内不少学者对我国教育机会分配的现状进行过研究,他们指出,我国教育机会在分配上向城市、发达地区以及高收入阶层倾斜。

在教育机会分配的城乡差距方面,张玉林(2003)利用适龄儿童入学率、小学毕业升学率与失学人数等指标分析了我国义务教育机会分配的城乡差距。王蓉(2003a)的研究则揭示出义务教育阶段农村生均经费显著低于城市。孙文杰(2008)分析了1996—2004年我国初等和中等教育两个阶段人均教育经费投入在城镇与农村地区之间的差异,两者之比为1.72:1,其中农村普通中学的人均教育经费只有城镇的一半。卢洪友、李凌(2008)利用义务教育完成率指标来综合反映义务教育的实际获得性,选择生均预算内教育经费、生均教育经费和师生比来反映义务教育的获得水平,最后指出,在缩小城乡义务教育可获得性均等化方面,政府有较明显的作为,但在义务教育实际获得水平方面,政府扶持力度有待加强。温娇秀(2012)从适龄儿童入学率、小学毕业生升学率、教育经费、师资水平及办学条件等方面对我国义务教育机会分配的城乡差距进行了分析,发现这一差距在过去的20多年间已经有所缩小,但是城乡差距仍然明显存在。翟博、孙百才(2012)构造了城乡教育均衡指数指标以反映义务教育的城乡差距。在高等教育机会分配的城乡差距方面,谢维和1998年通过对全国37所高校一年级(1997级)和四年级(1994级)学生总共样本为69 258人的调查发现,来自大中城市的学生占在校生的33.5%,与人口结构相比,占有明显多数。钟宇平、陆根书(1999)对北京、南京、西安等地14所高校进行的调查结果也显示,总样本学生居住地为城市的占31.2%,来自县级市的占20.9%,来自集镇的占13%,农村学生占34.9%。蒋洪、马国贤、赵海利(2002)对1万余名在校大学生的调查则揭示了大学生生源更大的城乡差距:来自大中城市的生源总体占49.5%,而来自农村的生源仅占16.3%。张玉林(2003)以北京大学和清华大学为例说明了高等教育机会分配的城乡差距。王聪(2015)利用中国家庭追踪调查的微观数据也说明了高等教育机会在城乡之间的分配状况。以上研究均指出，我国高等教育机会更多地由城市居民获得。

在教育机会分配的地区差距方面，王善迈、杜育红、刘远新(1998)较早地分析了我国教育发展区域不平衡的表现。王蓉(2003b)使用2 000多个样本的县级数据对我国义务教育经费的区域性不平衡进行了实证分析，她发现我国义务教育经费支出的不均等大部分是由省(区、市)内差异引起的，而并非省际差异。沈百福(2003b)通过比较省级、地市级、县级地区之间教育投资的差异也证明了省(区、市)内各地级市之间的差异明显大于全国各省(区、市)之间的差异，省(区、市)内各县市之间的差异明显大于各地级市之间的差异。袁振国(2005)从教育经费、师资水平以及办学条件等方面阐述了义务教育机会分配的地区差距，他指出，东部发达地区居民在接受义务教育方面具有更大的优势。赵海利、赵海龙(2007)按人均GDP将我国各省(区、市)分成了5部分，考察了我国初等教育公共支出的受益者。他们的研究结果表明，高收入地区是我国初等教育公共支出的主要受益者，但支出利益的受损者并非最低收入地区，而是次低收入地区和中间收入地区。李祥云(2008)运用义务教育税费改革前1999年和改革后2005年省级数据对全国小学和初中公共支出利益归宿的地域分布及其变化进行了实证分析，他发现：义务教育公共支出的最大受益者始终为人均GDP最高的1/5地区，但是改革后还是出现了一些积极的变化，东部地区的受益程度有所下降。温娇秀(2012)则从入学机会、教育过程以及教育结果三方面考察了义务教育机会地区差距的变化趋势。翟博、孙百才(2012)构造了区域教育均衡指数来反映义务教育发展的地区差距，他们指出区域之间的教育均衡还呈现出起伏不定的变化态势。温娇秀、蒋洪(2014)则通过构建综合指标体系研究了农村义务教育经费保障新机制实施前后省际义务教育差距的变化。杜育红(2000)，薛颖慧、薛澜(2002)，蒋洪、马国贤、赵海利(2002)，袁振国(2005)，李文胜(2008)，许真臻(2009)，温娇秀(2012)，许庆豫、徐飞(2012)，罗楚亮、赵国昌、刘盼(2019)等则分析了我国高等教育机会分配的地区差距。杜育红(2000)利用每万人口中在校大学生人数与每万人口中大学毕业生数为测量指标分析了各省(区、市)高等教育发展的差异与变化特征。薛颖慧、薛澜(2002)的分析指出，我国高等教育在各个行政区划的分布存在着严重的不均衡。蒋洪、马国贤、赵海利(2002)的调查揭示:东部地区学生是高等教育的主要受益者,他们占总人口30%左右,却享受了40%~60%的高等教育机会;中部地区而不是西部地区,享受公共高等教育的程度最低,他们占总人口的53%左右,却只享受了30%~40%的高等教育机会。袁振国(2005)从高等教育在校生数、高等经费投入的地区差距等方面说明了高等教育的地区差距,他指出,中西部省(区、市)明显处于不利地位。李文胜(2008)的研究发现,中国高等教育入学机会存在着省际不公平。许真臻(2009)的研究表明,我国高等教育机会更多地分配给了东部地区,其学校数量、在校学生数量、专职教师数量等都接近全国总量的一半。温娇秀(2012)从高等学校分布、招生计划分配、生均教育经费以及办学条件等方面阐述了我国高等教育机会地区分配差距的状况。许从豫和徐飞(2012)则采用变异系数测量指标分析了我国1990—2009年高等教育发展水平的地区差异,并运用R/S分析法预测了我国高等教育发展水平地区差异的动态趋势,他们认为,我国高等教育发展水平的地区差异总体上在缩小,而且在未来20年内将继续逐渐缩小。罗楚亮、赵国昌、刘盼(2019)对城镇高等教育机会的省际差异与省内差异进行分解后发现:我国高等教育机会差异不仅存在于省(区、市)之间也存在于省(区、市)内部,如省会城市与非省会城市之间。

因为研究数据的可获得性问题,有关教育机会分配阶层差距的研究相对较少。唐俊超(2015)、李春玲(2014)等专门考察了不同教育阶段的阶层差异;方长春、风笑天(2018)则考察了社会出身对人们教育获得的影响的历史变迁过程;吴愈晓、黄超(2016)等考察了基础教育阶段的阶层分割现象;另外,一些全国性的和区域性的调查揭示出我国高等教育机会尤其是优质高等教育机会更多地由高收入阶层居民子女所享有。谢维和(1998)通过调查推断出,农民子女与工人、干部、企业管理人员和专业人员子女进入高等学校的可能性之比为1∶2.5∶17.8∶12.8∶9.4,而且不同家庭背景学生在国家重点院校、部委重点院校、普通高等院校及地方高等院校四类不同层次高校中的分布有明显的差异,学校层次越高,国家干部和专业技术人员等优势阶层子女所占比例越高,而农民子女的比重则越低。钟宇平、陆根书(1999)的调查显示:仅占全国从业人口2.02%的机关干部和企事业负责人的子女所享有的高等教育机会比例高达15%,而农民及其相关职业的从业人员在整个从业人员中的比例高达69.4%,但他们的子女在本科高校学生中的比例却只有29.4%。蒋洪、马国贤、赵海利(2002)的调查也得到了类似的结论:最高收入的20%人口享受了50%以上的高等教育机会,而最低收入的20%人口享受高等教育的比重不足15%。王伟宜(2005)以"辈出率"(该阶层在校生的比例与该阶层在社会总人口中的比例之比)来衡量不同阶层子女获得高等教育机会的差距,他发现:国家与社会管理者、经理人员、私营企业主、专业技术人员和个体工商户这五个优势阶层家庭背景的辈出率为2.37~5.9,为平均数的2~6倍,并且在部属重点院校,管理干部和专业技术人员阶层的辈出率最高;总体来看,私营企业主阶层的辈出率最高,达5.9,但其子女主要分布在民办高校和独立学院;城乡无业失业人员的辈出率最低,为0.46;出身较高阶层的子女比出身较低阶层的子女获得更多和更好的入学机会。杜嫱(2018)分析了2008—2015年7所"985工程"院校中学生的社会家庭经济背景状况,结果发现优质高等教育机会更加向家庭社会经济地位较高的阶层倾斜,不公平程度"似乎"在扩大而非减弱。

(三) 对我国教育机会分配不公平原因的探讨

我国教育机会分配不公平的原因也为学者所关注。魏后凯、杨大利(1997)较早地分析了教育财政分权化对地区教育差距的影响,他们认为教育财政分权化改革是引起我国地区间教育投入不平衡的重要原因。蒋鸣和(1999)发现,我国公共财政分配差异是造成财政教育投入差距的一个重要因素。王蓉(2003b)分析了各种区域类型和人口、地方财力等因素对义务教育经费地区差距的影响。张玉林(2003)系统地考察了"分级办学"制度对城乡教育资源分配与城乡教育机会差距的影响。沈百福(2003b)和范先佐(2006)的研究指出,过低的教育投资主体造成了中小学生均经费的地区差距。袁振国(2005)认为,城乡二元结构及公共财政教育制度缺位是教育机会分配不公平的重要原因。廖楚辉、张吕(2005)的研究认为,目前的财政体制中教育财政管理权限的不断下移是财政教育支出总体不足、教育机会不均等加剧的主要原因,教育的发展需要有新的教育财政体制加以配合。柏龙彪(2006)指出,教育入学体制的不公平导致了教育机会不公平。杨东平(2006)分析了重点学校制度、教育"乱收费"以及高考招生制度等对教育机会分配不公所产生的影响。李海涛(2008)则重点分析了城乡二元经济结构、地区经济发展差异、教育资源投入与配置、教育制度和政策等因素对我国教育机会分配不平等的影响。梁文艳、杜育红(2008)的分析具体指出,省级政府的投入努力程度不高,"省级财政不中立"是省际义务教育不平等问题产生的重要原因。李祥云(2009)具体分析了农村税费改革对义务教育投入地区差距的影响。高丽(2009)基于系统科学视角分析了经济因素、制度和政策因素、文化因素、社会因素以及信息因素对我国教育机会分配不公平的影响。吴春霞、郑小平(2009)也分析了城乡二元结构、财政分权对城乡教育差距的影响,同时还分析了教育经费拨款机制、重点学校政策对教育机会不平等的影响。邬志辉、于胜刚(2008),曾满超、丁小浩(2010)与孙志军、杜育红、李婷婷(2010)等着重考察了义务教育财政体制改革对教育机会分配的影响。温娇秀、蒋洪(2014)对比农村义务教育经费保障新机制实施前后省际基础教育服务均等化水平的变化后,指出了这一财政体制改革对义务教育分配所产生的影响。王聪(2015)则主要分析了重点学校制度如何影响教育机会分配。郑磊、孙旭(2017)研究了高校收费政策对不同性别、家庭社会经济地位和城乡之间学生高等教育入学机会的影响。徐娜、张莉琴(2018)采用断点回归设计,分析了高校扩招对高等教育机会平等的影响。刘焕然(2019)分析了高校招生配额制与高等教育公平之间的关系。钱祥升、杨春福(2019)则研究了高校自主招生制度对教育公平性的影响。

附录 2
在校大学生情况抽样调查表

编号：

您好，我们正在进行国家社会科学基金课题研究，为反映我国高等教育机会分配的现状，特进行问卷调查。此问卷不记名、不存档，严格保密，仅作为科研之用。您回答的真实性对本研究结论非常重要，请不要有任何顾虑，在填答中，请选择最符合情况的答案。谢谢您的配合！

---

1. 您的性别是

  A. 男   B. 女

2. 您的民族是

  A. 汉族   B. 其他_____（注：其他民族请填写具体民族）

3. 您目前的教育程度是

  A. 专科生   B. 普通本科生

  C. 独立学院本科生   D. 研究生及以上

4. 您所在的年级是

  A. 一年级   B. 二年级   C. 三年级   D. 四年级

5. 您的院校类别是

  （1）综合类大学   （2）理工类院校   （3）文史语言类院校

  （4）农林类院校   （5）医药类院校   （6）师范类院校

(7) 财经类院校　　　(8) 政法类院校　　　(9) 体育类院校

(10) 艺术类院校　　(11) 其他

6. 您的院校属于

   (1) "985 工程"重点大学

   (2) "211 工程"但非"985 工程"重点大学

   (3) 普通本科院校

   (4) 专科院校

   (5) 职业技术院校

   (6) 其他

7. 您的学科类别为

   (1) 理学　　　　(2) 工学　　　　(3) 经济学　　　(4) 管理学

   (5) 文学　　　　(6) 历史学　　　(7) 哲学　　　　(8) 法学

   (9) 医学　　　　(10) 农学　　　 (11) 教育学　　 (12) 其他

8. 您的家庭所在地为

   (1) 北京　　　　(2) 天津　　　　(3) 河北　　　　(4) 内蒙古

   (5) 山西　　　　(6) 黑龙江　　　(7) 吉林　　　　(8) 辽宁

   (9) 上海　　　　(10) 浙江　　　 (11) 江苏　　　 (12) 安徽

   (13) 福建　　　 (14) 山东　　　 (15) 湖北　　　 (16) 湖南

   (17) 河南　　　 (18) 海南　　　 (19) 江西　　　 (20) 甘肃

   (21) 广东　　　 (22) 广西　　　 (23) 云南　　　 (24) 四川

   (25) 重庆　　　 (26) 贵州　　　 (27) 西藏　　　 (28) 陕西

   (29) 青海　　　 (30) 宁夏　　　 (31) 新疆

9. 家庭所在地属于

   (1) 农村　　　　(2) 集镇　　　　(3) 县级市

   (4) 中等城市(指地级市城市)　　　(5) 大城市

10. (请将序号填在横线上)　您父亲的受教育程度为_____

    您母亲的受教育程度为_____

    (1) 小学以下　　(2) 小学　　　　(3) 初中

    (4) 高中(中专、技校、职业高中)　(5) 大专

    (6) 本科　　　　(7) 硕士　　　　(8) 博士

11. (请将序号填在横线上) 您父亲目前_____
    您母亲目前_____
    (1) 有工作　　　　　(2) 无工作　　　　　(3) 离退休
12. (请将序号填在横线上) 如果您父亲有工作,职业为_____
    如果您母亲有工作,职业为_____
    (1) 农林牧渔业　　　　　　　　　(2) 采掘业
    (3) 制造业　　　　　　　　　　　(4) 电力煤气及水的生产和供应业
    (5) 建筑业　　　　　　　　　　　(6) 地质勘探水利管理业
    (7) 交通运输仓储邮电通信业　　　(8) 批发零售贸易餐饮业
    (9) 金融保险业　　　　　　　　　(10) 房地产业
    (11) 社会服务业　　　　　　　　 (12) 卫生体育社会福利业
    (13) 教育文化艺术广播电影电视　 (14) 科研综合技术服务业
    (15) 国家党政机关和社会团体　　 (16) 其他
13. 您的家庭人均年收入为_____元。
    (1) 1 000以下　　　　　(2) 1 001～1 500　　　　(3) 1 501～2 000
    (4) 2 001～2 500　　　 (5) 2 501～3 000　　　　(6) 3 001～3 500
    (7) 3 501～4 000　　　 (8) 4 001～4 500　　　　(9) 4 501～5 000
    (10) 5 001～5 500　　　(11) 5 501～6 000　　　 (12) 6 001～6 500
    (13) 6 501～7 000　　　(14) 7 001～7 500　　　 (15) 7 501～8 000
    (16) 8 001～8 500　　　(17) 8 501～9 000　　　 (18) 9 001～9 500
    (19) 9 501～10 000　　 (20) 10 001～15 000　　 (21) 15 001～20 000
    (22) 20 001～25 000　　(23) 25 001～30 000　　 (24) 30 001～40 000
    (25) 40 001～50 000　　(26) 50 000以上
14. 您在上学期间平均获得奖学金_____元/年;
    获得助学金_____元/年;获得贷学金_____元/年。
15. 您上学期间,最近一年的勤工助学收入_____元。
16. 您最近一年交给学校费用有:学费_____元;
    住宿费_____元;其他费用_____元。

调查问卷结束,谢谢!

附录 3
在校大学生调查高校名单

复旦大学	上海交通大学	华东师范大学
同济大学	上海财经大学	东华大学
上海外国语大学	上海大学	华东政法大学
上海海事大学	上海立信会计学院	上海师范大学
上海中医药大学	上海体育学院	清华大学
北京大学	北京师范大学	中国农业大学
北京理工大学	中央财经大学	北京中医药大学
中国政法大学	首都经济贸易大学	首都体育学院
北京联合大学	北京信息科技大学	北京语言大学
外交学院	武汉大学	华中科技大学
华中农业大学	中南财经政法大学	湖北大学
中南民族大学	武汉科技大学	江汉大学
湖北中医药大学	武汉音乐学院	南京大学
东南大学	河海大学	南京农业大学
南京师范大学	南京理工大学	南京审计学院
南京体育学院	南京医科大学	南京财经大学
西安交通大学	西北工业大学	西北大学
陕西师范大学	西安电子科技大学	西北政法大学
西安财经学院	西安体育学院	西安音乐学院
西安医学院	西安外国语大学	中南大学

参 考 文 献

[1] 安晓敏,2012,《义务教育公平指标体系研究：基于县城内义务教育校际差距的实证分析》,教育科学出版社。

[2] 白雪梅、吕光明,2004,《教育与收入不平等关系研究综述》,《经济学动态》第4期。

[3] 柏豪,2018,《中国教育公平之维：罗尔斯正义论的视角》,《山东社会科学》第6期。

[4] 柏龙彪,2006,《我国教育不平等现状与对策研究》,《经济体制改革》第6期。

[5] 鲍传友,2011,《教育公平与政府责任》,北京师范大学出版社。

[6] 布坎南、马斯格雷夫,2000,《公共财政与公共选择：两种截然对立的国家观》,中国财政经济出版社。

[7] 蔡栋梁、孟晓雨、马双,2016,《家庭背景与教育获得的性别不平等》,《财经科学》第10期。

[8] 柴效武,2003,《高校学费制度研究》,经济管理出版社。

[9] 陈坤、秦玉友、李慧,2020,《农村义务教育学校办学条件政策演进及其价值理路》,《湖南农业大学学报(社会科学版)》第3期。

[10] 陈晓宇、闵维方,1999,《成本补偿对高等教育机会均等的影响》,《教育与经济》第3期。

[11] 陈中原,2004,《中国教育平等初探》,广东教育出版社。

[12] 迟长伍、王世君,2014,《治理择校的困境:归因与策略》,《中国教育学刊》第2期。

[13] 褚宏启,2010,《教育制度改革与城乡教育一体化——打破城乡教育二元结构的制度瓶颈》,《教育研究》第11期。

[14] 成刚、孙晓梁、孙宏业,2015,《省内财政分权与"新机制"对城乡义务教育经费差距的影响——基于浙江省普通小学数据的分析》,《北京师范大学学报(社会科学版)》第2期。

[15] 褚宏启、杨海燕,2008,《教育公平的原则及其政策含义》,《教育研究》第1期。

[16] 丁小浩,2000,《对中国高等院校不同家庭收入学生群体的调查报告》,《清华大学教育研究》第2期。

[17] 董金宝,2011,《普通高校自主选拔录取中的公平问题探析》,《北京林业大学学报(社会科学版)》第2期。

[18] 董云川、张建新,2008,《高等教育机会与社会阶层》,科学出版社。

[19] 杜嬛,2018,《谁家的孩子进入了"985"院校——关于优质高等教育机会分配的纵向研究》,《山东高等教育》第5期。

[20] 杜育红,2000,《教育发展不平衡研究》,北京师范大学出版社。

[21] 杜育红,2000,《中国义务教育转移支付制度研究》,《北京师范大学学报(社会科学版)》第1期。

[22] 杜育红、孙志军,2003,《中国欠发达地区的教育、收入与劳动力市场经历——基于内蒙古赤峰市城镇地区的研究》,《管理世界》第9期。

[23] 杜育红、孙志军等,2009,《中国义务教育财政研究》,北京师范大学出版社。

[24] 范先佐,2006,《构建"以省为主"的农村义务教育财政体制》,《华中师范大学学报(人文社会科学版)》第2期。

[25] 方长春、风笑天,2018,《社会出身与教育获得——基于CGSS 70个年龄组数据的历史考察》,《社会学研究》第2期。

[26] 方耀林,1991,《社会阶层化与高等教育入学机会的差异性研究》,厦门大学硕士学位论文。

[27] 甘国华,2007,《高等教育成本分担研究——基于准公共产品理论分析框架》,上海财经大学出版社。

[28] 高丽,2009,《教育公平与教育资源配置》,中国社会科学出版社。

[29] 高如峰,2005,《中国农村义务教育财政体制研究》,人民教育出版社。

[30] 高铁梅,2006,《计量经济分析方法与建模》,清华大学出版社。

[31] 葛剑平,2014,《警惕择校成权贵们的"私人订制"》,《人民论坛》第12期。

[32] 顾海晓,2003,《我国义务教育资源公平配置的研究》,南京师范大学硕士学位论文。

[33] 顾明远,1992,《教育大辞典》第六卷,上海教育出版社。

[34] 郭元祥,2000,《对教育公平问题的理论思考》,《教育研究》第3期。

[35] 国家统计局农村社会经济调查总队,2000,《中国县(市)社会经济统计概要》,中国统计出版社。

[36] 郝文武,2019,《教育的公平正义与超公平正义》,《教育研究》第12期。

[37] 华桦,2010,《教育公平新解——社会转型时期的教育公平理论和实践探究》,上海社会科学院出版社。

[38] 黄长云,2011,《对教育公平视野下的高考制度的思考》,《改革与开放》第8期。

[39] 黄晓婷、卢晓东,2015,《大小高考选才比较:自主招生公平效率难两全》,《中国青年报》2015年5月11日。

[40] 蒋洪、马国贤、赵海利,2002,《公共高等教育利益归宿的分布及成因》,《财经研究》第3期。

[41] 蒋鸣和,1999,《中国义务教育发展县际差距的估计》,"教育指标与政策分析"国际研讨会论文。

[42] 杰格迪什·巴格瓦蒂,1993,《教育、阶级结构和收入平等》,《世界发展》第5期。

[43] 李春玲,2003,《社会政治变迁与教育机会不平等——家庭背景及制度因素对教育获得的影响(1940—2001)》,《中国社会科学》第3期。

[44] 李春玲,2009,《教育地位获得的性别差异——家庭背景对男性和女性教育地位获得的影响》,《妇女研究论丛》第1期。

[45] 李春玲,2014,《"80后"的教育经历与机会不平等:兼评〈无声的革命〉》,《中国社会科学》第4期。

[46] 李海涛,2008,《中国教育不平等问题的统计研究》,浙江工商大学出版社。

[47] 李介,2003,《教育公平论》,甘肃人民出版社。

[48] 李世刚、尹恒,2012,《县级基础教育财政支出的外部性分析——兼论"以县为主"体制的有效性》,《中国社会科学》第11期。

[49] 李文胜,2008,《中国高等教育入学机会的公平性研究》,北京大学出版社。

[50] 李祥云,2002,《中央对省义务教育财政专项补助及其使用效果:从规范与实证的角度进行分析》,《教育理论与实践》第7期。

[51] 李祥云,2008,《税费改革前后义务教育公共支出利益归宿比较——基于省级数据的分析》,《华中师范大学学报(人文社会科学版)》第5期。

[52] 李祥云,2008,《我国财政体制变迁中的义务教育财政制度改革》,北京大学出版社。

[53] 李祥云,2009,《税费改革前后义务教育投入地区差异及其变化的实证分析》,《教育研究》第10期。

[54] 李永生,2000,《个人该分担多少高等教育成本?》,《中国高等教育》第8期。

[55] 李煜,2006,《制度变迁与教育不平等的产生机制——中国城市子女的教育获得(1966—2003)》,《中国社会科学》第4期。

[56] 李振宇,2019,《义务教育经费"省级统筹"政策执行分析》,《清华大学教育研究》第6期。

[57] 李振宇、王骏,2017,《中央与地方教育财政事权与支出责任的划分研究》,《清华大学教育研究》第5期。

[58] 廖楚晖、张吕,2005,《政府教育财政体制的问题与探讨》,《管理世界》第7期。

[59] 栗玉香、郭庆等,2009,《义务教育财政均衡:政策与效果——基于北京市的实证分析》,经济科学出版社。

[60] 梁文艳、杜育红,2008,《省际间义务教育不均衡问题的实证研究——基于生均经费的分析指标》,《教育科学》第4期。

[61] 廖楚晖,2004,《政府教育支出区域间不平衡的动态分析》,《经济研究》第6期。

[62] 廖楚晖、张吕,2005,《政府教育财政体制的问题与探讨》,《管理世界》第7期。

[63] 廖楚晖,2006,《教育财政学》,北京大学出版社。

[64] 刘焕然,2019,《高校招生配额制与高等教育公平——历史检视与现实省察》,《高等教育研究》第 2 期。

[65] 刘精明,2005,《国家、社会阶层与教育——教育获得的社会学研究》,中国人民大学出版社。

[66] 刘精明,2014,《能力与出身:高等教育入学机会分配的机制分析》,《中国社会科学》第 8 期。

[67] 刘欣,2008,《由教育政策走向教育公平——我国基础教育政策的公平机制研究》,华中师范大学博士论文。

[68] 卢洪友、李凌,2008,《中国城乡义务教育非均等供给及财政制度路径》,《华中师范大学学报(人文社会科学版)》第 4 期。

[69] 卢珂,2014,《"新机制"对教育财政资源均衡配置的影响评价——基于配对模型的估计》,《北京大学教育评论》第 1 期。

[70] 陆根书,1999,《高等教育成本回收:对我国大陆大学生付费能力与意愿的研究》,香港中文大学哲学博士论文建议书。

[71] 陆根书、钟宇平,2002,《高等教育成本回收的理论与实证分析》,北京师范大学出版社。

[72] 罗楚亮、赵国昌、刘盼,2019,《我国城镇高等教育机会的省际差异与省内差异》,《经济社会体制比较》第 1 期。

[73] 吕炜、郭曼曼、王伟同,2020,《教育机会公平与居民社会信任:城市教育代际流动的实证测度与微观证据》,《中国工业经济》第 2 期。

[74] 罗正鹏,2019,《新时代中小学教师流动的困境及其应对》,《当代教育与文化》第 6 期。

[75] [美]Martin Carnoy,2000,《教育经济学国际百科全书》,闵维方等译,高等教育出版社。

[76] 潘天舒,2000,《我国县级义务教育投资的地区差异及其影响因素分析》,《教育与经济》第 4 期。

[77] 彭波,2011,《教育公平何以可能——兼论教育公平制度的设计》,《大学教育科学》第 5 期。

[78] 彭世华、伍春辉、张晓春,2012,《义务教育均衡发展目标与标准研究》,教育科学出版社。

[79] 钱祥升、杨春福,2019,《教育公平视域下高校招生制度的优化与改革》,《教育科学》第 5 期。

[80] 曲创、许真臻,2009,《我国公共教育支出受益归宿的地区分布研究》,《山东大学学报(哲学社会科学版)》第 6 期。

[81] 阮艺华、唐斌,1999,《教育公平新解》,《教学与管理》第 9 期。

[82] 桑贾伊·普拉丹,2000,《公共支出分析的基本方法》,蒋洪等译,中国财政经济出版社。

[83] 沈百福,2003a,《地方教育投资研究》,北京师范大学出版社。

[84] 沈百福,2003b,《区域层次与中小学生均经费地区差异》,《上海教育科研》第 12 期。

[85] 苏为华,2005,《综合评价学》,中国市场出版社。

[86] 孙文杰,2008,《地方政府财政支出结构与公共品供给机制剖析——基于城乡差异视角的实证研究》,《当代财经》第 1 期。

[87] 孙志军、杜育红、李婷婷,2010,《义务教育财政改革:增量效果与分配效果》,《北京大学教育评论》第 1 期。

[88] 谈松华,1994,《论我国现阶段的教育公平问题》,《教育研究》第 6 期。

[89] 谭志红,2006,《我国普通高校招生制度公平性问题研究》,湖南师范大学硕士学位论文。

[90] 唐俊超,2015,《输在起跑线——再议中国社会的教育不平等(1978—2008)》,《社会学研究》第 3 期。

[91] 托尔斯顿·胡森,1989,《平等——学校和社会政策的目标》,载张人杰主编《国外教育社会学基本文选》,华东师大出版社。

[92] 王聪,2015,《我国公共教育支出利益归宿研究》,上海财经大学博士学位论文。

[93] 王建平、金玉梅,2015,《我国中小学择校治理的政策透视——基于政策文本分析的视角》,《教育理论与实践》第 2 期。

[94] 王珂,2012,《国家奖助学金制度优化研究》,长安大学硕士学位论文。

[95] 王磊,2004,《公共教育支出分析:基本框架与我国的实证研究》,北京师范大学出版社。

[96] 王蓉,2003a,《我国义务教育经费投入之公平性研究》,《经济学季刊》第

2期。

[97] 王蓉,2003b,《我国义务教育经费的地区性差异研究》,载闵维方等编著《为教育提供充足的资源——教育经济学国际研讨会论文集》,人民教育出版社。

[98] 王善迈、杜育红、刘远新,1998,《我国教育发展不平衡的实证分析》,《教育研究》第6期。

[99] 王善迈、袁连生,2002,《建立规范的义务教育财政转移支付制度》,《教育研究》第6期。

[100] 王伟宜,2005,《不同社会阶层子女高等教育入学机会差异的研究》,《民办教育研究》第4期。

[101] 卫宏,2003,《我国城乡高等教育机会均等的实证研究》,北京师范大学硕士学位论文。

[102] 魏后凯、杨大利,1997,《地方分权与中国地区教育差异》,《中国社会科学》第1期。

[103] 文东茅,2006,《我国城市义务教育阶段的择校及其对弱势群体的影响》,《北京大学教育评论》第2期。

[104] 温娇秀,2012,《教育机会与收入分配》,上海财经大学出版社。

[105] 温娇秀、蒋洪,2013,《我国基础教育服务均等化水平的实证研究——基于双变量泰尔指数的分析》,《财政研究》第6期。

[106] 温娇秀、蒋洪,2014,《中国省际间基础教育服务均等化水平的变化》,《财贸经济》第1期。

[107] 翁文艳,2003,《教育公平与学校选择制度》,北京师范大学出版社。

[108] 邬志辉,2008,《农村义务教育经费保障新机制》,北京大学出版社。

[109] 吴春霞、郑小平,2009,《农村义务教育及财政公平性研究》,中国农业出版社。

[110] 吴丹英,2011,《义务教育"禁止择校"政策嬗变(1995—2010)》,《上海教育科研》第10期。

[111] 吴德刚,2006,《关于构建教育公平机制的思考》,《教育研究》第1期。

[112] 吴晓刚、李忠路,2017,《中国高等教育中的自主招生与人才选拔》,《社会科学文摘》第11期。

[113] 吴愈晓,2013,《中国城乡居民的教育机会不平等及其演变(1978—2008)》,《中国社会科学》第3期。

[114] 吴愈晓、黄超,2016,《基础教育中的学校阶层分割与学生教育期望》,《中国社会科学》第4期。

[115] 吴遵民、沈俊强,2006,《论择校与教育公平的追求——从择校政策的演变看我国公立学校体制变革的时代走向》,《清华大学教育研究》第6期。

[116] 谢维和等,2008,《中国的教育公平与教育发展(1999—2005)》,教育科学出版社。

[117] 谢作栩、罗奇萍,2004,《闽、湘、川3省社会阶层高等教育机会差异的初步调查》,《教育与经济》第3期。

[118] 徐娜、张莉琴,2018,《高校扩招对高等教育机会平等的影响——基于断点回归设计的经验证据》,《教育科学》第2期。

[119] 许庆豫、徐飞,2012,《我国高等教育发展水平地区差异分析》,《复旦教育论坛》第4期。

[120] 许真臻,2009,《转型时期我国政府公共支出受益归宿研究——以公共教育支出为例的实证研究》,山东大学硕士学位论文。

[121] 薛颖慧、薛澜,2002,《试析我国高等教育的空间分布特点》,《高等教育研究》第4期。

[122] 荀振芳、汪庆华,2011,《自主招生:精英角逐的场域》,《清华大学教育研究》第2期。

[123] 严永金,2004,《均衡发展:发展基础教育的新策略》,华中师范大学硕士学位论文。

[124] 杨东平,2006,《中国教育公平的理想与现实》,北京大学出版社。

[125] 杨东平,2010,《2020:中国教育改革方略》,人民出版社。

[126] 杨帆,1999,《教育公平的理念及其实现》,《教育与经济》第3期。

[127] 杨良松,2016,《转移支付增加地方教育支出了吗——基于2001—2009年地级数据的研究》,《清华大学教育研究》第3期。

[128] 杨娟、赖德胜、邱牧远,2015,《如何通过教育缓解收入不平等》,《经济研究》第9期。

[129] 叶晓梅、杜育红,2019,《先赋抑或自致?城乡高等教育机会差异的影响因

素分析》,《教育科学研究》第 1 期。

[130] 叶晓阳,2012,《"以权择校":父母政治资本与子女择校》,《世界经济文汇》第 4 期。

[131] 游苾荟,2016,《教育公平与政府责任——试论天津市小升初就近入学"摇号"政策》,《法制与社会》第 7 期。

[132] 余秀兰,2019,《关注质量与结果:我国教育公平的新追求》,《南京师大学报(社会科学版)》第 1 期。

[133] 袁桂林、洪俊、李伯玲等,2004,《农村初中辍学现状调查及控制辍学对策思考》,《中国教育学刊》第 2 期。

[134] 袁振国,1996,《教育政策学》,江苏教育出版社。

[135] 袁振国,1999,《论中国教育政策的转变:对我国重点中学平等与效益的个案研究》,广东教育出版社。

[136] 袁振丽、宫红霞,2005,《高等教育收费对教育机会均等的影响》,《沈阳教育学院学报》第 7 期。

[137] 约翰·罗尔斯,1988,《正义论》,何怀宏译,中国社会科学出版社。

[138] 曾满超,2000,《教育政策的经济分析》,人民教育出版社。

[139] 曾满超、丁小浩,2010,《效率、公平与充足:中国义务教育财政制度改革》,北京大学出版社。

[140] 曾满超、丁延庆,2005,《中国义务教育资源利用及配置不均衡研究》,《教育与经济》第 2 期。

[141] 曾五一、李海涛,2007,《中国区域间教育平等状况的统计考察》,《统计研究》第 7 期。

[142] 翟博,2007,《中国基础教育均衡发展实证分析》,《教育研究》第 7 期。

[143] 翟博、孙百才,2012,《中国基础教育均衡发展实证研究报告》,《教育研究》第 5 期。

[144] 张长征等,2006,《中国教育公平程度实证研究:1978—2004——基于教育基尼系数的测算与分析》,《清华大学教育研究》第 2 期。

[145] 张光,2006,《转移支付对县乡财政教育支出的影响——以浙江、湖北、陕西为例》,《教育与经济》第 2 期。

[146] 张海水,2014,《高等教育公共财政资源政府配置差异分析》,《教育学术月

刊》第 1 期。

[147] 张军凤,2020,《改革开放以来我国改进薄弱学校的政策回顾和展望》,《上海教育科研》第 3 期。

[148] 张丽华、汪冲、杨树琪等,2009,《西部农村义务教育投入保障制度研究》,经济科学出版社。

[149] 张淑锵、程宏宇,2001,《就近入学与择校现象:教育机会均等问题浅析》,《教育理论与实践》第 1 期。

[150] 张菀洺,2013,《教育公平:政府责任与财政制度》,社会科学文献出版社。

[151] 张文静,2013,《高校自主招生改革试行十年的回顾和展望》,《国家教育行政学院学报》第 9 期。

[152] 张新平、何晨玥,2017,《软法治理视角下的义务教育学校标准化建设》,《教育研究》第 11 期。

[153] 张新平、张冉,2017,《义务教育学校标准化建设:现况、问题与理路选择》,《教育发展研究》第 18 期。

[154] 张杨波,2002,《社会分层与农村学生受教育机会不平等——家庭经济、社会背景对农村考生高考填报志愿的影响》,《青年研究》第 11 期。

[155] 张玉林,2003,《分级办学制度下的教育资源分配与城乡教育差距——关于教育机会均等问题的政治经济学探讨》,《中国农村观察》第 1 期。

[156] 赵海利,2003,《高等教育公共政策》,上海财经大学出版社。

[157] 赵海利,2015,《"新机制"对地区间义务教育投入差距的影响研究》,《教育发展研究》第 2 期。

[158] 赵海利、陈芳敏、周晨辉,2020,《高等教育财政事权与支出责任的划分——来自美国的经验》,《经济社会体制比较》第 2 期。

[159] 赵海利、赵海龙,2007,《谁是我国初等教育公共支出的受益者?》,《经济社会体制比较》第 4 期。

[160] 赵力涛、李玲等,2015,《省级教育经费统筹改革的分配效果》,《中国社会科学》第 11 期。

[161] 郑磊、孙旭,2017,《高等教育收费政策对入学机会公平的影响——基于CGSS(2010—2013)数据的研究》,《山东高等教育》第 1 期。

[162] 郑磊、王思檬,2014,《学校选择、教育服务资本化与居住区分割——对"就

近入学"政策的一种反思》,《教育与经济》第 6 期。

[163] 钟宇平、陆根书,1999,《收费条件下学生选择高校影响因素分析》,《高等教育研究》第 2 期。

[164] 周洪宇等,2010,《教育公平论》,人民教育出版社。

[165] 周洪宇,2014,《教育公平——维系社会公平正义的基石》,中国人民大学出版社。

[166] 朱家存,2003,《教育均衡发展政策研究》,中国社会科学出版社。

[167] 朱沙,2010,《政府保障高等教育公平的财政政策研究:基于高等教育成本分担制度和学生资助制度的考察》,西南财经大学博士学位论文。

[168] 宗晓华、丁建福,2013,《我国义务教育财政制度变革与城乡差距——基于 1999—2009 年省级面板数据的实证分析》,《教育发展研究》第 11 期。

[169] 转型期中国重大教育政策案例研究课题组,2005,《缩小差距——中国教育政策的重大命题》,人民教育出版社。

[170] Castro-Leal, Florencia, 1996, "Who Benefits from Public Education Spending in Malawi: Result from the Recent Education Reform," World Bank working paper.

[171] Castro-Leal, Florencia, et al, 1999, "Public Social Spending in Africa: Do the Poor Benefit?" *World Bank Research Observer* 14(1):49-72.

[172] Cohn, Elchanan, and Geraint Johnes, 1994, *Recent Developments in the Economics of Education*, Edward Elgar Publishing Company.

[173] Coleman, James S., 1966, *Equality of Educational Opportunity*, US Department of Health, Education, and Welfare National Center for Educational Statistics.

[174] Cowell, Frank, 2000, "Measurement of Inequality," in *Handbook of Income Distribution*, edited by A. Atkinson and F. Bourguignon, North Holland.

[175] Deaton, Angus, 1997, *The Analysis of Household Surveys: A Micro Econometric Approach to Development Polity*, The John Hopkins University Press.

[176] Gini, C., 1909, "Ⅱ diverso accrescimento delle classi sociali e la

concentrazione della ricchezza," *Giornale degli Economist* 20: 27-83.

[177] Hansen, W. Lee. and Burton A. Weisbord, 1969, "The Distribution of Cost and Benefit of Public Higher Education: the Case of California," *Journal of Human Resource* 4(2): 176-191.

[178] Hilmer, Michael, 1998, "Post-Secondary Fees and the Decision to Attend a University or a Community College," *Journal of Public Economics*, 67 (3): 329-348.

[179] Hossain, Shaikh I., 1997, "Making Education in China Equitable and Efficient," the World Bank Policy Research Working Paper No.1814.

[180] Husen, Torsten, 1972, "Social Background and Educational Career," OECD, center educational research and innovation.

[181] Jencks, Christopher, et al., 1972, Inequality: A Reassessment of the Effect of Family and Schooling in American, Basic Books.

[182] Johnstone, D. Bruce, 1986, *Sharing the Cost of Higher Education*, The College Board.

[183] Johnstone, James N., 1981, *Indicators of Education System*, Kogan Page.

[184] Kane, Thomas, 1994, "College Entry by Blacks since 1970: The Role of College Costs, Family Background, and the Returns to Education," *Journal of Potical Economy* 102(5): 878-911.

[185] King, Roger Patrick, 2007, "Governance and Accountability in the Higher Education Regulatory State," *Higher Education* 53(4): 411-430.

[186] Lee, Seong Soo, Rati Ram, and Charles W. Smith, 1999, "Distributive Effect of State Subsidy to Undergraduate Education: The Case of Illinois," *Economics of Education Review* 18(2): 213-221.

[187] Lorenz, M. O., 1905, "Methods of Measuring Concentration of Wealth," *Journal of the American Statistical Association* 9(70): 209-219.

[188] Pechman, Joeseph A., 1970, "The Distributional Effects of Public

Higher Education in California," *Journal of Human Resource* 5(3): 361-370.

[189] Ram, Rati, 1990, "Education Expansion and Schooling in Equality: International Evidence and Some Implications," *Review of Economics and Statistics* 72(2): 266-274.

[190] Sahn, David E., and Stephen D. Younger, 2000, "Expenditure Incidence in Africa: Microeconomic Evidence," *Fiscal Studies* 21(3): 329-347.

[191] Stigler, G. J., 1970, "Director's Law of Public Income Redistribution," *Journal of Law Economics* 13(1): 1-10.

[192] Thomas, Viond, Yan Wang, and Xi Bofan, 2000, "Measuring Education Inequality: Gini Coefficient of Education for 140 Countries, 1960—2000," World Bank working paper.

[193] Tilak, J. B. G., 1986, *Education in an unequal world*, In *Educational Planning: A Long Term Perspective*, Concept Publishers for National Institute of Educational Planning and Administration.

[194] Tsang Mun, 2001, "Intergovernmental grants and the financing of compulsory education in China," paper presented at the seminar on educational reform in China, held at Harvard Graduate School of Education, Cambridge, Massachusetts, July 13-14.

[195] UNESCO, 1998, *Framework for Priority Action for Change and Development in Higher Education*, World Conference on Higher Education.

[196] William H. Clune, 1994, "The Shift from Equity to Adequacy in School Finance," *Educational Policy* 8(4): 376-394.

文 丛 后 记

筹划已久的"财政政治学文丛"终于问世了,感谢丛书的顾问、众多编委和复旦大学出版社帮助我们实现了这一愿望。

"财政政治学文丛"是"财政政治学译丛"的姊妹丛书。自 2015 年"财政政治学译丛"在上海财经大学出版社陆续出版以来,再出一套由中国学者作品组成的"财政政治学文丛"就成为周边很多朋友的期待。朋友们的期待就是我们的使命,于是我们设想用一套"财政政治学文丛"作为平台,将国内目前分散的、从政治视角思考财政问题的学者聚合在一起,以集体的力量推进相关研究并优化知识传播的途径。"财政政治学译丛"的许多译者成了"财政政治学文丛"的作者,我们还希望能够继续吸引和激励更多的学者加入到这一行列中来,以共同推进财政政治学的发展。

无论是对国内学界来说,还是对国外学界来说,"财政政治学"(fiscal politics)都不算是一个主流或热门的概念,甚至到目前为止都没有人专门考证过这个概念的提出者、提出的具体时间及其使用意图。从财政学发展史的角度看,至少早在 19 世纪 80 年代,意大利财政学者就将财政学划分为三个密切相关的分支学科:财政经济学(economia finanziaria)、财政政治学(politica finanziaria)和财政法学(diritto finanziario)。就今天来说,财政政治学在思想上主要源于财政社会学(fiscal sociology,译自德文 Finanzsoziologie),甚至可以说它和最初的财政社会学就是同义词。学界公认,美国学者奥康纳(James O'Connor)是 20 世纪 70 年代推动财政社会学思想复兴的重要代表,但他非常明确地在自己 1973 年出版的《国家的财政危机》一书中提倡"财政政治学",而他所说的财政政治学可以说就是财政社会学,因为他在谈到财政政治学时提及的学者就是财政社会学的创立者葛德雪和熊彼特,而其引用的也主要是熊彼特在1918年所发表的《税收国家的危机》这篇财政社会学的经典文献。无独有偶,在国际货币基金组织2017年出版的《财政政治学》(Fiscal Politics)论文集的导论中,主编也明确地将书名溯源到熊彼特1942年出版的《资本主义、社会主义与民主》和1918年发表的《税收国家的危机》,这实际上也是将财政政治学的思想上溯到财政社会学,因为《税收国家的危机》一文不仅是财政社会学的创始文献之一,也是《资本主义、社会主义与民主》一书的思想源头。

在这里,我们有必要明确强调,初创时期的财政社会学之"社会学"和当前的财政政治学之"政治学"之间并无实质性区别。虽然在今天社会学和政治学分属两个独立的学科,但我们不能根据今天学科分化的语境想当然地将财政社会学作为社会学的子学科或将财政政治学作为政治学的子学科,尽管很多人往往顾名思义地这样认为,甚至一些研究者也是如此主张。无论是从社会学思想史,还是从创立者的研究目的来说,财政社会学的"社会学"更应该被看作是社会理论(social theory)而非社会学理论(sociological theory)。前者试图理解、解释或识别大规模社会变迁,关注的是起源、发展、危机、衰落或进步等主题,因而特别重视制度和长历史时段分析;后者主要是建立一个能系统地将实证研究结果组成对现代社会的综合理解的框架,因其集中关注的主要是那些经济学、政治学、管理学遗漏的地方,甚至被人称作是"剩余科学"。在今天,西方学术界自称或被称为"财政社会学"的研究中,事实上既包含财政社会学初创时期所指的社会理论的内容,又包含当前社会学学科所指的社会学理论的内容,而我们所说的财政政治学跟初创时期的财政社会学基本一致。

"财政是国家治理的基础和重要支柱",我们理解的财政学就是揭示财政与国家治理的关系,以及利用财政工具优化国家治理、推动政治和社会进步的学问。在此前提下,作为财政学分支的财政政治学,探讨的主要就是财政与国家之间的理论关系,就像熊彼特评论财政社会学时所说的,"它可以让我们从财政角度来考察国家,探究它的性质、形式以及命运"[1]。根据我们对财政政治学的

---

[1] 熊彼特:《税收国家的危机》,刘志广、刘守刚译,载哈罗德·M.格罗夫斯:《税收哲人》附录,中译本,刘守刚、刘雪梅译,上海财经大学出版社2018年版,第183页。

理解以及试图实现的研究目标来说,财政政治学的"政治学"所体现的主要不是现代政治学的英美传统而是欧洲大陆传统。前者以英美的科学传统为基础,强调政治研究中的行为主义视角和量化方法;后者以欧洲的人文主义传统为基础,强调政治研究中跨学科研究和质性研究的重要性。就欧洲社会科学研究传统而言,遵循欧洲大陆传统的政治学可作为今天的社会理论的组成部分,事实上,当政治学研究传统上溯至亚里士多德时,它本身就是我们今天所说的社会理论。

因此,尽管名称有差异,但财政政治学与财政社会学实际上并不是两类不同性质的研究,只不过财政政治学指的是财政社会学初创时期所指的社会理论范畴。考虑到国内普遍流行的是社会学理论而非社会理论,为避免将财政社会学研究局限于实证或"剩余科学"的范围内,同时也为了进一步突出并传播"财政是国家治理的基础和重要支柱"这一重要理念,我们的译丛和文丛都特别选择财政政治学为名。也可以说,"财政政治学"这一名称选择,它以英美用法为名,但以欧洲大陆传统为实。

在财政学研究传统的划分中,一种更为合理的标准是区分为交换范式财政学和选择范式财政学,这种区分与曾经流行的欧洲大陆传统-英美传统、旧式财政学-新式财政学、德语财政学-英语财政学等划分标准能够基本形成对应关系,但表述更为准确,既能突出不同研究传统的内核,也能够有效避免以地域、时期、国别、语言等分类标准所带来的困难。财政社会学产生于"一战"后期关于欧洲各国战后怎样重建的辩论之中,是交换范式财政学研究传统的典型代表,它与曾流行于欧洲大陆的官房学(cameralism)在思想上有很深的渊源,后者兴盛于政治碎片化下民族国家形成的历史过程之中。无论对财政社会学来说,还是对官房学来说,国家都被置于分析的中心,甚至官房学后来在德国的发展还被称为国家学(Staatswissenschaft)。在欧洲大陆,财政学被认为起源于官房学,而财政社会学也曾被认为就是财政学本身。但长期以来,对英美社会科学思想史来说,官房学都是被遗失的篇章,后来在官房学被译介到英美时,按照其时下的学科划分标准,即经济学主要研究市场问题,政治学主要研究国家问题,而社会学主要研究社会问题,官房学者因为其研究的中心问题是国家而被看作是政治学家而非经济学家或社会学家。事实上,一些研究者也将选择范式财政学研究传统的思想追溯到官房学,但与今天选择范式下基于各种假设条件的虚幻选择不同,官房学中的选择是真实的选择,因为官房学者必须为其选择承担责任,有时甚至会付出生命的代价。从根本上说,官房学着眼于民族国家的实际创立、生存、竞争与发展,更能反映着眼于国家治理的财政科学的完整萌芽,它与我们理解的主要探讨财政与国家关系的财政政治学取向是一致的。阳光之下无罕事,我们并不需要假装财政政治学主张具有原创性,它并不是要构建出一个全新的出发点,而是对财政学思想史中已有传统的新的思考与拓展。周期性地追根溯源及重新阐述研究任务,似乎正是推进社会科学发展的常规做法,而官房学显然可以成为财政政治学发展的重要思想源头。

"财政政治学文丛"的选题范围与财政政治学译丛并没有太大区别,其覆盖面同样广泛,既涉及财政与国家的基础理论研究,也涉及此领域的历史及其实证研究。当然,探讨中国的财政与国家关系、国家治理优化过程中财政工具的运用、从财政推动政治发展等内容,是其中最为重要的组成部分。这些研究是依主题的相似而不是方法的相同而聚合在一起的,研究中各自采用的方法主要依据研究内容而定。它们所要传递并深入研究的基本思想,实际上是葛德雪和熊彼特在其财政社会学的经典论著中所总结并奠定的。

虽然财政政治学还是一个比较新的边缘性的提法,但这恰恰是其意义与价值所在,因为对社会科学研究来说,正是新的边缘性概念及其发展为理论的创新与发展提供了前提条件。更何况,从思想源头上说,财政政治学所代表的财政学思想传统,曾经是财政学本身或财政学的主流,那就是"以国家为中心"。遗憾的是,在中国目前的财政学研究中,恰恰丢掉了国家。正如葛德雪强调的,"财政学主要关心的是国家的经费问题,但它从未停止过询问,谁才是国家?"[1]因此,与政治学界以斯考克波为代表的学者呼吁"找回国家"[2]相应,"财政政治学"的发展实际上就是在财政学领域"找回国家"的知识努力。这种知识的发展和深化,将使我们能够拨开各种迷雾,更好地洞见在有国家的社会中财政制度安排对塑造国家治理体系、治理能力以及背后的社会权利-权力结构的基础性作用。

需要指出的是,财政政治学在当前还不是一个学科性概念,我们愿意遵循熊彼特当年对财政社会学的定位,仍将财政政治学看作是一个特殊的研究领域,它

---

[1] 马斯格雷夫、皮考克:《财政理论史上的经典文献》,刘守刚、王晓丹译,上海财经大学出版社2015年版,第263页。

[2] 斯考克波:《找回国家——当前研究的战略分析》,载埃文斯、鲁施迈耶、斯考克波:《找回国家》,生活·读书·新知三联书店2009年版。

涉及一组特殊的事实、一组特殊的问题以及与这些事实和问题相适应的特殊的研究方法。奥康纳在 2000 年为其《国家的财政危机》再版所写的序言中反复强调了财政政治学研究是政治经济学和政治社会学的结合，而国际货币基金组织出版的《财政政治学》论文集的主编也强调财政政治学试图复兴一种在政治经济学中将经济、社会和政治过程看作是共同决定和共同演进的传统。正是在这种研究取向中，我们可以努力地去实现马斯格雷夫对财政学发展的反思性主张，他认为，主流财政学满足于帕累托最优而忽略了公平正义、个人权利以及有意义的自由概念等对一个国家的重要意义[1]。主流财政学的不足主要在于其研究所依赖的方法或技术导致人为地割裂了财政与国家间的历史性与制度性联系，从而使其研究偏离了财政学的真正研究主题。我们想要做的，就是努力使财政学重新回到对国家具有重要意义的议题的关注之上，并重塑其对社会的理解力和指导力，这一重塑是出于一种迫切且共同的需要，也就是在新的时代更恰当地去理解并推动国家治理优化与中国政治的发展。

当然，我们在此处并不是在否定财政政治学今后走向独立学科的可能性，事实上，我们正在为此做准备。但这需要一个很长的努力过程，需要有更多人能够积极且静心地投入进来。当我们能够从更多的研究确立的各项解释原则的相互关系中发现财政政治学的学科统一性时，建立财政政治学学科所要探讨的问题，将像罗宾斯在重新定义经济学时所说的一样"由理论统一中的缺口和解释性原理中的不足来提示"[2]。但对财政政治学的发展，最令人期待的结果并不在于形成像现代主流财政学那样统一且标准化的理论以对世界进行技术性或工具性控制，而在于通过财政政治学这种多元、开放的思想体系吸收和转化不同学科的研究成果，并将这种独到的综合性思考成果不断地融入到所要分析的主题中去，实现对国家治理和政治发展的更深层次、更广范围的反思性对话，从而促进优良政治与美好社会建设。我们也并不在意符合这里所说的财政政治学研究目的的研究是否都冠之以财政政治学之名，在"有名无实"和"有实无名"之间，我们会毫不犹豫地选择后者，因为这才是我们真正的追求。

因此，对本文丛感兴趣的研究者和读者，不必在意是否满意于"财政政治学"这

---

[1] 布坎南·马斯格雷夫：《公共财政与公共选择：两种截然不同的国家观》，类承曜译，中国财政经济出版社 2000 年版。
[2] 罗宾斯：《经济科学的性质和意义》，朱泱译，商务印书馆 2000 年版，第 9 页。

一名称,也不必纠结于财政政治学是否有一个明确的定义,关键在于志同道合,即我们试图发展一个能让我们更好地理解历史与现实并指导未来的财政学,"财政政治学"就是我们的"集结号"!我们希望拥有更多的读者,也希望有更多研究者能够加入到这一研究团队中来,共同使"财政政治学文丛"不断完善并成为推动财政学科发展的一支重要力量,进而贡献于国家治理的优化与政治的现代化。

刘守刚　上海财经大学公共经济与管理学院
刘志广　中共上海市委党校经济学教研部
2019 年 8 月

图书在版编目(CIP)数据

追寻教育公平:教育政策偏向与我国教育机会不平等/温娇秀著. —上海:复旦大学出版社,2021.8
(财政政治学文丛)
ISBN 978-7-309-15590-7

Ⅰ.①追… Ⅱ.①温… Ⅲ.①教育-公平原则-研究-中国 Ⅳ.①G52

中国版本图书馆 CIP 数据核字(2021)第 059582 号

追寻教育公平——教育政策偏向与我国教育机会不平等
ZHUIXUN JIAOYU GONGPING JIAOYU ZHENGCE PIANXIANG YU WOGUO JIAOYU JIHUI BUPINGDENG
温娇秀 著
责任编辑/李 荃

复旦大学出版社有限公司出版发行
上海市国权路 579 号 邮编:200433
网址:fupnet@fudanpress.com http://www.fudanpress.com
门市零售:86-21-65102580 团体订购:86-21-65104505
出版部电话:86-21-65642845
上海丽佳制版印刷有限公司

开本 787×1092 1/16 印张 16.75 字数 273 千
2021 年 8 月第 1 版第 1 次印刷

ISBN 978-7-309-15590-7/G·2233
定价:68.00 元

如有印装质量问题,请向复旦大学出版社有限公司出版部调换。
版权所有 侵权必究